刘宝存　主编

比较高等教育研究丛书

初编　第**11**册

俄罗斯提升国家研究型大学国际竞争力的策略研究——以制度变迁理论为视角

徐　娜　著

花木兰文化事业有限公司

国家图书馆出版品预行编目资料

俄罗斯提升国家研究型大学国际竞争力的策略研究——以制
度变迁理论为视角／徐娜 著 —— 初版 —— 新北市：花木兰文
化事业有限公司，2022〔民111〕
目 8+244 面；19×26 公分
（比较高等教育研究丛书 初编 第 11 册）
ISBN 978-986-518-746-0（精装）
1.CST：高等教育 2.CST：学校管理 3.CST：大学行政
4.CST：俄国
525.08   110022085

ISBN-978-986-518-746-0

9 789865 187460

比较高等教育研究丛书
初编　第十一册　　　　　　　　ISBN：978-986-518-746-0

俄罗斯提升国家研究型大学国际竞争力的策略研究——以制度变迁理论为视角

作　　者 徐　娜
主　　编 刘宝存
企　　划 北京师范大学国际与比较教育研究院
总 编 辑 杜洁祥
副总编辑 杨嘉乐
编辑主任 许郁翎
编　　辑 张雅淋、潘玟静、刘子瑄　美术编辑 陈逸婷
出　　版 花木兰文化事业有限公司
发 行 人 高小娟
联络地址 台湾 235 新北市中和区中安街七二号十三楼
　　　　　电话：02-2923-1455 ／传真：02-2923-1452
网　　址 http://www.huamulan.tw 信箱 service@huamulans.com
印　　刷 普罗文化出版广告事业
初　　版 2022 年 3 月
定　　价 初编 14 册（精装）台币 38,000 元
　　　　　　　　　　　　　　　　　　　　版权所有 请勿翻印

俄罗斯提升国家研究型大学国际竞争力的策略研究——以制度变迁理论为视角

徐娜 著

作者简介

徐娜，女，教育学博士，2017 年毕业于北京师范大学教育学部比较教育学专业，目前在北京师范大学从事思想政治教育工作。研究方向为俄罗斯高等教育政策发展，俄罗斯青年政策、爱国主义教育、国防教育等。

提　　要

　　俄罗斯国家研究型大学（Национальный исследовательский университет，НИУ）是俄罗斯联邦政府于 2009 年始设立的一类全新的高等学校。目前共有 29 所大学被确立为俄罗斯国家研究型大学，它们与莫斯科国立大学、圣彼得堡国立大学和十所俄罗斯联邦大学共同组成了俄罗斯国内一流大学（ведущие университеты）。俄罗斯政府提出了"最优秀的俄罗斯大学不仅应在国家层面，更应在世界层面"的口号，并制定了系列"深入国际科学教育空间、争创世界一流水平教育机构"的具体计划。在此背景下，俄罗斯国家研究型大学寄托了国家打造世界一流大学的目标。俄罗斯联邦政府集中资源重点扶持国家研究型大学及优势学科，形成一批具有国际影响力的大学群体，提升了俄罗斯大学整体的国际声誉。

　　本文尝试以制度变迁理论为视角，将俄罗斯国家研究型大学的产生和发展视为一个新制度代替旧制度的过程。就制度变迁的动力和原因来看，俄罗斯国家研究型大学产生、发展主要是为了变革俄罗斯现行陈旧的大学体系，扭转俄罗斯大学在国际竞争中所处的弱势地位，提升俄罗斯的综合教育实力，保持俄罗斯在国际教育竞争中的优势地位。从制度变迁的类型来看，俄罗斯提高国家研究型大学的国际竞争力是联邦政府主导的强制性变迁，俄联邦政府是该计划的设计者、推动者和监督者，并为该计划提供强大的资源支持。29 所俄罗斯国家研究型大学通过落实提升国际竞争力计划的进程，形成了强化这一新制度的自增强机制，一部分俄罗斯国家研究型大学迅速适应新的制度，抓住新框架中的发展机遇，在广阔的国际市场中为学校发展获取了更多机会和资源。

　　从效果上来说，截至目前俄罗斯提升国家研究型大学国际竞争力的计划确实产生了正面的效果。在近些年主要的世界大学排行榜中，俄罗斯国家研究型大学不论整体排名、学科排名还是国际知名度都获得了快速提升，并呈现出多样化、国际化的发展趋势。本文将进一步分析高校在筹措资金、发展科研、创新教育方式、优化师资力量、完善管理、加强市场营销等方面实施提升国际竞争力的具体策略。

《比较高等教育研究丛书》总序

刘宝存

　　20 世纪 80 年代以来，科学技术突飞猛进，知识经济迅猛发展，国际竞争日趋激烈，经济全球化不断深入，文化多元化趋势增强……世界教育面临前所未有的新形势、新问题和新挑战。为了应对这些新形势、新问题和新挑战，以更好的姿态进入 21 世纪，世界各国无不把教育作为优先发展的战略领域，把教育改革与创新作为应对时代挑战和提高国际竞争力的重要举措，在全球范围内兴起了一场教育改革运动。在如火如荼的全球性教育改革中，世界各国都致力于建构世界一流的教育体系和教育标准，推动教育公平，提高教育质量，改进教学模式和方法，推动教育的国际化和信息化，促进教育治理体系和治理能力的现代化，提升教育为社会经济发展服务的能力，满足社会民众日益增长和个性化的教育需求。与以往的教育改革多聚焦于某一个层次或某一个领域的教育不同，世纪之交的教育改革运动涉及学前教育、基础教育、高等教育、职业教育、师范教育、教育管理、课程与教学等各级各类教育和教育的各个领域，是一场综合性的教育改革，而且迄今已经持续三十多年，但是仍然呈方兴未艾之势。

　　高等教育是一国教育体系中的最高层次，在培养高层次人才、开展科学研究和社会服务、推动国际合作与交流等方面发挥着至关重要的作用。从各国高等教育领域的教育改革看，新自由主义教育思潮成为占主导地位的教育思潮，新公共管理和治理理论被奉为圭臬，追求卓越和效率、倡导分权和扁平化管理、强调公民参与和公共责任，成为高等教育管理的价值取向。世界各国在高等教育中追求卓越，致力于创新人才的培养，特别是培养面向 21 世纪的教师、提高博士生培养的质量成为高等教育改革的重点。为了培养创新人才，各国高等学校在人才培养目标、课程设计、教学模式和方法、教学评价等方面进行改革，本科生科研、基于问题的学习、服务性学习、新生研讨课等以探究能力和实践能力为导向的教学模式和方法风行世界，建构高等教育质量保障体系成为各国的共同选择。在信息技术和全球经济一体化的推动下，各国致力于打造智能化校园，促进信息技术与教育教学、大学治理的融合；致力于发展跨境教育和学生流动，提升高等教育的国际竞争力和影响力。

北京师范大学国际与比较教育研究院是中国成立最早、规模和影响最大的比较教育研究机构，也是比较教育学科唯一的国家重点学科依托机构。该院 1999 年获批首批教育部普通高等学校人文社会科学重点研究基地，2012 年获批教育部国别和区域研究基地，2017 年成为教育部高校高端智库联盟成员单位。该院的使命是：（1）围绕世界和我国教育改革与发展的重大理论、政策和实践前沿问题开展研究，探索教育发展的规律，把握国际教育发展的趋势，为我国教育改革与发展提供理论支撑；（2）为文化教育部门和相关部门培养具有国际视野、通晓国际规则、能够参与国际事务与国际竞争的高层次国际化人才；（3）积极开展教育政策研究与咨询服务工作，为中央和地方政府的重大教育决策提供智力支撑，为区域教育创新和各级各类学校的改革试验提供咨询服务；（4）积极开展国际文化教育交流与合作，引进和传播国际先进理念和教育经验，把我国教育改革发展的先进经验和教育研究的新发现推向世界，成为中外文化教育交流的桥梁和平台。60 多年来，该院紧紧围绕国家战略，服务国家重大需求，密切跟踪国际学术前沿，着力进行学术创新，提升咨政建言水平，成为世界有重要影响的国际与比较教育理论创新中心和咨政服务基地；牢牢把握立德树人的育人方向，创新人才培养模式和方法，成为具有全球竞争力国际化人才的培养基地；充分发挥舆论引导和公共外交功能，深化国际交流与合作，成为中国教育经验国际传播中心和全球教育协同创新中心。

为了总结该院在比较高等教育领域的研究成果，我们以该院近年来的博士后报告和博士论文为基础，组织了这套《比较高等教育研究丛书》。《比较高等教育研究丛书》的各位作者现在已经在全国各地的高等学校工作，成为在比较教育领域崭露头角的新秀。首辑丛书包括十四部，具体如下：

黄海啸　美国大学治理的文化基础研究

陈　玥　中美研究型大学博士生教育质量保障体系的比较研究

翟　月　美国大学非营利管理教育课程设置研究

孙　珂　美国高校创新活动的风险治理机制研究

李丽洁　美国营利性高等教育机构的组织学分析

李　辉　美国联邦政府对外国留学生的监管研究

苏　洋　「一带一路」国家来华留学博士生教育质量监控体系研究

尤　铮　美国大学在亚洲的海外办学研究——基于对纽约大学的考察

肖　军　德国大学治理模式变迁研究

褚艾晶　荷兰高等教育质量保证政策研究

徐　娜　俄罗斯提升国家研究型大学国际竞争力的策略研究——以制度
　　　　变迁理论为视角

郑灵臆　芬兰「研究取向」的小学教师教育研究

朋　腾　俄罗斯高等师范教育人才培养模式变革研究

王　蓉　美国高校服务－学习实践的研究

根据我们的设想，《比较高等教育研究丛书》将不断推出新的著作。现在呈现在各位读者面前的只是丛书的第一辑，在条件成熟时我们陆续将推出第二辑、第三辑……。同时我们也希望在第二辑出版时不仅包括北京师范大学国际与比较教育研究院的研究成果，而且希望将国内外其他高等学校的研究成果纳入其中；不但出版基于博士后研究报告和博士论文修改而成的研究成果，而且希望出版高等学校和研究机构教学科研人员的研究成果，不断提高丛书的质量。同时，我们还希望聆听大家在选题方面的建议。

《比较高等教育研究丛书》的出版，得到花木兰文化事业有限公司的大力支持，特别是杨嘉乐女士为丛书的出版花费了许多心血，在此我谨代表各位作者向她们表示衷心的感谢。

刘宝存

2021 年 11 月 28 日

于北京师范大学国际与比较教育研究院

导　论 …………………………………………………… 1

第一节　研究缘起和问题提出 …………………… 1

一、研究缘起 ………………………………… 1

二、问题提出 ………………………………… 3

第二节　文献综述 ………………………………… 5

一、关于研究型大学的研究 ………………… 5

二、关于大学竞争力的研究 ………………… 8

三、关于大学国际竞争力的研究 …………… 14

四、关于不同国家提升大学国际竞争力
策略的研究 ……………………………… 16

五、关于俄罗斯的大学国际竞争力的研究 … 20

第三节　概念界定 ………………………………… 26

一、竞争力 …………………………………… 26

二、研究型大学 ……………………………… 27

三、俄罗斯国家研究型大学 ………………… 30

四、大学的竞争力和国际竞争力 …………… 31

第四节　研究的理论基础 ………………………… 32

一、理论基础——新制度经济学 …………… 32

二、理论视角——制度变迁理论 …………… 33

三、制度变迁理论的适切性分析 …………… 39

第五节　研究方法和研究设计 …………………… 40

一、研究方法 ………………………………… 40

二、研究思路和框架设计 …………………… 42

第六节　研究的意义、创新点与难点 …………… 43

一、研究意义 ………………………………… 43

二、研究的创新点与难点 …………………… 45

第一章　俄罗斯国家研究型大学（НИУ）产生的
动因 …………………………………………… 47

第一节　满足以高等教育竞争力提升综合国力的
需求 ……………………………………… 47

一、实现俄罗斯复兴的长远目标对高等教育
功用的定位 ……………………………… 48

二、俄罗斯高校科学研究的不足无法满足
国家创新发展需求 ……………………… 49

　　三、2020 年之前俄罗斯创新发展战略对高等
　　　　院校提出的新要求 ·························· 51
　第二节　改变科研与教学分离对高校产学研
　　　　一体化发展的阻碍 ························ 53
　　一、苏联"大建设计划"背景下科教分离
　　　　状态的形成 ···························· 53
　　二、产学研一体化对科教融合的要求 ·········· 55
　第三节　改变俄罗斯高校在世界大学排行榜中的
　　　　弱势地位 ···························· 57
　本章小结 ···································· 60
第二章　强制性变迁中俄联邦政府主导的国家
　　　　研究型大学发展进程 ················ 61
　第一节　第一阶段——俄联邦政府施力促进高等
　　　　院校体系重构 ························ 61
　　一、联邦政府为国家研究型大学产生提供
　　　　政策支持 ···························· 61
　　二、联邦政府搭建俄高等院校"金字塔"
　　　　架构的体系设计 ······················ 74
　　三、联邦政府规定"金字塔"体系内国家
　　　　研究型大学的定位和任务 ·············· 76
　第二节　第二阶段——俄联邦政府力促国家
　　　　研究型大学国际竞争力提升 ·········· 81
　　一、联邦政府以专项计划促进国际竞争力
　　　　提升 ······························ 81
　　二、联邦政府以策略建议规定提升国际
　　　　竞争力的方向 ······················ 84
　　三、专项计划主导下国家研究型大学重置
　　　　发展目标 ···························· 86
　本章小结 ···································· 97
第三章　自增强机制下国家研究型大学提升国际
　　　　竞争力的应对策略 ················ 99
　第一节　资金投入策略：争取政府资金，拓宽
　　　　社会投入 ·························· 99
　　一、争取政府预算内的财政拨款 ············ 100
　　二、拓宽预算外自主筹资的渠道 ············ 103

第二节　科研发展策略：促进科学研究国际化、
社会化 …………………………………… 107
一、积极参与国际顶尖联合科研项目 ……… 108
二、鼓励学者在国际权威期刊发表论文 …… 112
三、提高科学研究成果的转化效率 ………… 121
第三节　人才培养策略：创新人才培养方式 …… 126
一、坚持传统精英型人才的教育模式 ……… 127
二、扩展国际教育合作的范围和深度 ……… 129
三、制定优惠政策，吸引国际优质生源 …… 132
第四节　师资建设策略：打造世界一流水平的
师资队伍 ………………………………… 140
一、优化教育　科研人员的学历和年龄结构 142
二、大力引入海外顶尖科学家和研究人员 … 147
第五节　管理完善策略：扩大管理自主权 ……… 152
一、以组建国际专家委员会为契机优化组织
结构 ……………………………………… 154
二、贯彻绩效管理理念，提高行政效率 …… 156
三、扩大学校自治权利，促进实现民主管理
…………………………………………… 157
第六节　宣传策略：在全球范围内推行积极的
市场营销活动 …………………………… 158
一、重视市场营销，拓宽宣传渠道 ………… 160
二、制定和实施国际市场营销策略 ………… 161
本章小结 ……………………………………… 164
第四章　俄罗斯研究型大学国际竞争力提升策略
的个案分析 ……………………………… 167
第一节　新西伯利亚国立大学（НГУ）——
依托科学城建设创新型大学 …………… 167
一、提升国际竞争力：2020 年之前学校的
战略目标 ………………………………… 169
二、以国际化培养方案提高教育产品吸引力 170
三、借力科学院引入高端人才与优质生源 … 172
四、以网络宣传推进国际市场营销活动 …… 175
五、以 KPI 为导向，完善学校管理制度 …… 179

第二节　国家核能研究大学（МИФИ）——
　　　　以核能研究创立国际声誉 …………… 181

　　一、提升国际竞争力：2020 年之前学校的
　　　　战略目标 ………………………………… 182

　　二、吸引国家大型核能企业的资金注入 …… 185

　　三、与国际顶尖科研机构实现人才互动 …… 186

　　四、以国际科研合作提升核能研究实力 …… 187

　　五、以发展小型创新企业实现产学研结合 … 191

第三节　俄罗斯高等经济学校（ВШЭ）——
　　　　以经济研究扩展国际影响力 ………… 193

　　一、提升国际竞争力：2020 年之前学校的
　　　　战略目标 ………………………………… 194

　　二、将学科优势转化为办学资金来源 ……… 199

　　三、以特色研究吸引国内外高端人才 ……… 200

　　四、依托国家委托项目发挥科研的社会效用
　　　　…………………………………………… 202

　　五、以集权制保持学校管理结构的稳定性 … 205

本章小结 ……………………………………… 207

第五章　俄罗斯提升国家研究型大学国际竞争力
　　　　策略的效果评价 ……………………… 209

第一节　强制性变迁路径中政府的政策导向职能
　　　　效果明显 ……………………………… 209

　　一、国家研究型大学在世界大学排行榜的
　　　　位置提升迅速 …………………………… 210

　　二、俄罗斯高等院校的国际知名度得以增强 214

第二节　自增强机制下国家研究型大学自我提升
　　　　特色多样 ……………………………… 217

　　一、加速国际化步伐与弘扬自身传统优势
　　　　兼顾 ……………………………………… 217

　　二、提升国际竞争力的进程中保持高等院校
　　　　多样化发展 …………………………… 220

第三节　国家研究型大学国际竞争力提升进程：
　　　　问题与挑战并存 ……………………… 221

　　一、初始阶段政府未全面考察各方需求 …… 222

　　二、行政干预影响策略实施的灵活性 ……… 223

　　三、策略设计欠缺科学性 ………………… 224

　　四、国家研究型大学群体内发展不平衡 …… 226

　　五、国家研究型大学国际竞争力提升面临的
　　　　挑战 …………………………………… 227

　本章小结 ……………………………………… 228

结语 ………………………………………………… 231

参考文献 …………………………………………… 233

表目次

　表 1　中国普通高校分类中的研究型大学标准 …… 7

　表 2　《2010 中国大学评价》中研究型大学分类
　　　　标准 ……………………………………… 8

　表 3　《卡内基高等教育机构分类》中研究型大学
　　　　的分类标准 ……………………………… 27

　表 4　俄罗斯联邦大学的成员 ………………… 66

　表 5　俄罗斯国家研究型大学的成员 ………… 69

　表 6　俄罗斯联邦政府对国家研究型大学的遴选
　　　　标准 ……………………………………… 70

　表 7　俄罗斯国家研究型大学的相关数字水平 … 72

　表 8　俄罗斯联邦大学和国家研究型大学的定位
　　　　对比 ……………………………………… 77

　表 9　"5-100 计划"的入围学校 ……………… 87

　表 10　提升国际竞争力计划——俄罗斯高等
　　　　　经济学校在 2020 年力争达到的目标 ……… 91

　表 11　提升国际竞争力计划——俄罗斯莫斯科
　　　　　物理技术学院在 2020 年力争达到的目标 … 93

　表 12　提升国际竞争力计划——托木斯克国立
　　　　　大学在 2020 年力争达到的目标 ………… 94

　表 13　提升国际竞争力计划——托木斯克理工
　　　　　大学在 2020 年力争达到的目标 ………… 95

　表 14　2016 年俄罗斯政府对入选"5-100"计划
　　　　　的国家研究型大学财政拨款 …………… 101

　表 15　2015-2016 学年俄罗斯境内留学生人数
　　　　　排名前十的学校 …………………………… 136

表 16 2015 年俄罗斯境内外籍学生最集中的
专业和方向⋯⋯⋯⋯⋯⋯⋯⋯⋯ 136

表 17 2004-2005 学年与 2014-2015 学年俄罗斯
境内外籍学生的学位结构对比⋯⋯⋯⋯ 137

表 18 国立大学在苏联与俄罗斯时期的自治
权利的对比⋯⋯⋯⋯⋯⋯⋯⋯⋯⋯ 153

表 19 2020 年之前新西伯利亚国立大学提升
国际竞争力计划达到目标⋯⋯⋯⋯⋯ 169

表 20 2015 年新西伯利亚国立大学提升国际
竞争力计划目标完成的实际效果⋯⋯⋯ 181

表 21 2013 年俄罗斯国家核能研究大学财政
收入及分配的情况⋯⋯⋯⋯⋯⋯⋯ 185

表 22 2013 年俄罗斯国家核能研究大学对科学
研究的投入和收益对比⋯⋯⋯⋯⋯⋯ 191

表 23 2014 年俄罗斯国家核能研究大学下属
小型创新企业发展的相关数字⋯⋯⋯⋯ 192

图目次

图 1 制度变迁理论自增强机制之间的关系⋯⋯⋯ 37
图 2 制度变迁要素之间的相互关系⋯⋯⋯⋯⋯ 38
图 3 制度变迁理论视角下本文的基本框架⋯⋯⋯ 43
图 4 俄罗斯高等院校的"金字塔"体系⋯⋯⋯⋯ 75
图 5 俄罗斯联邦政府对国家研究型大学国际
竞争力提升的策略⋯⋯⋯⋯⋯⋯⋯⋯ 85

图 6 莫斯科物理技术学院财政支出的结构及
变化⋯⋯⋯⋯⋯⋯⋯⋯⋯⋯⋯⋯ 102

图 7 莫斯科物理技术学院财政收入结构及所占
份额的变化⋯⋯⋯⋯⋯⋯⋯⋯⋯⋯ 106

图 8 莫斯科物理技术学院预算内（政府拨款）
和预算外（学校自筹）的结构及变化⋯⋯ 107

图 9 俄罗斯在不同的国际"大科学"项目中的
贡献⋯⋯⋯⋯⋯⋯⋯⋯⋯⋯⋯⋯ 110

图 10 俄罗斯各个国家研究型大学在 2010-2013
年发表学术文章的数量⋯⋯⋯⋯⋯⋯ 115

图 11 俄罗斯国家研究型大学在 2013 年发表的
被 Web of Science 数据库收录的文章数量 116

图 12 俄罗斯各个国家研究型大学在 2012-2013
年发表的学术论文被引用的频次 ………… 117

图 13 俄罗斯各个国家研究型大学在 2010-2013
年通过科技成果转化带来的收入 ………… 124

图 14 俄罗斯各个国家研究型大学在 2014 年的
小型创新企业数量 ……………………… 125

图 15 俄罗斯各个国家研究型大学在 2014 年
参与国际技术转化平台的数量 ………… 126

图 16 1950-1986 年苏联境内留学生来源国家、
地区以及他们在全部留学生中所占的
比例 ……………………………………… 134

图 17 2015-2016 学年在俄罗斯境内的留学生
国籍分布和比例 ………………………… 135

图 18 2010-2013 年俄罗斯国家研究型大学通过
招收国际学生获得的资金收入 ………… 138

图 19 莫斯科物理技术学院组织管理结构 ……… 155

导　论

第一节　研究缘起和问题提出

一、研究缘起

进入 21 世纪，国家之间的竞争日益集中于科技与知识的竞争，科技与知识的竞争归结到底是人力资源的竞争。人力资源已经成为推动经济增长、社会发展、企业发展的第一资源。大学是知识发现和科技创新的前沿阵地，是服务经济社会发展的重要支撑，高水平的大学能够为一国的发展和进步提供源源不断的"高精尖缺"的人才。因此，实施大学综合实力提升计划，培养卓越人才，成为国家着眼于未来发展的重要策略。

大学是人类历史上出现并得以延续的最伟大机构之一，随着时代的变迁，几个世纪以来，大学的结构和功能也发生了深刻的变化。科学研究并非一直以来都是大学的功能，大学作为研究机构的概念产生于 19 世纪的德国，那时工业革命在思想爆炸的年代产生，在新技术出现之前需要在实验室进行实证研究，科研超越教学，占领主导地位在德国洪堡大学得到了发展和巩固。普鲁士政府非常支持这一新的大学模式，因为该模式大大促进了经济发展，帮助德国获得了更多国际话语权和影响力。对洪堡大学模式最为推崇的是美国和日本，19 世纪中后期，借由赠地法案的实施，美国大学开始强调科学研究，重视利用科学研究为农业和新兴工业的发展服务，至 20 世纪中叶，美国研究型大学逐渐发展为全球研究型大学的主导模式。

进入 21 世纪，全球知识经济深入发展，研究型大学的地位愈加凸显，它兼具多种学术研究和社会角色，产生了大量的原创性研究成果，成为服务于文化、科技与社会发展的国家机构，成为了连接全球科学知识的国际机构。研究型大学作为国家创新能力的重要，与国家的前途命运紧密联系在一起。高水平研究型大学是一个国家高等教育实力的标志，是培养国家经济、政治、文化、科技、教育等领域精英人才的摇篮，是科学技术创新的不竭源泉，是新兴产业发展的强大助推力量。

国家若要屹立于世界民族之林，就必须在全球高等教育金字塔顶端取得一席之地。进入 21 世纪，高等教育国际化浪潮推动着人、财、物在各国之间的流动，各种全球大学排行榜的涌现也促使大学间的竞争日趋激烈，大学之间的竞争早已超出了国界线，在全球的范围内蔓延。研究型大学不仅要与本国不同类型院校竞争，更要在全世界范围内与不同类型的大学进行激烈竞争。如何提高研究型大学的国际竞争力，已成为世界性话题，成为全球范围内高等教育领域研究的热点问题。

研究型大学的国际竞争力，是指研究型大学在国际竞争中体现出的相对优势，体现在学校在国际竞争中对师资、生源、经费等稀缺资源的吸引能力。从国家层面上来说，研究型大学是培养高水平、创新性人才的基地，是创造、应用和传播科学技术的主要载体。提升研究型大学的国际竞争力是建设创新型国家的保证，是提高国家综合实力的制胜法宝。从大学层面上来说，提高国际竞争力是大学自身发展的必然要求，研究型大学只有不断提高国际竞争力，才能在日益激烈的国际竞争中生存发展。

近些年来，从美国大学国家排名传统延伸出对世界大学进行界定和分类的系统方法。人们对种类繁多的国际大学排名更加关注，为了在大学排名中获得更高的排名，大学考核新生入学成绩标准更高，有实力的大学从全世界最好的大学聘用高层次学术人才。在"马太效应"的影响下，拥有一流声誉的大学，聚集了越来越多一流的教师和科研人员，而这一切都进一步巩固了大学的国际排名。然而，世界大学排行榜归根结底是一种商业行为，研究型大学的声誉和国际竞争力并不是一朝一夕能够形成的，这需要在不断完善自我的过程中慢慢沉淀。

为在竞争中不屈居于人后，很多国家对国际大学排名做出了积极的回应，制定政策支持大学转型和升级，努力提升本国大学的排名。近年来，许多国家相继制定了打造"精英大学"的计划，加大了对高等院校特别是重点院校的投入力度，出台了一系列旨在提升大学国际竞争实力的政策，这种努力体现在中国、德国、韩国、西班牙等国家和地区实施的各种卓越大学培养计划上。

二、问题提出

对于俄罗斯来说，提高大学的国际声誉和竞争力不仅关乎高等教育改革成效，更关乎普京治下俄罗斯复兴的远大目标能否实现。俄罗斯的国土面积、国家资源及军事实力决定了该国仍扮演全球性参与者的重要角色，并将继续深刻影响西方世界乃至全球秩序。因此，俄罗斯需要具备与其实力相称的大学国际竞争力。但是，目前俄罗斯各界普遍认为国内高校水平跟国家实力是不相匹配的。

苏联的解体击碎了俄罗斯长久以来的强国梦，叶利钦政府主导的教育改革企图打破"千疮百孔"的旧教育制度，从而建立一个全新的教育制度。但上世纪90年代，混乱的政治生态、颓废的经济状况、严峻的社会和民族矛盾都阻碍着俄罗斯高等院校的改革与发展。社会转型期迅猛的教育政策时而朝令夕改，时而陷入自相矛盾的境地。因此，当西方国家纷纷开始实施卓越大学计划，在激烈的国际高等教育市场中抢占先机时，俄罗斯的大学发展却因为社会动荡和经济衰退而陷入停滞，在此时落后于西方国家，甚至落后于新兴经济体国家。

在经历十余年衰退和痛苦之后，以2000年普京执政为新起点，俄罗斯国内政治和社会秩序逐步稳定，经济发展良好。俄罗斯重新审视国家知识和智力资源的价值，进行了一系列改革与国际高等教育接轨，加入博洛尼亚进程，加速实现高等教育国际化。俄政府深知，若要进一步提升国家综合实力，建设能够在经济社会发展过程中起到支撑和引领作用的高水平研究型大学是一个必要条件。

2008-2010年，俄罗斯先后设立了29所国家研究型大学，期望这一新的高校类型能够提升俄罗斯大学在世界大学排行榜中的地位，带动国内高校实现跨越式发展。2012年，时任俄罗斯联邦总统的普京签署了俄罗斯政府第599号令，即《关于国家政策在教育和科学领域中的落实措施》，该文件规划了俄罗斯教育和科学领域的近期目标，其中一项重要内容为"在2020年不少于5

所俄罗斯大学进入世界大学排名的前 100 名。"[1]这一目标具体、明确地表明俄罗斯提升高等院校在世界大学排行榜地位的决心。

2013 年 3 月，俄联邦政府颁布第 211 号令《关于国家支持俄罗斯重点高校提升国际竞争力的措施》。[2]在这份政策文本中，"5-100 计划"的内容从提高俄高校的国际排名扩展为提高俄罗斯高等院校的国际竞争力。随后，俄罗斯政府出台系列文件对该计划的财政支持、人才引进、学术交流以及国际合作等方面做出详细规定，期望以"5-100 计划"为载体，整体提高俄罗斯高等教育在国际教育市场中的竞争力。至此，俄罗斯开始加速全面建设卓越大学的进程，国家研究型大学在该计划支持下，承担起冲击世界大学排行榜、提升俄罗斯大学的国际竞争力的重任。29 所国家研究型大学纷纷设立目标，在物质资源、人力资源、科学研究、管理形式等方面实施积极的完善措施，力争在 2020 年之前实现跨越发展。

对于俄罗斯而言，提高国家研究型大学的国际竞争力，建设世界一流大学不仅是对高等教育国际化趋势的应对，更指明俄罗斯以开放的姿态结束了一个特殊时代造就的高等教育模式，使俄罗斯高等教育在超越了苏联 70 年的自我封闭后真正成为了世界性教育，并计划在新的起点上，重塑俄罗斯高等教育的辉煌，让俄罗斯重回高等教育强国的行列。从国家发展战略的角度来看，设立国家研究型大学，发展俄罗斯顶尖高校的国际竞争力，建设世界一流的俄罗斯大学也是俄罗斯秉承教育为国家服务的价值理念，使大学成为社会发展、民族素质提升、创新经济繁荣和国家整体竞争实力提升的有效途径。

研究型大学对俄罗斯对俄罗斯来说是"新生事物"，这种高校类型为俄罗斯高等教育体系注入了新的生机。那么，俄罗斯国家研究型大学在何种背景下产生，俄罗斯如何提升国家研究型大学国际竞争力？制度变迁理论作为一个研究从制度均衡到不均衡，再到均衡的不断演变的历史过程的理论体系，成为制度经济学的重要理论工具。俄罗斯研究型大学设立和提升国际竞争力过程也可以视为一个新制度替代旧制度的动态过程。因此，本文以制度变迁

1　2012 年俄罗斯政府第 599 号令《O мерах по реализации государственной политики в области образования и науки》[EB/OL]. http://base.garant.ru/70170946/.2016-02-20.

2　2013 年俄联邦政府第 211 号令《O мерах государственной поддержки ведущих университетов Российской Федерации в целях повышения их конкурентоспособности среди ведущих мировых научно-образовательных центров》[EB/OL]. http://5top100.ru/documents/regulations/673/.2016.02.20.

理论为视角，尝试回答以下问题：

1. 俄罗斯设立国家研究型大学的动因是什么？
2. 制度变迁理论视角下，如何审视联邦政府在提升国家研究型大学国际竞争力进程中发挥的主导性作用，具体策略包括哪些？
3. 制度变迁理论视角下，如何分析俄罗斯国家研究型大学提升国际竞争力的应对策略？
4. 如何评价俄罗斯提升国家研究型大学国际竞争力策略？

第二节　文献综述

一、关于研究型大学的研究

国内外学者由于研究的侧重点和目的不同，从不同角度对研究型大学的内涵或外延进行界定，至今学术界也没有对"研究型大学"形成一个公认的界定。通过对已有的对研究型大学界定的研究进行归纳和分析，一般分为两种情况：列举研究型大学的相关特征，用描述的方法对研究型大学进行定义，认为具有相关特征的大学即为研究型大学；或进行一些指标体系的设计，运用定性分析以及定量计算的方法，通过这些分析和计算结果来界定研究型大学。

在运用描述的方法对研究型大学以及其特征进行界定的过程中，许多学者们认为研究型大学应表现出以下方面的特征：

第一，研究型大学是一个以知识创新、应用和传播为主导的机构，将科学研究置于学校发展的首位。其核心任务之一是通过不断地科学研究拓宽对世界的认识，并以科研和教学的形式来传播这些知识。[3]研究型大学不但致力于基础科学的研究，同时也注重应用研究，通过科技成果的转化，实现社会服务职能。[4]

3　Marginson, S., "'Ideas of a University'for the Global Era,"paper for seminar on "Positioning University in the Globalized World:Changing governance and coping strategies in Asia", Centre of Asian Studies,The University of Hong Kong, Central Policy Unit, HKSAR Government,and The Hong Kong Institute of Education,10-11 December 2008, The University of Hong Kong, retrieved September 12,2009 from http://www.cshe. unimelb.edu.au/people/staff_pages/Marginson/Marginson.html; Altbach, P. G., "Peripheries and Centers:Research Universities in Developing Countries,"*Asia Pacific Education Review*，2009，10（1），pp.15-27.

4　史万兵，娄成武：《研究型大学的指标体系构建》[J]，中国高教研究，2003 年（6），第二，研究型大学是培养精英人才为己任的机构，担负着精英教育的任务，注重科学研究领域的"拔尖创新人才"，其外在特征之一是拥有高水平的师资力量和优质的学生生源，通过高质量的教育和研究活动，培养社会精英人才。[5]研究型大学进行职业训练和本科生教育的同时，更加注重研究生教育，尤其是博士研究生的教育。[6]

第三，研究型大学具有明确、清晰的定位，具有实现长远目标的治理结构和管理机制。[7]治理结构是研究型大学为了实现办学目标和理念，在职务范围、职务要求、权利、责任方面进行分工协作所形成的组织框架。[8]高效的管理机制能够理顺学校与上级主管部门的关系，学校与学院之间的职能分工和权责范围，在保证院系自主权利的基础上实现学校的有效管理。[9]

第四，研究型大学的核心要素是学术自由。研究型大学需要有力的学术自由作为体制保障，需要教师专注于新知识的探索和研究。[10]高水平的研究型大学的特征是"以创新性知识的生产、应用和传播为中心"，从这个根本性的特征上来看，高水平的研究型大学首先应该是保持相对独立和自由的研究场所。

第五，研究型大学具有丰富的资源。除了具有高水平的人力资源以外，研究型大学还应该具有先进的教学仪器和设备，丰富的藏书等，以此为依托开展高水平的教学和科学研究。[11]

除了运用描述的方法对研究型大学本身以及其相应的特征进行界定以外，学者们也尝试运用一些指标体系的设计，采用定性分析结合定量计算的

第 37-38 页。

5　张卓:《研究型大学的基本特征和评价体系》[J]，南京航空航天大学学报（社会科学版），2002 年（2），第 44-49 页。

6　Mohrman, K., Ma,W. and Baker,D., "The Research University in Transition: The Emerging Global Model," *Higher Education Policy,* 2008（1），pp.5-27.

7　杰拉德. 卡斯珀尔，杰拉德. 卡斯珀尔:《谈研究型大学必备的四种特性》[N]，中国教育报，2002 年 7 月 30 日。

8　张夏莹:《高水平研究型大学组织结构与管理优化研究》[D]，浙江大学，2007 年。

9　尹继东，张绍宗，铁发宪:《高等教育评估理论与实践》[M]，北京:科学出版社，2009 年，第 342 页。

10　Altbach, P.G., "cademic Freedom:International Realities and Challenges," *Higher Education,* 2001,41（1-2），pp.587-603.

11　Altbach, P.G., "Peripheries and Centers: Research Universities in Developing Countries," *Asia Pacific Education Review,* 2009,10（1）pp.15-17.

方法，分析相应结果以此界定研究型大学。林荣日参考美国研究型大学的定义，结合我国的实际情况，提出了中国研究型大学的定义：凡在中国大陆的大学，如果其一级学科的博士学位点授予权数占全校一级学科总数的 50%以上，二级学科硕士学位点授予权数占全校二级学科总数的 80%以上，并且其年度科研经费相当于或者超过年度教学经费的大学。[12] 甘晖等人认为，研究型大学是指设有研究生院的高校和部分没有设置研究生院，但能够较多的授予博士学位的高校，其研究生和本科生个比例在 1:2.5 左右；以提高学术研究水平和扩大学术影响力为目标；培养拔尖创新性人才和产出原创性科研成果。[13]

刘少雪、刘念才从科学研究、人才培养的维度，采用博士生人数／本科生人数、博士学位授予数、科研产出、政府资助经费四项指标，将我国的高校分为研究型大学、博士型大学、硕士型大学本科型大学／学院和专科型／高职院校五类。其中研究型大学的标准参见表1。[14]

表 1　中国普通高校分类中的研究型大学标准

大学类型		标　准
研究型大学	I	授予博士学位数量超过授予博士学位大学的平均数，授予博士学位与学士学位的比例不低于 0.09，获得政府资助研究经费数量居全国高校前 50 名，且每年师均发表 SCIE、SSCI 论文高于美国研究型大学协会（AAU）会员大学的最低值
	II	授予博士学位数量超过授予博士学位大学的平均数，授予博士学位与学士学位的比例不低于 0.09；或授予博士学位数量超过授予博士学位大学的平均数，授予博士学位与学士学位的比例不低于 0.06，且获得政府资助研究经费数量居全国高校前 50 名

中国管理科学研究院武书连按照大学的科研规模将大学分为研究型、研究教学型、教学研究型和教学型四种，又根据高校的创新环境将研究型大学分为 1 型和 2 型，见表（2）。他认为，学术水平高、科研成果较多的大学即为研究型大学，而大学研究生平均占有的科研成果数量是 1 型和 2

---

12 林荣日：《中国研究型大学综合实力评价指标体系设计》[J]，中国高等教育评估，2002 年（2），第 17-20 页。

13 甘晖：《战略机遇期高等学校的定位及其分层次管理探析》[J]，中国高等教育研究，2004 年（2），第 4-8 页。

14 刘少雪，刘念才：《我国普通高校的分类标准与分类管理》[J]，高等教育研究，2005 年（7），第 15-16 页。

型的分类标准。[15]

表2 《2010中国大学评价》中研究型大学分类标准

学校类型		标　　准	
研究型大学	1型	将全国所有大学的科研得分降序排列，并从大到小依次相加，至数量达到评价大学总数的5%为止；各个被加的大学是研究型大学	研究生创新环境不低于研究型大学平均水平
	2型		研究生创新环境低于研究型大学平均水平

从国内外学者对研究型大学的界定可以发现，研究型大学的判定标准主要包括硕士学位及博士学位的授予数和分布情况，科研成果以及专业设置的齐全程度，科研经费的保障等能够反映研究型大学人才培养能力和科学研究能力的要素。与此同时，大多数国内学者的分类只是将研究型大学作为整个高等教育系统中的一个层次进行划分，再没有对研究型大学进行进一步的细致划分，这从一方面也无法体现出不同类型（层次）研究型大学的相关特征。

二、关于大学竞争力的研究

（一）关于大学竞争力内涵的研究

赖德胜、武向荣认为大学核心竞争力是以技术能力为核心，通过对战略决策、科学研究及其成果产业化、课程设置与讲授、人力资源开发、组织管理等的整合或通过其中某一要素效用凸现而使其获得持续竞争优势的能力。同时，他也提出大学竞争力主要特征主要有：技能独特性、用户价值性、资产专用性、价值可变性、能力可加性和效益延展性等。[16]林莉，刘元芳认为大学核心竞争力是识别和提供优势的知识体系，以大学基础设施为依托，以大学精神为共同愿景，在办学理念、组织管理、学术梯队、校园文化以及外部资源等竞争力诸要素协同作用下形成，是大学内部一系列互补的知识和技能的组合，具有使其达到国内甚至世界一流水平的能力。[17]

毛亚庆、夏仕武认为大学竞争力是大学一种整体的竞争能力，即大学在教学、科研、社会服务的职能活动中所形成的某个方面或某些方面自身独有

---

15 武书连：《2010年中国大学评价》[J]，科学学与科学技术管理，2010年（4），第5-9页。

16 赖德胜，武向荣：《论大学的核心竞争力》[J]，教育研究，2002年（7），第42-46页。

17 钟永泉：《我国研究型大学核心竞争力的研究》[D]，华中农业大学，2007年。

的、对大学资源有效运作而产生的整体竞争能力。大学核心竞争力深植于竞争主体的各种资源之中。[18]侯光明等人提出的观点认为研究型大学核心竞争力是指研究型大学在长期形成的内在优势和获取外部资源渠道的基础上构建的，以核心学科为标志，以特色文化为内核的，能有效整合各类教育资源，使学校获得长期竞争优势，并得到社会认可的，与同层次竞争对手相区别的能力或能力体系。[19]

俄学者莫伊谢娃（Н.А.Моисеева）将大学的竞争力看做是建立在大学声誉和形象上的一种事实，这主要包括以下方面：学校的知名度和学术声誉，对消费者需求的应变速度（学生和教师），创新潜力及其实现，优势专业的社会声誉，对外交往的水平，财务的稳定和安全等。[20]

俄罗斯学者罗曼诺娃认为（И.Б.Романова）竞争力是高等教育机构的一种重要属性，它决定了一所学校在教育市场中所占份额的多少，并在一定程度上抵御其他竞争者对自己所属份额侵占的能力。[21]

俄罗斯学者格里波夫（В.Д.Грибов）认为竞争力意味着大学的发展潜力，也意味着它在教育服务市场中的份额占有率，更意味着它与对手相比的突出优势。他认为大学的竞争力不是各种不同的主体的内在质量，而是仅在同一个群体框架内的评价，即竞争力是在这个由类似机构组成的群体内部通过对比而产生的。[22]

（二）关于大学竞争力要素的研究

国内已有的对大学竞争力的文献主要集中在大学竞争力的构成要素方面，探讨了哪些要素对于大学竞争力是必不可少，甚至是至关重要的。大多数学者将目光聚焦于科学研究、师资人才、教育教学、校园文化等方面，不同学者从不同视角强调了某一种或某几种要素对大学竞争力提升的重要意

---

18 毛亚庆，夏仕武：《何谓大学核心竞争力》[J]，北京大学教育评论，2005 年（2），第 108-110 页。

19 侯光明：《对我国研究型大学建设的阶段回顾与分析》[J]，科学学与科学技术管理，2005 年（3），第 35 页。

20 Фатхутдинов Р. А. Управление конкурентоспособностью ВУЗа//Высшее образование в России [J]. 2006, № 9.-С. 37.

21 Романова И. Б. Управление конкурентоспособностью высшего учебного заведения.-Ульяновск: Средневолжский научный центр [M]. 2005.-С. 61.

22 Грибов В. Д., Грузинов В. П. Экономика предприятия.-М.: Финансы и статистика, 2004.-С. 192.

义，并进行了较为系统的论述。

有的学者在宏观层面，综合性地论述了大学竞争力的包含要素。林晓新认为，大学竞争力包括大学在知识创新、人才培养、科学研究、社会服务、师资队伍素质、管理水平、学校信誉等方面的竞争优势。[23]向兴华讲影响大学竞争力的要素分为引领性要素、支撑性要素、主导性要素、保障性要素和生成性要素。[24]刘向兵认为办学理念、办学特色、大学制度等大学文化因素，以及大学的学科资源、人力资源、物质资源和无形资产等资源因素都不是大学的核心竞争力，但它们从不同方面对核心竞争力产生重要的作用。[25]郑家成认为大学核心竞争力只存在于三个方面：大学精神、大学制度和学科成长机制。[26]

有相当一部分学者认为科学研究实力是大学竞争力的致胜因素。张正军等认为，科学研究是大学向社会证明其价值的有力的秘密武器，在大学竞争力的建构中，必须以科研竞争力的优先发展为龙头。[27]赵蓉英认为科研竞争力对一国高校竞争力起着决定性的作用，并对我国进入世界一流大学前 100 名的 16 所中国内地高校的科研竞争力进行了深入分析，指出了我国在科学研究实力方面与世界一流大学的差距。[28]朱浩认为大学的本质在于其学术性，学术竞争力是世界一流大学的重要标志，其中学术资本竞争力是世界一流大学的基础。他还提出，学术竞争力包括学术资本竞争力、学术组织竞争力、学术文化竞争力、学术成果竞争力和学术外部关系竞争力等五部分。[29]

不仅在科学研究方面，有很多学者认为学科的实力是大学竞争力的重要，只有提升学科优势，才能在大学竞争中保持领先地位。周进认为学科竞争力

---

23 林晓新：《基于大学竞争力的地方新建高校发展策略》[J]，中国高等教育，2007年（2）：第34-37页。

24 向兴华：《论研究型大学核心竞争力的影响要素及提升策略》[J]，山东科技大学学报社会科学版，2011年（1），第95页。

25 刘向兵：《大学核心竞争力构成要素辨析》[J]，中国人民大学学报，2007年（2），第37-39页。

26 郑家成：《大学核心竞争力本质论》[J]，清华大学教育研究，2004年（6），第57-59页。

27 张正军，马红鸽：《中国大学竞争力建构中的科学研究》[J]，陕西师范大学学报哲学社会科学版，2007年（3），第35页。

28 赵蓉英：《发展与梦想：年世界一流大学及学科竞争力评价与结果分析》[J]，评价与管理，2014年（3），第26-29页。

29 朱浩：《学术竞争力——世界一流大学的重要标志》[J]，高教发展与评估，2011年（6），第16-18页。

是高校竞争力的集中体现，学科作为竞争主体，某一学科若在国际市场中处于优势地位，则对于学校整体声誉和影响力都有较大幅度的提升。[30]李建宁在对比美国和中国两国学科评价及学科竞争力指标的基础上，分析学科竞争优势对于国家高等教育整体竞争力的影响。[31]李利平认为学科竞争力不仅反映了学科在人才培养、科学研究和社会服务方面的能力，更能够促使学校在国内国际竞争提升优势，获取更优的声誉。[32]

赵坤认为提高我国大学国际竞争力的关键是培植学科竞争力，他指出学科竞争力是大学竞争力的核心优势，提出在整合学科资源、对学科发展进行评价和优化、集中发展优势学科、增加投入力度等方面进行分析并提出相关建议。[33]余峰认为优势学科是大学核心竞争力的显性标志，建设世界一流和高水平大学的关键是学科建设，他认为没有一流的学科，就不会有一流的大学，也就无法培养高质量的人才，更不可能有高质量的科研成果。[34]朱前东根据学科科研产出的发展态势与对比竞争优势，将各学科科研竞争力划分为 3 类，即优势学科、潜力学科和弱势学科，并以暨南大学为例分析了该校的学科竞争力，提出了强化优势学科，增强显著竞争优势；重点培育潜力学科，不断提高潜力学科发展水平；分析弱势学科，有选择性支持、建设和发展潜力专业等。[35]王亚杰、陈岩等学者认为，对于学科特色型大学来说，巩固专业特色和优势对提升大学竞争力来说更为重要，并提出学科特色型大学的竞争力应在一个开放体系中，应考虑以发展特色强势学科为重点，在坚持学科竞争力的前提下，发展相关、相近学科，构建合理的学科生态。[36]

部分学者认为教师及学校人力资源的水平对提升大学竞争力来说才是至关重要。郝一双认为高水平的师资队伍是大学具备竞争力的根本，世界一流

30 周进：《重点理工大学的转型》[M]，武汉：华中科技大学出版社，2002 年，第 164 页。

31 李建宁：《高等学校学科竞争力评价研究》[D]，华东师范大学，2004 年。

32 李利平：《大学学科竞争力及其培育研究》[D]，中南大学，2005 年。

33 赵坤：《大学重点学科核心竞争力形成与评价模型研究》[D]，第三军医大学，2004 年。

34 余峰：《培育优势学科——提升大学竞争力的理性选择》[J]，理论与实践，2007 年（12），第 95 页。

35 朱前东：《多维视角下的高校科研竞争力划分研究——以暨南大学为例》[J]，图书馆学刊，2016 年（1），第 24-27 页。

36 王亚杰：《论学科特色型大学竞争力的形成与发展》[J]，高等工程教育研究，2010 年（4），第 19-20 页。

大学的关键成功因素是能够汇聚国际顶尖的科学家和研究者，他认为教师资源的有效利用是与经济效益相联系的，生师比的不同直接影响教育质量。[37]阚勇平认为人力资源是大学所有资源中唯一最具有创造力的资源，它决定着大学的生存与发展，他认为增强大学竞争力的教师人力资源管理，应在转变观念，树立人力资源管理思想，合理规划、科学选聘，做好人才引进工作，全面规划和落实大学教师的在职培训，完善人力资源管理制度，吸纳、安抚和稳定大学教师人才队伍等方面加强。[38]

在大学人力资源发展中，有些学者也认为校长对大学发展和竞争力提升的作用至关重要。段宝岩认为校长与大学是相互依存、紧密联系的整体，没有大学即使校长具有卓越的个人才能也无法施展，没有校长大学的进步与发展就会犹如缺乏领航人的航船而停滞不前。[39]张鹏程认为，校长和学校之间是休戚与共的关系，校长是提升大学竞争力的倡导者、策划者、组织者、执行者，分析了校长在构建大学竞争力中的作用。[40]徐赟认为大学校长是学校提升竞争力的总领角色，他提出了大学校长的个人背景特征、大学竞争力与大学校长选拔任用、评价之间的关系模型以及假设，并提出了相关建议，包括大学校长的任职年龄要尽量年轻化、大学校长的任期应尽量延长、大学校长的选拔上要重视学术成就、建立健全的校长业绩评价机制等。[41]

还有一些学者从校园文化方面论述了文化、办学理念等隐性因素对大学竞争力提升的影响作用。蔡先金认为，包括办学理念、校风、教风、考风和学校师生员工的士气、精神状态，以及学校的传统、大学文化氛围、大学的形象、声誉与品牌等在内的大学软实力，在大学的发展中起着某些关键性的作用。[42]

---

37 郝一双：《教师资源的有效配置与大学竞争力——以高校合并的规模经济为视角》[J]，高等教育发展与评估，2005 年（3），第38-40 页。

38 阚勇平：《谈基于核心竞争力的大学教师人力资源管理》[J]，教育与职业，2006年（17），第35-38 页。

39 段宝岩：《学者智者与战略家》[J]，国家教育行政学院学报，2006 年（1），第23-25 页。

40 张鹏程：《大学校长与大学核心竞争力构建关系的研究》[J]，现代教育科学，2012年（6），第78-80 页。

41 徐赟：《大学校长的个人背景特征与大学竞争力关系的实证研究》[D]。武汉理工大学，2013 年。

42 蔡先金：《软实力，大学竞争力提升之道》[J]，中国高教研究，2006 年（3），第27-29 页。

刘中亮认为，大学竞争力的核心是大学精神，因为它直接影响大学制度和大学学科建设，起着决定性的作用。[43]柯文进提出影响一所大学的创新和竞争力的核心是大学文化，大学文化是一所大学之灵魂，大学文化之于大学竞争力是隐性的，是提升大学竞争力的重要的"软力量"，他还提出提高大学竞争力需要不断创新办学理念、大学精神，注重大学文化的塑造好校园文化创新。[44]

杨凯良提出大学制度、精神、价值等为表征的大学文化是大学竞争力之本，他认为大学理念不仅仅是大学文化的灵魂，还是大学核心竞争力的内核。同时，人文文化、经典文化、学术文化以及主体文化是大学应该追求和向往的文化取向。[45]马源认为大学文化是大学竞争力的重要构成，大学文化包括精神文化、制度文化和环境文化，他认为大学文化是大学存在的标志、是大学本质的反映、是大学传统的休现、是大学特色的折射，大学文化的建设和发展就是不断提升竞争力的过程。[46]

俄罗斯也有一些学者对大学竞争力要素进行分析。例如俄学者拉扎列夫（В. А. Лазарев）和莫哈娜契夫（С. А. Мохначев）将高等教育机构的竞争力视为一种综合性特点，指的是在一定时期内在市场竞争的条件下，大学表现优于对手的竞争优势，是大学不断适应新环境的能力，因此，大学的竞争力应包含五种要素：财政和资金的筹集能力，营销和宣传的能力，物质和技术的能力，人才潜力，社会和政治能力。[47]

俄学者加里托夫（С. В. Кортов）等人认为大学竞争力的要素主要包括以下几个方面，满足消费者的能力，降低成本并提高员工的满意度的能力，实现创新研究成果商业转化的能力，知识产权有效管理的能力。[48]

---

43 刘忠亮：《论大学精神对高校竞争力的影响》[J]，江苏高教，2010 年（4），第 15-17 页。

44 柯文进：《大学文化与大学的竟易力》[J]，首都经济贸易大学学报，2009 年（2），第 5-7 页。

45 杨凯良：《质量提升与建设高等教育强国——2011 年高等教育国际论坛论文集》，2011 年，第 385-388 页。

46 马源：《大学竞争力中的大学文化要素》[J]，边疆经济与文化，2013 年（11），第 92-94 页。

47 Лазарев В. А., Мохначев С. А. Конкурентоспособность ВУЗа как объект управления. -[М]. Екатеринбург: Пригородные вести, 2003.-С. 71.

48 Кортов С. В., Солонин С. И. Развитие системы управления качеством образования в УГТУ // [J].Университетское управление: практика и анализ, 2000, № 3.-С. 42.

俄罗斯学者博格莫洛娃（И. П.Богомолова）等人认为高校在教育服务市场中的竞争力主要包括三个关键要素：首先是具备在竞争中不断完善自身教育服务的动力和积极性，第二是整合已有资源发挥最大效能的能力，第三是具备参与竞争的机会和能力。[49]

斯洁博诺娃认为（Т. Е. Степанова）研究大学的竞争力，需要注意它的"硬性"和"软性"因素，"硬性"的因素主要指的是可见的、可触及，更容易被量化的因素，而"软性"因素指的是无形的、但是又无处不在，只能被感知，但是却无法测量的因素。[50]

综合不同学者对大学竞争力要素的研究，本文认为大学竞争力的要素主要包括硬性要素和软性要素两个方面，硬性要素包括知识创新、人才培养、科学研究、社会服务、师资队伍素质、管理体系等方面，软性要素包括办学理念、校园文化、大学声誉等精神和价值方面的要素。

三、关于大学国际竞争力的研究

大学竞争关系成立需要最基本的四个要素：1. 竞争主体，即谁和谁之间的竞争；2. 竞争客体，即能够使竞争主体参与并产生受益的、各方共同争夺的利益表现或称稀缺的资源，也就是竞争什么；3. 竞争手段，即竞争主体在争夺竞争客体的过程中使用的方法，怎样竞争的问题；4. 竞争结果，即竞争之后的利益是如何分配的。在以上这四个要素存在的基础上，竞争关系才能够成立，也才存在着竞争主体具备何种竞争力的问题。因此，研究型大学的国际竞争力的内涵也可以从以上四个方面来进行分析。

从竞争主体来分析，很多学者，例如王战军认为大学国际竞争的主体是在国际层面上竞争的大学，这些大学以科学研究活动为主导，拥有强大的资金支持和教学科研设备，具备世界一流的科研团队和师生群体，能够以优质的科研产出服务于社会发展。[51]还有学者认为大学的竞争具有鲜明的层次性，处于同一个层次的大学在教育资源、学生生源、社会知名度等方面才具备可

49 Богомолова И. П., Хохлов Е. В. Анализ формирования категории конкурентоспособность, как фактора рыночного превосходства экономических объектов [J].Маркетинг в России и за рубежом– 2005, № 1.-С. 39.

50 Степанова Т. Е. Проблемы ценообразования на рынке образовательных услуг [J]. Российское предпринимательство. 2004, № 3.-С. 26-28.

51 王战军：《建设高水平研究型大学夯实国际竞争力基础》[J]，中国高教研究，2003年（5），第16-19页。

比性，激烈的竞争往往存在于同一个层次的大学之间，层次差异较大的大学之间则很难构成竞争关系。[52]

从竞争客体分析，大学的国际竞争客体是在世界范围内总量有限的科研经费、物质资源、世界知名的学者和研究人员、先进的研究设备、优质的学生生源和毕业生就业市场等。[53]张智等人认为科研经费、物质资源等是大学进行科研和教学的基本保障和支撑性要素，决定着大学的持久发展；师资力量决定着大学的科研水平和发展趋势，是大学创新能力的领导性力量；优秀的生源是教育成本的承担者，也是研究型大学得以存在的基本要素。[54]

从竞争手段分析，喜多村和之认为大学的国际竞争手段体现于研究型大学在科学研究及成果转化、人才培养、课程教学、师资队伍建设等方面的通用性、开放性和交流性。[55]在这一方面，李雪飞认为大学的国际竞争力主要体现在：1. 师资队伍的国际化发展，即聘请国际顶尖的学者赴本校参与科研和教学工作，使学校能够最快速、最直接地接触和参与同类学科中领先的教学方法和科研活动；2. 国际学术交流与合作，通过共同开展国际学术合作项目使学校的师生能够不断跟踪学术前沿，了解学科的研究进展和最新动态；3.人才培养国际化，即在世界范围内招收一流的生源，采用外语教学或者双语教学的模式，与世界一流的研究型大学建立长期的合作关系。[56]

从竞争结果来分析，大学的国际竞争结果是大学国际影响力或国际地位的争夺。李晓娟认为21世纪以来，风靡全世界的不同类型的世界大学排行榜越来越成为大学竞争结果的一种体现，权威世界大学排名逐渐成为衡量大学国际竞争力的总要参考。[57]邱均平等人认为在世界大学排行榜上获得较高排名的大学能够获得更加充足的资金投入，获得全世界范围内学生和家长的认可，能够吸引更优秀的教师和科研人员，因此这一竞争结果反过来又进一步

52 West. E. G., *Education and Competitiveness*, Kingston, Queen's University, 1993.
53 Marginson, S.,"Competition and Markets in Higher Education:A Glonacal Analysis," *Policy Futures in Education*, 2004（2），pp.181-182.
54 张智，宗明华：《大学竞争力的内涵、指标与构筑》[J]，昆明理工大学学报（社会科学版），2005年（3），第8-12页。
55 喜多村和之：《大学教育の国际化》[M]，东京：玉川大学出版部，1987年。
56 李雪飞：《美国研究型大学竞争力发展策略研究》[D]，华东师范大学，2008年。
57 李晓娟，高鹏，吴志功：《我国研究型大学核心竞争力的评价指标体系研究》[J]，管理评论，2010年（3），第44-53页。

提升了大学的国际竞争力。[58]

　　大学国际竞争力是对稀缺资源的竞争力，这种相对优势也体现在资源、能力和时间方面。杨志坚认为从资源上来说，大学的国际竞争力是一种竞争实力，因为国际竞争必然会导致对资源的占有和重新配置，大学的必然需要以人力资源、物力资源、国际声誉等方面的优势对稀缺资源展开竞争和运用，以此发挥最大的效益。[59]吴剑平认为从能力上来看，大学国际竞争力是一种能力，竞争能力是大学长时期积累的结果在国际竞争中表现为协调资源使其充分发挥最大作用的能力。[60]周念林认为从时间上来看，国际竞争是一个动态的过程，大学的国际竞争是一种竞争活力，是在竞争中壮大和完善的内在力量。[61]

　　从以上几个方面总结，本文认为大学的国际竞争力可以总结为，从竞争主体上看，是国际范围内同一层次的大学相比较而显现出的相对竞争优势；从竞争客体上来看，是资金、师资、生源和毕业生就业市场份额等资源对大学发展的重要性；从竞争手段来看，是大学在国际竞争中所采用的方式方法的组合；从竞争的效果来看，是大学在国际范围内的地位和影响力的表现。

四、关于不同国家提升大学国际竞争力策略的研究

　　如今，研究型大学的实力决定未来国家创新型经济发展，各国政府已意识到高水平的研究型大学在吸引人才、产出优质的科研产品和推动国家经济发展方面的重要作用，不遗余力的集中人力、财力、物力促进本国研究型大学的国际竞争力。在这个问题上，政府显得更为积极，尤其是后发国家政府。在综合国力的竞相追赶中，为增强创新经济的发展潜力，提高创新人才的培养力度，很多国家政府都制定了提升大学国际竞争力的专项计划，近些年又纷纷将眼光瞄准世界一流大学的建设，推出了很多类似的卓越大学计划。

58 邱均平，杨瑞仙，丁敬达：《世界一流大学与科研机构学科竞争力评价研究报告》[M]，北京：科学出版社，2009 年。

59 杨志坚：《进一步提升我国高等教育的国际竞争力》[J]，中国高等教育，2001 年（3），第 16-17 页。

60 吴剑平：《一流大学评价的基本问题探讨》[J]，教育发展研究，2002 年（12），第 47-49 页。

61 周念林，程宏伟，李余生：《国外一流大学水平竞争力特点及启示》[J]，科技信息（学术研究），2008 年（8），第 37-39 页。

　　张惠，刘宝存认为 2010 年法国政府推出的创建世界一流大学的政策在引领高等教育与科研机构的现代化转型、推进立足区域经济的协同创新平台构建、带动科技项目及其平行工程的协作发展、实现一流机构与尖端学科间的强强联合等方面实现了切实作用，对提升法国大学的国际竞争力起着正向推动作用。[62]张惠，张梦琪以索邦大学为例，阐述了 2010 年法国政府推出"卓越大学计划"对创建法国世界一流大学的影响，论述了索邦大学在这一计划实施中在总体战略以及教学、科研、知识与技能增值、校园生活和国际化等方面的进展。[63]

　　孔捷认为德国制定和实施的卓越计划已经打破了德国大学原有的平衡，终结了德国大学千校一面的僵化局面，卓越计划连同近年来博洛尼亚进程的推进、联邦制改革、高校协定、大学收费制改革、学位体制改革等等举措，极大提升了德国大学的竞争力。[64]贾彦琪也认为德国政府于 2006-2011 年推行的"卓越大学计划"有利于打破德国高等教育均质局面，其分类资助与整体资助相结合，重视青年科研骨干人员培养，促进大学和科研院所的深度合作等措施提升了德国高校国际竞争力。[65]陈洪捷认为 2005 年启动的德国精英大学计划，是通过重点资助的方式增，强德国大学国际竞争力的关键性计划，旨在打造德国的世界一流大学。德国的精英计划具有明显的特点和特色，该计划基于学术自治原则的政府行为，基于评选和竞争的资助计划，基于项目的资助计划，精英大学计划既重视科研，也重视人才培养。[66]

　　李雪飞认为美国研究型大学具有国际竞争力优势在于，在资源要素上美国研究型大学能够通过种种策略来实现自身优质资源的获取，在文化要素上美国研究型大学通过大学理念和大学制度文化建设培育了现代大学文化，在能力要素上美国研究型大学通过不断进行人才培养、科学研究和社会服务方

62　张惠：《法国创建世界一流大学的政策及其特征》[J]，高等教育研究，2015 年（4），第 89-92 页。

63　张惠：《法国创建世界一流大学的战略实践——以索邦大学为例》[J]，比较教育研究，2016 年（6），第 22-25 页。

64　孔捷：《从平等到卓越——德国大学卓越计划评析》[J]，现代大学教育，2010 年（3），第 53-55 页。

65　贾彦琪：《德国"卓越大学计划"及其对我国建设世界一流大学的启示》[J]，继续教育研究，2016 年（3），第 114-116 页。

66　陈洪捷：《德国精英大学计划的特点与特色》[J]，华东师范大学学报（教育科学版），2016 年（3），第 4-7 页。

面的创新。[67]王彦力认为在英国，和谐发展战略在品牌建设中受到重视，提升高等教育的和谐品牌战略就成为影响英国大学潜在国际竞争力的重要一环。他认为大学应该在为全体学生和全体教职工提供双向回报的过程中树立起自己独特的品牌。[68]

施晓光认为20世纪90年代中期以来，韩国政府在提高大学竞争力方面采取了一系列有效的措施，尤其是韩国政府实施的"BK21工程"（Brain Korea 21 Project），通过提高大学的科研能力，极大提高韩国大学的世界排名，从而保持韩国在国际市场的竞争优势。[69]索丰认为韩国政府于2008年颁布的"世界水平研究型大学建设计划"，在很大程度上提高了韩国大学的教育和研究水平，发展了一批重点学科，促进了韩国大学的国际化进程，提高了韩国大学的国际影响力和竞争力。[70]

熊庆年认为日本政府于2002年推出的21世纪"COE计划"的出台，标志着日本高等教育发展政策中资源配置投向由注重均衡转向重点投入，将眼光瞄准建设世界一流水平的大学。[71]胡建华认为在"COE计划"的基础上，2014年日本政府推出的"全球顶尖大学项目"以建设世界一流大学为直接目标，目的是在竞争激烈的世界高等教育环境中进一步提升日本大学的地位与水平。[72]

包水梅认为香港1996年推行的"卓越学科领域计划"和2004年发布《香港高等教育：共展所长，与时俱进》的战略报告直接推动了香港地区大学的国际竞争力，其政策以大众化中追求卓越、为基本价值取向，以卓越学科带动一流大学建设作为其战略路径，建起了政策行动一体化的运行体系。[73]乌云

---

67 李雪飞：《美国研究型大学竞争力发展策略研究》[D]，华东师范大学，2008年。

68 王彦力：《论全球化背景下大学竞争力的提升——以英国大学的和谐品牌战略为例》[J]，天中学刊，2008年（3），第139页。

69 施晓光：《提高大学竞争力：韩国经验》[J]，高等教育研究，2005年（9），第100-102页。

70 索丰：《韩国世界水平研究型大学建设计划评析》[J]，外国教育研究，2009年（12），第47-49页。

71 熊庆年：《日本建设世界一流大学的战略路径》[J]，中国高等教育，2007年（12），第61-63页。

72 胡建华：《日本世界一流大学建设新动向》[J]，华东师范大学学报（教育科学版），2016年（3），第7-9页。

73 包水梅：《世界一流大学建设政策运行机制——香港的经验与启示》[J]，国家教育行政学院学报，2017年（1），第82页。

其其格认为新加坡政府提出的卓越研究中心计划，即创建世界水平的研究中心计划大大推动了国际竞争力的提升。新加坡国立大学和南洋理工大学利用卓越研究中心从全球吸引了众多顶尖级科学家和科研人员，提高了国际声誉，进一步提升了国际竞争力。[74]王晓华认为台湾地区 2006 年启动的"发展国际一流大学及顶尖研究中心计划"，2011 年起修正为"迈向顶尖大学计划"，这两项计划对于推动台湾高等教育国际声誉和地位的提升产生的重要作用。[75]杨秀治认为印度政府制定和实施的"卓越潜力大学"计划和"创新大学"计划，以及在 2016 年推出的创建 20 所世界一流大学战略，都是政府主导、重点扶持提升国际竞争力的关键措施。[76]

纵观世界各国实施提升大学国际竞争力的计划，可以发现国家政府起着主要推动作用，各国政府有意向将本国少数大学发展为世界一流大学。很多学者也持有详尽的看法，例如袁本涛认为日本和韩国政府在建设世界一流大学进程中发挥重要角色，政府通过高度重视和财政的倾斜来确保研究型大学的迅速发展，通过赋予研究型大学的特殊使命来主宰研究型大学的发展方向等方面。[77]邱均平认为德国、法国、日本和韩国卓越大学计划，四国均选择了将少部分大学建设成世界一流大学的集中战略，由于建设周期长短不一，扶持对象各有偏重，所取得的成效也不尽相同。[78]

相对于这些国家，俄罗斯也同样是由政府首先提出了相关政策，将提升俄罗斯大学的国际竞争力提上日程，以法令和政策、计划的方式，筛选部分有潜力的学校入选这类加速计划，通过政策和资源的倾斜和重点投入，集中扶持一部分学校使之迈入世界一流大学之列，这一思路与其他国家是相近的。

---

74 乌云其其格：《新加坡的"卓越研究中心"计划》[J]，全球科技经济瞭望，2013 年（7），第 18 页。

75 王晓华：《台湾建设——一流大学——政策的背景及内容分析》[J]，清华大学教育研究，2008 年（4），第 98 页。

76 杨秀治：《印度创建世界一流大学政策研究》[J]，比较教育研究，2016 年（6），第 15-17 页。

77 袁本涛：《世界一流大学建设中的政府角色研究——以日本和韩国为例》[J]，清华大学教育研究，2006 年（1），第 71 页。

78 邱均平：《亚欧四国世界一流大学建设比较研究》[J]，高教发展与评估，2016 年（4），第 42 页。

五、关于俄罗斯的大学国际竞争力的研究

（一）我国关于俄罗斯研究型大学及竞争力的研究

目前我国对俄罗斯国家研究型大学的著作和论文并不多，有的学者从俄罗斯国家研究型大学的设立背景探寻其发展的动力。例如，杜岩岩认为俄罗斯创新型大学发展战略与中国的 985 工程和 211 工程有很多相似之处。基于提升高等教育国际竞争力的需要，国家创新体系一体化战略需要，促进高等教育转型的需要，俄罗斯政府从话语转向了行动，成功地支持了高等教育精英的积极性和创造性，促进教育与科学由分离走向产学研一体化。[79]

王森认为俄罗斯联邦大学的组建和研究型大学的设立这两项教育专项工程改革步子迈得较大，特色较为鲜明，是基于科学和教育一体化的原则上，有效地开展教育和研究活动的重要举措，引发了俄罗斯高等教育办学观念上的转变。研究型大学的目标是培养一批高层次人才，培育一批对俄罗斯联邦高新技术产业化承担责任的、世界级的教育机构。[80]杜岩岩以俄罗斯高等经济学校为例分析了俄罗斯研究型大学的战略规划的环境、内容、定位、目标等问题。他指出俄罗斯高等经济学校在重视一流学生的选拔，制定国际培养标准；打造学科群落，注重创新平台建设；强化服务国家战略需求，打造世界一流智库等方面入手，提高学校的竞争力。[81]

肖甦认为改革人才培养体制，推进高等教育国际化，整合高校资源，构建大学金字塔结构，提升大学竞争力，加速冲击世界一流大学，是新世纪以来普京政府在高教领域进行改革，建设一流大学的三部曲。[82]赵伟认为研究型大学的设立是俄罗斯创建世界一流大学的重要举措之一。俄罗斯创建世界一流大学政策从隐性走向显性，表现为颁布与实施显性的国家政策，完善组织、经济和法律保障，发展人才潜力，教育科研活动，资助世界著名学者，支持

79 杜岩岩:《俄罗斯创新型大学发展战略及其保障机制》[J]，教育科学，2011 年（5），第93-96 页。

80 王森:《俄罗斯联邦大学和国家研究型大学建设管窥》[J]，高教探索，2015 年（4），第44-48 页。

81 杜岩岩:《俄罗斯研究型大学的战略规划与竞争力管理》[J]，教育科学，2013 年（3），第91-94 页。

82 肖甦:《俄罗斯的一流大学建设》[J]，华东师范大学学报（教育科学版），2016 年（3），第12-14 页。

俄罗斯一流学科、青年学者和研究生等方面。[83]

目前我国关于俄罗斯国家研究型大学的研究主要集中于政府的宏观政策方面，但是对俄罗斯国家研究型大学设立的背景和原因，俄罗斯提升国家研究型大学国际竞争力的具体策略，以及在这一过程中产生的问题和影响基本没有更深一步的研究。在这一基础上，而本文拟通过更深入的研究，以制度变迁的理论视角，对以上未深入研究的问题进行进一步探索，挖掘俄罗斯国家研究型大学设立的动因，分析俄罗斯政府如何主导这一制度的变迁，探究俄罗斯国家研究型大学国际竞争力提升的具体策略，以及策略实施过程中的问题。

（二）俄罗斯国内对本国大学竞争力的研究

1. 关于俄罗斯大学国际竞争力的研究

俄罗斯莫斯科国立师范大学教授亚历山大．如林斯基（А．Журинский）认为，俄罗斯大学在国际上影响力逐年下降，经济因素起了决定作用，过去的以政治和思想意识形态为主的做法已经不盛行了，俄罗斯的大学首先要成为世界教育的一部分，同时保留本国的观念与价值，积极融入国际高等教育体系。[84]

叶列那．玛吉莫夫娜（А.И.Вадимовна）认为俄罗斯的大学在苏联解体之后就不断衰落，她认为进入 21 世纪高等教育应为国民经济建设和社会的可持续发展提供强大的资源，但俄罗斯却不得不面对人力资源流失的问题。在资源、学生、研究人员、科学研究等方面，俄罗斯的大学没有强大的国际竞争力。在未来俄罗斯大学的发展中，挽留人才和吸引人才是提高俄罗斯高校国际竞争力的关键。[85]

亚历山大．瓦列金诺维奇（К.А.Валентинович）却认为俄罗斯的大学系统并没有完全失去国际市场的竞争力，只是在以下方面亟待完善：提出跨境的外国公民的培训方案；促进国际学术流动，确保俄罗斯高素质专家参与国

---

83 赵伟：《从隐性走向显性——俄罗斯创建世界一流大学政策评析》[J]，比较教育研究，2016（6）年，第 9-12 页。

84 《全球化与俄罗斯教育改革》[J]，比较教育研究，2002 年（全球化与教育改革专刊），第 90-91 页。

85 РЖАНОВА Ирина Вадимовна. ЭВОЛЮЦИЯ МЕЖДУНАРОДНОГО ОБРАЗОВАТЕЛЬНОГО СОТРУДНИЧЕСТВА В УСЛОВИЯХ МОДЕРНИЗАЦИИ РОССИЙСКОЙ ВЫСШЕЙ ШКОЛЫ В 1991-2011-е ГОДЫ: дис.... д-ра эконом [D] Истор.наук Москва-2012

际学术活动；制定并实施有针对性的创新方案和国际项目；加强与美国创造
共同的教育空间；教育服务出口的教育专家和管理人员的储备和培训；进一
步完善俄罗斯联邦境内的国际教育项目的法律框架等。[86]

尤金．尼古拉耶维奇（Щ. Е. Николаевич）认为俄罗斯联邦政府对大学国
际竞争力的发展起着决定性的作用，政府的不重视使俄罗斯大学在国际高等
教育市场上处于被动地位。他认为立法和行政管理是高等教育国际化的重要
策略和前提保障，教育系统出现新的变革，必须用法律定义和解释这些变化
的性质。[87]

谢尔盖．普拉科斯基（С.И.Плаксий）也认为俄罗斯联邦政府在提高俄罗
斯大学的国际竞争力方面存在严重不足，政府需要以法律和行政调整的目标
吸引海外高素质人才；为高等教育投资创造有利条件；确保不同类别学生和
教学人员的宪法权利；下放管理权力，尊重每个级别的自治权；形成开放的
民主管理平台。[88]

叶卡捷琳娜．谢尔盖耶夫娜（Ч.Е.Сергеевна）认为当今社会高等院校的
宪法权利至关重要，宪法需要根据时代要求做出及时的修改和订正。她指出
目前俄罗斯迫切需要重新思考高等院校体系的内涵，高等教育的新模式应体
现在一个科学合理的政策计划中，应制定符合全球化和国家、社会经济变化
条件下高等院校国际化的国家战略，规划实施一系列切实可行的措施。[89]

2. 关于提高俄罗斯大学国际竞争力的策略建议

俄罗斯国内大多数学者将目光聚焦于提升俄罗斯大学国际竞争力的策略
上，众多学者认为俄罗斯需要从封闭、自成一体的体系中走出来，主动参与
高等教育国际市场的竞争中，通过国际合作与国际惯例保持一致。

86 Косевич Александр Валентинович. Экспорт образовательных услуг сферы высшего образования: мировой опыт и российская практика: дис.... канд [D]. Экон Наук. Москва - 2016

87 Щербак Евгений Николаевич. Государственное управление в области высшего образования в условиях мирового образовательного рынка: концептуальные подходы и административно-правовое регулированиедис.... канд. юрид. наук. [D]. Москва 2011.

88 Сергей И. Плаксий. Конкурентоспособность российского высшего образования. [EB/OL] http://www.punkt-a.com/ru/pb/art/bp011.plaxiy.htm

89 Чугунова Екатерина Сергеевна. Конституционное право на высшее образование в Российской Федерации в условиях глобализации: дис.... канд. юрид. наук. [D]. Москва 2010

俄罗斯阿穆尔国立人文师范大学副校长科什金（А.П.Кирш）认为国际合作是提升竞争力的关键，他认为国际合作和科研活动有着紧密的联系，应促进教师和学生国际流动，与国外大学、国外基金会和组织建立伙伴关系，吸引国外专家学者，扩大国际科研合作范围，与国外高等院校协作开展科研项目研究，组织国际科研会议，联合出版专著及学术论文等。[90]

德米特里．马季洛维奇（Р.Д.Вадимович）认为国际化是未来俄罗斯高等教育发展的必然趋势，提高俄罗斯大学的国际竞争力，首先要加速大学国际化的进程。包括发展"学士—硕士"两级系统；按照国际标准更改俄高等教育专业的命名；促进学术流动；建立创新科学和教育相结合的多边国际项目；建立和完善教育质量评估和教育机构认证体制；制定长期的学生交和教师交流计划；给国外学生开辟更多学习俄语的渠道等。[91]

伊万诺夫．依戈罗维奇（И.Д.Игоревич）通过对喀山地区高等院校的研究指出，提升俄罗斯高等院校的国际竞争力应该涵盖以下方面的内容：国际大学之间的共同研究和开发，开展科学和研究会议；高等教育课程的国际化；引进远程学习获得国际学位；区域和地区的国际合作与学术流动；扩大外国学生招生数量；扩大研究生的国际交流；与国际组织和基金会资助的国际项目合作。[92]

伊琳娜．安娜杜丽耶娃（Д.И.АНАТОЛЬЕВНА）从现代经济学的角度阐述了俄罗斯提升大学国际竞争力的效益和实施途径，她认为俄罗斯高等院校可以从通过国际合作的途径扩宽增加收益的渠道：提供其自身的科学和教育服务，为外国的学生提供合同教育；出售自己的科学和教育产品科学文集、专著、教材和手册等；特许经营活动，创建境外、联合科研和教育中心；从外国银行贷款；与国外合作伙伴共同制定行业计划，开展商业合作。[93]

90 科什金：《国际合作是提升学校国际声望的关键》[J]，黑龙江高等教育，2009 年（9），第7-9页。

91 Русаное Дмитрий Вадимович. Глобализация как триггер развития современного высшего образования:социологический аспект; дис.... канд. социол. Наук [D]. Тамбов. 2009

92 Иванов Дмитрий Игоревич. Развитие международного сотрудничества российских вузов: дис. ... канд. Педаг. Наук [D]. Казань .2012

93 ДУДИНА ИРИНА АНАТОЛЬЕВНА. ИНСТИТУЦИОНАЛЬНЫЙ МЕХАНИЗМ МЕЖДУНАРОДНОГО СОТРУДНИЧЕСТВА ВУЗА В УСЛОВИЯХ ТРАНСФОРМАЦИИ И ГЛОБАЛИЗАЦИИ ЭКОНОМИКИ РОССИИ: дис.... канд. Экон Наук [D]. Волгоград. 2013

也有一部分学者认为俄罗斯加入博洛尼亚进程为提升国家大学的国际竞争力提供了有利通道，梅德韦杰夫．纳塔利娅（М.Н.Владимировна）认为俄罗斯在加入博洛尼亚进程之后，获得了更大的发展空间。可以与欧洲国家建立主题性的，互利合作研究的关系，通过实验室，科技园区等形式的创建；开发有效的合作模型和激励机制，促进国际活动的主体的跨文化能力的形成，这些条件为俄罗斯的大学提升国际竞争力创造了有利环境。[94]

玛丽娜．叶甫盖尼耶娃（В.М. Евгеньевна）通过博洛尼亚进程可以加强俄罗斯与欧洲伙伴大学协议，促进学生和教师的流动，促进有关全球化和多元文化的教育项目的产生。[95]塔蒂亚娜．谢尔盖耶夫娜（К.Т.Сергеевна）认为博洛尼亚进程对俄罗斯高等教育的体制影响是深刻的。俄罗斯的大学具有本国和本民族特定的问题，应在保护民族传统多样性原则下，重组政策架构，转换组织结构，与欧洲的大学扩大合作范围，扩展与本科、研究生科研和教学的多样化合作项目、课程设置。[96]

亚历山大．梁赞诺娃（Р. А. Андреевна）运用市场营销的视角，分析提升俄罗斯大学国际竞争力进程中服务对大学竞争力的影响。她认为竞争是驱动高等教育提升质量的关键,营销的理念正在日益渗透入高等教育的服务过程,制定正确的营销策略有助于国内和国际层面上高校的发展。她提出将教育服务指标纳入学校个各个层级的考评体系；建立教育服务的评估指标，评估市场营销活动在管理中使用的有效性；注重雇主的质量评价等方面。[97]

拉里莎．阿尔塔莫诺夫（А.Л.Сергеевна）通过对莫斯科和莫斯科周边地区高校的研究，认为组织和经济是俄罗斯提升大学国际竞争力的重要保障。她指出俄罗斯高校办学经费应实现多元化筹措，应扩展与企业团体、慈善机

---

94 Медведева Наталья Владимировна. МЕЖДУНАРОДНАЯ ДЕЯТЕЛЬНОСТЬ ВУЗА В УСЛОВИЯХ ИНТЕГРАЦИИ РОССИИ В ОБЩЕЕ1ВРОПЕЙСКОЕ ОБРАЗОВАТЕЛЬНОЕ ПРОСТРАНСТВО: дис.... канд. Педаг. [D].Челябинск, 2007

95 Верховкина Марина Евгеньевна. ИНСТИТУТ РОССИЙСКОГО ВЫСШЕГО ОБРАЗОВАНИЯ И ЕГО ТРАНСФОРМАЦИЯ В УСЛОВИЯХ БОЛОНСКОГО ПРОЦЕССА（СОЦИОЛОГИЧЕСКИЙ АНАЛИЗ）; дис.... канд: социол. Наук [D].Санкт-Петербург 2016.

96 Кашлачева Татьяна Сергеевна. ИНТЕГРАЦИЯ ЕВРОПЕЙСКОГО И РОССИЙСКОГО ВЫСШЕГО ОБРАЗОВАНИЯ: ИНСТИТУЦИОНАЛЬНЫЙ АСПЕКТ: дис.... канд. социол. наук. Тамбов [D]. Санкт-Петербург 2007.

97 Рязанова Александра Андреевна. Методы маркетингового анализа конкурентоспособности образовательных услуг вузов: дис.... канд. Экон Наук [D]. Москва-2013.

构、社会经济组织的合作；在组织机构方面，合理布局高等院校系统中各个层次。[98]

叶卡捷琳娜.尼古拉耶夫娜（Н.Е.Николаевна）认为学校管理人员的素质和能力是提升高等院校的国际竞争力的关键因素，她指出，俄罗斯高校管理人才的需要具备较高的专业知识、技能，具备跨文化沟通能力和较强的行政能力，必须了解经济学、管理科学、历史和教育理念、教育理论，精通不同国家的教育系统、国际教育的法律等问题。[99]

俄罗斯国内对于大学竞争力的研究比较多元化，不同学者从不同角度对大学的竞争力要素，对俄罗斯的大学在国际高等教育市场上是地位和竞争力进行了多方面的探讨。大多数学者认为俄罗斯国家研究型大学的设立是必要且迫切的，这一类型的大学对于实现俄高校转型和现代化必不可少，同时提升包括国家研究型大学在内的俄罗斯大学国际竞争力是当务之急。

很多学者对如何提高俄罗斯大学的国际竞争力从不同角度提出了建设性的意见，多数集中于资金筹措、科学研究、人才培养、完善管理、营销与宣传等方面，并将提升俄罗斯大学在世界大学排行榜的地位视为快速提升国际竞争力的显性目标。本文在俄罗斯学者对此研究的成果上，进一步分析他们对提升俄罗斯国家研究型大学策略的评价，以及他们认为该计划存在的问题。

总之，经过以上相关文献的梳理，本文发现目前我国对俄罗斯国家研究型大学在设立背景和动因，设立的过程和演变方面尚缺乏的系统研究。在更深层次问题的研究上我国国内几乎是空白，例如，俄罗斯联邦政府在提升国家研究型大学进程中的角色和影响，29 所国家研究型大学实施提升国际竞争力的策略，以及俄罗斯提升国际竞争力策略成效和问题等。填补以上空白，对俄罗斯提升国家研究型大学策略进行深入分析是十分必要的。因此，本文尝试以制度变迁理论为视角，从俄罗斯国家研究型大学设立的动因、俄联邦政府主导国家研究型大学提升国际竞争力的表现、国家研究型大学提升国际

98 Артамонова Лариса Сергеевна. ОРГАНИЗАЦИОННО-ЭКОНОМИЧЕСКОЕ РАЗВИТИЕ ОБРАЗОВАТЕЛЬНЫХ УСЛУГ В СФЕРЕ ВЫСШЕГО ОБРАЗОВАНИЯ（НА МАТЕРИАЛАХ ВУЗОВ МОСКВЫ И МОСКОВСКОЙ ОБЛАСТИ）: дис. ... канд. Экон Наук [D]. Москва - 2009

99 Никонова Екатерина Николаевна. ПРОЕКТИРОВАНИЕ И РЕАЛИЗАЦИЯ УЧЕБНОГО КУРСА «ИНТЕРНАЦИОНАЛИЗАЦИЯ ВЫСШЕГО ОБРАЗОВАНИЯ» В СИСТЕМЕ ПРОФЕССИОНАЛЬНОЙ ПОДГОТОВКИ МЕНЕДЖЕРОВ ОБРАЗОВАНИЯ:дис. ... канд. Педаг [D]. Санкт-Петербург – 2015.

竞争力的应对策略、特色国家研究型大学的具体个案以及俄罗斯提升国家研究型大学国际竞争力策略的成效及问题五个方面进行深入分析。

第三节　概念界定

一、竞争力

竞争，是指两个或两个以上的主体为了获取某种稀缺性资源而开展的激烈角逐。竞争力是指，在角逐的过程中竞争主体所表现出来的某种优势能力，即竞争主体对竞争客体的吸引力和获得收益能力的总和。竞争关系的成立需要三个基本要素，即利益独立的竞争主体、具有稀缺性的竞争对象和最终的竞争结果。[100]

从国家的角度来看，世界经济论坛（World Economic Forum）认为国际竞争力是一国实现国民经济持续高速增长的能力，即决定一个国家生产力水平的一整套制度、政策和影响因素。[101]瑞士国际管理发展学院（International Institute for Management Development）认为国际竞争力是经济学领域内的问题，以分析国家的现实条件以及国家政策为企业提供增加值和为国民积累财富的能力。[102]

从产业角度来看，波特（Michael E.Porter）认为国际竞争力是某国特定禅意一起相较于别国更高的生产力向国际市场提供符合消费者需求的产品，并能够持续获得盈利的能力。[103]金碚指出，国际竞争力是指某个产业或者企业能够比其他同类产业或企业更高效地向市场或者消费者提供产品和服务的能力。[104]波特认为企业创造价值的过程可以拆分为一系列互不相同但又相互联系的活动，企业的价值链（value-chain）是由这些活动的总和构成的。企业的竞争力来源于企业在设计、生产、经营、交货的过程和辅助过程中进行的相互分离的活动。企业的价值链可以分为两部分，其一是企业的基本活动，即

100 张金昌：《国际竞争力评价的理论和方法研究》[D]，中国社会科学院，2001年。

101 World Economic Forum, The Global Competitiveness Report 2010-2011. Available at [EB/OL] http://www.worldcompetitiveness.com/Online/APP/Index.htm

102 International Institute for Management Development, *The World Competitiveness Year 2010*. [EB/OL] http://www.worldcompetitiveness.com/Online/APP/Index.htm.2016.08.01

103 Porter, M.E., Competitiveness Advantage, New York, Free Press, 1985.

104 金碚：《竞争力经济学》[M]，广州：广东经济出版社，2003年，第225页。

"生产经营"环节，包括生产经营、市场销售、后期服务等；其二为企业的辅助活动，包括企业的组织管理、人事管理、技术开发和采购活动等。[105]

本文中的竞争力，是指两个或两个以上实力相当的大学，在竞争各类稀缺资源过程中展示出的相对优势能力，即大学对稀缺资源的吸引力。这里竞争主体是大学，竞争客体是稀缺资源，包括一流的师资、优质生源、多元的办学经费等，竞争的结果是哪一方获得了稀缺资源。

二、研究型大学

1. 美国卡内基教学促进基金会对研究型大学的界定

美国卡内基教学促进基金会对研究型大学的界定是目前唯一被普遍接受和广泛使用的"判定研究型大学与否"的标准。1973 年《卡内基高等教育机构分类》中，卡内基教学促进基金会第一次对研究型大学进行了明确的界定。之后，鉴于美国高等教育系统的动态发展与变化，卡内基教学促进基金会分别于 1976 年、1987 年、1994 年、2000 年和 2005 年进行了修订，从而为相关研究人员和机构对高等教育的发展状况、师生特征以及整个高等教育系统运行状态进行分析提供了一个及时更新的有效工具。在各个版本的《卡内基高等教育机构分类》中，均对于研究型大学做出了可操作性的定义，如表 3。

表 3　《卡内基高等教育机构分类》中研究型大学的分类标准

年份	学校类型		标　　准
1973	研究型大学	I 类	1969 / 1970 学年至少授予 50 个博士学位，且在 1968 / 1969、1969 / 1970、1970 / 1971 三个学年中，至少有两个学年连续获得联邦资助经费排名为前 50 的大学
		II 类	1969 / 1970 学年至少授予 50 个博士学位，且在 1968 / 1969、1969 / 1970、1970 / 1971 三个学年中，至少有两个学年连续获得联邦资助经费排名为前 100 的大学，或者在 1960 / 1961-1969 / 1970 的 10 个学年中授予博士学位数量排名为前 50 的大学
1976	研究型大学	I 类	1973 / 1974 学年至少授予 50 个博士学位，且在 1972 / 1973、1973 / 1974、1974 / 1975 三个学年中，至少有两个学年获得联邦资助经费排名为前 50 的大学

---

105 波特：《国家竞争优势》[M]，北京：中信出版社，2012 年，第 23 页。

		II类	1973 / 1974 学年至少授予 50 个博士学位，且在 1972 / 1973、1973 / 1974、1974 / 1975 三个学年中，至少有两个学年获得联邦资助经费排名为前 100 的大学；或在 1965 / 1966-1975 / 1975 的 10 个学年中授予博士学位数量排名为前 60 的大学
1987	研究型大学	I类	提供广泛领域的本科教育，从事博士研究生教育，赋予科研活动高度的优先地位；每年至少授予 50 个以上的博士学位，且每年至少获得 3350 万美元的联邦自主经费
		II类	提供广泛领域的本科教育，从事博士研究生教育，赋予科研活动高度的优先地位；每年至少授予 50 个以上的博士学位，且每年获得的联邦经费在 1250 万-3350 万美元之间
1994	研究型大学	I类	提供广泛领域的本科教育，从事博士研究生教育，赋予科研活动高度的优先地位；每年至少授予 50 个以上的博士学位，且每年至少获得 4000 万美元的联邦资助经费
		II类	提供广泛领域的本科教育，从事博士研究生教育，赋予科研活动高度的优先地位；每年至少授予 50 个以上的博士学位，且每年获得的联邦资助经费在 1550 万-4000 万美元之间
2000	博士 / 研究型大学	I类-广博型	提供广泛领域的本科教育，从事博士研究生教育；每年至少在 15 个学科授予不少于 50 个博士学位
		II类-密集型	提供广泛领域的本科教育，从事博士研究生教育；每年至少授予 20 个博士学位，或每年在至少 3 个学科授予不少于 10 个博士学位
2005	博士型大学	极高度科研活动的研究型大学	2003 / 2004 学年至少授予 20 个博士学位	在科研指标总得分和人均得分上综合表现很好
		高度科研活动的研究型大学		在科研指标总得分和人均得分上综合表现比较好
		博士 / 研究型大学		在科研指标总得分和人均得分上综合表现一般

注：科研指标分别是：1. 理工学科的研发支出（包括社会科学）。2. 非理工学科的研发支出。3. 理工学科研究人员的数量，包括博士后的数量和其他研究人员的数量。4. 博士学位授予数。资料来源：http://www.carnegiefoundation.org/classification。

　　在各个版本的《卡内基高等教育机构分类》中对研究型大学的界定，对本科专业设置的全面程度、科学研究活动的重视程度、博士学位授予数及博士学位授予学科范围、博士研究生教育质量、科研队伍情况、科研经费等指标成为判定研究型大学的标准。从此可以发现，研究型大学是指那些能够提供全面的本科生教育、给予科学研究活动高度的优先位置、拥有充足的教育经费、能够进行高质量的研究生教育能力以及一流科研队伍的大学。[106]

2. 研究型大学组织对研究型大学的界定

研究型大学组织是指通过研究型大学的群体聚集效应，寻求学术研究机构之间更广阔的合作机会，最大限度提高成员高校在全球知识经济竞争中的地位。1900 年成立的美国大学协会（Association of American Universities，AAU）作为历史最为悠久的研究型大学组织，达到了提高美国研究型大学水平的目标，并促进了研究型大学标准的统一。[107]20 世纪 90 年代以来，世界各国的研究型大学纷纷建立或积极参与大学联盟，期望利用协同优势寻求合作与共赢，以在全球范围内激烈的高等教育竞争中保持领先位置。研究型大学组织也是研究型大学进行国家化的优质平台，它体现了具有国际水平的研究型大学的标准，这从各个研究型大学组织对成员的要求中就可窥见。

美国大学协会（Association of American Universities，AAU）对成员的要求是"广泛的本科生教育、研究生教育及职业教育，一流的教育水平，卓越的科研能力。"[108]英国罗素集团（Russell Group）对参与成员的要求是"具有国际一流水平的科研团队，高质量并国际化的教学水平，良好的社会服务能力，在全球范围内吸引优秀学生和教师的能力。"[109]环太平洋大学联盟（Association of Pacific Rim Univerdsities）对参与成员的要求是"重视科学研究，具有卓越的学术水平，能够不断进行知识和技术的创新，具有国际视野。"[110][111]欧洲研究型大学联盟（League of European Research Universities）

106 Carnegie Foundation for the Advancement of Teaching,*The Carnegie Classification of Institutions of Higher Education*, 2005, Available at http://classifications.carnegie foundation.org/details/basic.php.

107 刘念才，周玲：《面型创新型国家的研究型大学建设研究》[M]，北京：中国人民大学出版社，2007 年，第 13 页。

108 美国大学协会官网 [EB/OL]. http://www.aau.edu/about/default.aspx?id=4020.2016. 07.01。

109 英国罗素集团官网 [EB/OL]. http://www.russllgroup.ac.uk/our-universities/.2016. 07.01。

110 环太平洋大学联盟官网 [EB/OL]. http://www.apru.org/about/glance.htm. 2016.07.01。

111 东亚研究型大学协会官网 [EB/OL]. http://www.aearu.org/.2016.07.01。

对参与成员的要求是"学科设置齐全，卓越的学术研究能力，高水平的研究生教育，科研基金的充足保障，优质的科研成果和产出。"[112]澳大利亚八校联盟（Group of Eight）对参与成员的要求是"具有强大的科研实力，注重全面综合的基础教育和专业教育。"[113]东亚研究型大学协会（Association of East Asian Research Universities）对参与成员的要求是"以科研为导向，高质量的教学水平，在经济、社会和文化进步中发挥重要影响。"从上述研究型大学联盟组织对成员的要求中可以总结出研究型大学的基本要素包括，强有力的科研资源保障，高水准的科学研究能力，具有国际竞争力的科研团队，全球顶尖的师资力量，高质量的本科生教育和研究生教育，广阔的国际视野。

三、俄罗斯国家研究型大学

俄罗斯国家研究型大学（Национальный исследовательский университет России）指通过全国范围内竞争性选拔而设立的，具有国家地位的集教育教学与科学研究于一体的大学，此种类型的大学一个重要的特点是生产并转化知识、科研成果。国家研究型大学是科学—教育中心的综合体，在不同学科方向开展研究活动，培养高水平研究生和高科技人才，发展再培训和技能提升教育活动。俄罗斯政府的目标是将国家研究型大学打造为世界一流水平的教育机构，不断促进俄罗斯科技、经济和社会的不断发展。目前，俄罗斯共有 29 所国家研究型大学。[114]

综上所述，本文认为研究型大学是以科学研究、人才培养和社会服务的职能为理念，对科学研究和研究生的培养给予优先发展的权利，同时拥有高水平的人力资源，充足的办学经费、先进的教学设备和规范高效的管理体制的机构。同时，研究型大学拥有充足的办学经费，拥有良好的科研设施和一流的师资队伍，通过对前沿知识技术的创新、应用和传播，实现高水平创新型人才、原创性科研成果和优质社会服务最大输出，从而推动国家和社会的可持续发展。

---

112 欧洲研究型大学联盟官网 [EB/OL]. http://www.leru.org/index.php/public/about-leru/ members/.2016.07.01。

113 澳大利亚八校联盟官网 [EB/OL]. http://www.go8.edu.au/chinese. 2016.07.01。

114 ациональный исследовательский университет России [EB/OL]. http://www.edu.ru/ abitur/act.72/index/php. 2016.09.08

四、大学的竞争力和国际竞争力

目前，我国已有研究集中在国家实力的国际竞争力、企业的国际竞争力、产业的国际竞争力、科技的国际竞争力的问题，对大学国际竞争力的概念缺乏清晰、准确的界定。在上述对竞争力和大学竞争力分析基础上，可以认为大学国际竞争力是以提升大学的国际知名度和大学国际竞争能力为目标，[115]通过国际学术交流、学术合作、联合办学和国际教育贸易等交流方式，凸显大学在国际竞争中优质资源的获取能力，以及在科学研究、社会服务和人才培养中的国际竞争水平。[116]综上所述，大学的国际竞争力是指大学在国际竞争中获得独特的相对优势以求得生存和发展的能力，以及促使大学建立特点与优势相结合、创新与传统互补的能力。

很多俄罗斯学者对大学的国际竞争力也做出了相应的界定。例如，俄罗斯学者沙默诺夫（П.А.Шамонов）认为大学的国际竞争力主要体现在国际范围内，大学能够实现四个方面的需求：满足受教育者对优质教育资源的需求；满足雇主对具备专业技能的优秀人才的需求，满足国家对发展社会成员智力潜能的需求，以及教育服务消费者对大学的满意度。[117]

弗特季诺夫（Р. А. Фатхутдинов）认为竞争力是大学的一种能力，它包括三个方面：首先是在国内外劳动力市场中对人才的争夺能力，其次是在某个领域具有持续的创新能力，第三是在大学的发展性行动具有高效运转的能力。[118]

格里契夫斯卡娅认为（Н.Р.Кельчевская）竞争总是发生在同类型的教育机构中，尽管这些机构位于世界不同的地区和城市，但是它们有着类似的专业和培养计划，运用着相近的教育方法，吸引和争夺着同一批人才、专家。大学已经处在国际经济和声誉的竞争之中，在全世界范围内争夺科学家，教师和科研人员，以及在国际范围内争夺本科生和研究生。[119]

---

115 朱冬辉：《高等教育国际竞争力指标体系的建立及提升问题初探》[J]，统计与信息论坛，2005 年（6），第 27 页。

116 崔艳萍：《高等教育的国际融合与国际竞争力的提升》[J]，中国高教研究，2002 年（2），第 73 页。

117 П. А. Шамонов. Повышение конкурентоспособности высшего учебного заведения [EB/OL]. http://dis.ru/library/514/29129/2017.01.09.

118 Фатхутдинов. Р. А. Конкуренция и конкурентоспособность: учеб. пособие. [M].: ЮНИТИ-ДАНА, 2007.-С. 8.

119 Кельчевская Н. Р. Оценка экономической устойчивости государственного ВУЗа [J]. Университетское управление: практика и анализ 2002, № 4.-С. 6.

最后，在对已有相关文献的分析基础上，本文在借鉴国际竞争力、大学竞争力和大学国际竞争力的研究，总结得出研究型大学国际竞争力在宏观上指的是，某国的研究型大学群体在国家层面上与其他国家在人才培养、知识创新和社会服务等方面的竞争能力。[120]在微观上指的是一所研究型大学在学校层面上与国际上其他大学在科学研究、组织管理、人力资源、办学特点、教育教学、国际声誉等方面的比较优势，以及在高等教育国际化环境中参与国际竞争的能力。因此，研究型大学国际竞争力更加强调研究型大学的核心要素"科学研究"在国际范围内的竞争能力，教育主体"教师和学生"的国际竞争地位和教育投入"物质资源"的范围和力度。

第四节　研究的理论基础

一、理论基础——新制度经济学

新制度经济学（New institutional economics），正如科斯所说，就是用主流经济学的方法分析制度的经济学。迄今为止，新制度经济学的发展初具规模，已形成交易费用经济学、产权经济学、公共选择理论、新经济史学等几个支流。新制度经济学派是在 20 世纪 70 年代凯恩斯经济学对经济现象丧失解释力之后兴起的。一般认为，新制度经济学是由科斯的《企业的性质》这篇文章所开创的，目前已成为西方主流经济学中最为引人关注的研究方向。

1. 新制度经济学的研究对象

科斯提出"当代制度经济学应该从人的实际出发来研究人，实际的人在由现实制度所赋予的制约条件中活动。"诺思认为"制度经济学的目标是研究制度演进背景下，人们如何在现实世界中作出决定和这些决定又如何改变世界。"[121]他们的共同点是强调研究人、制度与经济活动以及它们之间的相互关系。简单的讲，新制度经济学就是用经济学的方法研究制度的经济学。正统经济理论的三大柱石是：天赋要素、技术、偏好。制度是经济理论的第四大柱石。

---

120 Marginson, S.,"Competition and Markets in Higher Education:A Glonacal Analysis," *Policy Futures in Education,* 2004（2）,p.199

121 诺思：《西方世界的兴起》[M]，北京：华夏出版社，2014 年，第 226 页。

2. 新制度经济学包括四个基本理论

（1）交易费用理论。交易费用是新制度经济学最基本的概念。交易费用思想是科斯在 1937 年的论文《企业的性质》一文中提出的，科斯认为，交易费用应包括度量、界定和保障产权的费用，发现交易对象和交易价格的费用，讨价还价、订立合同的费用，督促契约条款严格履行的费用等等。交易费用的提出，对于新制度经济学具有重要意义。由于经济学是研究稀缺资源配置的，交易费用理论表明交易活动是稀缺的，市场的不确定性导致交易也是冒风险的，因而交易也有代价，从而也就有如何配置的问题。资源配置问题就是经济效率问题。所以，一定的制度必须提高经济效率，否则旧的制度将会被新的制度所取代。这样，制度分析才被认为真正纳入了经济学分析之中。

（2）产权理论。新制度经济学家一般都认为，产权是一种权利，是一种社会关系，是规定人们相互行为关系的一种规则，并且是社会的基础性规则。产权实质上是一套激励与约束机制。影响和激励行为，是产权的一个基本功能。新制度经济学认为，产权安排直接影响资源配置效率，一个社会的经济绩效如何，最终取决于产权安排对个人行为所提供的激励。

（3）企业理论。科斯认为，市场机制是一种配置资源的手段，企业也是一种配置资源的手段，二者是可以相互替代的。

（4）制度变迁理论。制度变迁理论是新制度经济学的一个重要内容。其代表人物是诺斯，他强调，技术的革新固然为经济增长注入了活力，但人们如果没有制度创新和制度变迁的冲动，并通过一系列制度（包括产权制度、法律制度等）构建把技术创新的成果巩固下来，那么人类社会长期经济增长和社会发展是不可设想的。总之，诺思认为，在决定一个国家经济增长和社会发展方面，制度具有决定性的作用。

二、理论视角——制度变迁理论

新制度经济学以制度研究为核心，对制度的涵义、起源、本质、变迁等方面给予了系统的分析，其中最突出的是道格拉斯．Ｃ．诺思（Douglass C.North）。美国经济学家道格拉斯．Ｃ．诺思（Douglass C.North）在研究中重新发现了制度因素的重要作用，他的新经济史论和制度变迁理论使其在经济学界声誉雀起，成为新制度经济学的代表人物之一。以诺思为代表的新制度经济学家把制度看成是影响经济增长的主要原因和动力，他们认为制度变迁是社会经济社会发展的根本源泉，新制度经济学理论，不仅揭示了制度的内涵，而且构建了这一理论完善的分析框架和严密的宏观与微观理论体系。[122]

制度变迁理论（Institution Change Theory），20 世纪 70 年代前后，旨在解释经济增长的研究受到长期经济史研究的巨大推动，最终把制度因素纳入解释经济增长中来。制度变迁理论经济学意义上的制度，"是一系列被制定出来的规则、服从程序和道德、伦理的行为规范"，[123]诺思称之为"制度安排"。制度安排指的是支配经济单位之间可能合作与竞争的方式的一种安排。制度安排旨在提供一种使其成员的合作获得一些在结构外不可能获得的追加收入，或提供一种能影响法律或产权变迁的机制，以改变个人或团体可以合法竞争的方式。

制度变迁理论对于转型国家的制度转轨现象有着非常强的解释力，制度变迁理论作为一个研究从制度均衡到不均衡，再到均衡的不断演变的历史过程的理论体系，成为制度经济学的重要理论工具。俄罗斯在提高国家研究型大学国际竞争力的过程中伴随着整个高等教育体制的转变，同样是一个制度变迁和制度创新的过程。

（一）制度变迁理论的内容

制度变迁（institutional change）是指："创新主体为实现一定目标而进行的制度重新安排或者制度结构的重新调整。它是制度的替代、转化、交易与创新的过程。"[124]制度变迁是对构成制度的规则、准则和实施机制做出的边际调整，因此，制度变迁意味着利益格局的重新调整和权力结构的转化。制度变迁的过程也是制度创新的过程，理想的制度变迁结果是实现制度文明，从制度变迁的结果上来看，这一个社会效益更高的制度对低效制度的替代过程。

制度变迁理论大体经历了三个历史时期:以凡勃伦为创始人的开创性历史时期，制度的概念得以创立并用"累积因果论"来解释制度的变迁。第二个时期是以约．莫．克拉克为代表对制度变迁理论继承和发展的时期，涉及到对资本主义企业的分析，制度与技术相互作用等问题。第三个历史时期是

---

122 马洪，孙尚清:《西方新制度经济学》[M]，中国发展出版社，1996 年，第 87 页。

123 诺思:《经济史中的结构与变迁》[M]，上海：上海人民出版社，2003 年，第 225 页。

124 诺思:《经济史中的结构与变迁》[M]，上海：上海人民出版社，1994 年，第 225 页。

以加尔布雷斯为代表的新制度经济学和以科斯、诺思等人为代表的新制度学派蓬勃发展时期，研究成果卓著。

从制度变迁的过程来看，它以新制度的产生，对旧制度的否定或扬弃为表现，主要包括四种表现方式：（1）保留旧制度，产生新制度；（2）旧制度本身演化为新制度；（3）旧制度结构中的一些元素失去失去存在意义而消亡从而发生变迁；（4）旧制度中的原有因素地位发生变化从而使制度结构发展变迁。

从制度变迁的理论基础来看，诺思的制度变迁理论基础主要包括产权理论，国家理论，意识形态理论。诺思把产权及私有财产制度视为制度变迁埋论的基石，但是产权结构是由国家决定的，因此国家理论也是基本理论，诺思认为理解国家理论的关键是国家"为实行对资源的控制而尽可能的使用暴力"，[125]即国家统治者为达到国家收入最大化而为一个社会团体设计产权结构。同时，诺思也认为意识形态在制度变迁中起着重要作用，意识形态为人们提供一套规范人类行为的准则，它不仅具有凝聚和团结的功能，还可以减少个人与社会达成协议的成本，影响着制度变迁的速率。

从制度变迁的原因来看，其直接原因是制度不均衡，一是不能满足社会生产力发展的需要，另一方面是不能满足一定阶级追求利益的需要，即一定阶层在社会地位中位置的变化与现有制度安排实力要求不一致，产生制度不均衡，促使制度变迁。20 世纪 90 年代以来，新制度经济学引入演进博弈理论来解释制度变迁的原因，演进博弈论认为，博弈局中行为人的战略不仅由自己决定，而且还受到社会习俗和惯例等决定，这类似于生物进化的过程，因此均衡的实现不以精确地一次性理性计算为决定性因素，而是依赖于通过演化而来的稳定机制实现。在制度分析理论中，制度、习俗、传统等是参与人的行为均衡。

关于制度变迁的类型，经济学家林毅夫在诺思研究理论的基础上，根据变迁的不同方式和路径，提出了诱致性制度变迁和强制性制度变迁两类模型。[126]诱致性制度变迁是指，现行制度安排的变更或新制度的创造，是由单个行为主体或利益集团在给定条件下，为确立能导致自身利益最大化的

125 诺思：《理解经济变迁过程》[M]，北京：中国人民大学出版社，2013，第 118 页。
126 林毅夫：《关于制度变迁的经济学理论：诱致性制度变迁和强制性制度变迁》[M]，
　　上海：上海三联书店，1994 年，第 115 页。

制度安排而自发组织实施的自下而上的制度创新，是个人或群体所进行的自发性变迁。盈利性、渐进性和自发性是这一制度变迁类型的基本特征。而强制性制度变迁是指，政府借助行政、经济、法律等手段，自上而下实施的制度创新。

诱致性制度变迁和强制性制度变迁既相互区别，又相互补充，一般制度变迁是诱致性制度变迁和强制性制度变迁的结合。任何一种制度变迁过程总是伴有诱致性因素和强制性因素，制度变迁往往从诱致性变迁开始，借助强制性制度变迁来推进，通过二者的共同作用实现制度变迁的动态过程。就某一个具体的变迁过程来看，如果诱致性因素起到了决定性的作用，那么就可以被认为是诱致性制度变迁，如果强制性制度变迁起决定作用，那么就可以被认为是强制性制度变迁，一种社会制度变迁若能将诱致性变迁和强制性变迁结合，则比较容易获得成功，反之，如果二者相背离，就不可能产生有效率的制度创新。

从制度变迁的约束条件上来看，政治、经济和观念等条件都约束着制度变迁的发生和发展。在政治约束方面，在不同的政治制度中，人们进行制度变革的自由程度是不一样的，也决定了变革主体为世事变革所付出的成本不同。在经济约束方面，制度变迁需要成本的耗费，只有当变迁的预期收入大于其成本时，制度变迁才有可能发生，历史和现实中很多制度变迁都因为交易成本过高而导致夭折。在观念约束方面，意识形态、传统观念、伦理道德、行为习惯等观念性因素是约束制度变迁的重要因素，意识形态构成了一定制度的先验模式，被人们接受并长时间沿袭，新制度安排与传统观念的相容性越大，制度变迁才越能够获得成功。

（二）路径依赖

路径依赖最早是生物学家用以描述生物演进路径的，之后美国经济史学家戴维于 1975 年在其著作《技术选择、创新和经济增长》中首次将"路径依赖"引入经济学领域，20 世纪 80 年代戴维和阿瑟（Arthur）将这一概念引入到技术变迁的分析之中，从而对路径依赖的内涵和作用机制进行了深入探讨，阿瑟将其用来研究报酬递增对经济系统运转的影响，开创了路径依赖应用于经济学的先河。路径依赖通常被用来描述技术变迁过程中的自我强化、自我积累性质，即新技术的采用往往具有报酬递增的性质。首先发起的技术常常可以凭借先来优势引起学习效应和更多后来者采取相同的技术产生协调效应，实现自我增强的良性循环。

20 世纪 90 年代以来，西方学者逐渐把路径依赖的研究中心由技术变迁转向制度变迁，诺思在 1990 年提出，技术变迁机制也同样适用于制度变迁，制度变迁中同样存在着报酬递增和自我强化机制。这表现为制度变迁一旦走上某一路径，其既定方向会在以后的发展中得到进一步强化，沿着选定的路径，制度变迁可能进入良性循环的轨道，迅速优化，但也有可能在选择错误的路径走下去，甚至被锁定在某种无效了的状态中，一旦进入锁定状态，要走出来就非常困难。

诺思指出，制度变迁的路径依赖运行机制包括给定条件、启动机制、形成状态、退出闭锁四个步骤：（1）给定条件，即启动并决定路径选择的外部条件；（2）启动机制，即制度变迁中的收益递增机制，包括初始设置成本、学习效应、协调效应和适应性预期；（3）形成状态，即收益递增机制的运行使系统出现某种结果，通常包括 a. 多重均衡，b. 闭锁，c. 可能的非效率选择，d. 路径连贯；（4）退出闭锁，即受到外部力量的干预作用，实现路径替代。[127]

图 1　制度变迁理论自增强机制之间的关系

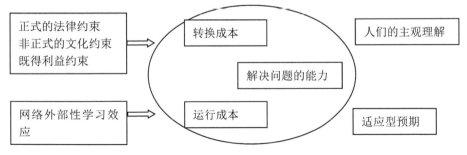

路径依赖的自增强机制。诺思将自增强机制分为四种形式：（1）制度重新建立时的建设成本；（2）适应新制度而产生的组织会抓住制度框架提供的获利机会，迫使组织和组织成员做出适应性的应对措施，以获取更大的利益和适应发展生存的需要；（3）协调效应，通过适应制度而产生的组织与其他互利型组织缔约，从而实现协调效应；（4）适应性预期。Woerdman 认为制度

---

127 诺思：《制度、制度变迁与经济绩效》[M]，上海：上海人民出版社，2014 年，第89 页。

变迁尤其本身的独特性，需要与技术变迁的依赖路径进行区别：[128]

自增强机制之间并不是互相排斥的，他们彼此之间相互影响，以复杂的方式建立起一个决定性的动力，推动系统走向某种路径依赖。阿瑟和皮尔森指出，自增强机制会使制度变迁呈现出几方面的可能性：（1）多重均衡；（2）闭锁，一旦方案被采纳，收益递增机制将会阻止其他替代方案；（3）可能非效率；（4）结果的不确定性。

闭锁状态及退出闭锁状态。诺思指出新制度的产生会创造出新的、强有力的利益集团，它们将会重塑利益格局也会通过自己的优势影响制度的发展，从而导致新制度的无效率运行，这种无效制度持续下去，直到进入"锁定"状态，要从次优的状态中退出闭锁状态，其条件取决于该路径产生的收益递增机制是否具有可逆转性和可转移性。制度变迁各个要素之间的关系，可以参考图2。

图2　制度变迁要素之间的相互关系

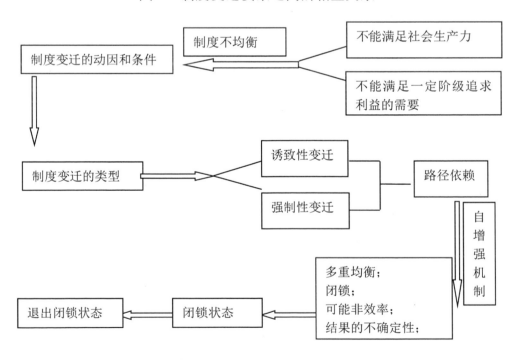

---

128 诺思：《经济史中的结构与变迁》[M]，上海：上海人民出版社，2003 年，第 299 页。

三、制度变迁理论的适切性分析

制度变迁理论集中探讨了制度从均衡到不均衡，再到均衡的不断演变的过程，是制度经济学的核心组成部分。俄罗斯国家研究型大学从产生到不断发展，再到国家实施提升国家研究型大学国际竞争力一系列政策和策略都体现了制度变迁的特征。通过制度变迁的理论，可以分析俄罗斯国家研究型大学产生和发展进程的动力、路径、效果等问题。

在变迁的动力方面，随着信息时代不断发展深入，俄罗斯传统的高等院校体系特点已经无法满足国家对创新经济的发展需求，例如高校科学研究实力弱，高校的教学和科研活动相割裂，学制、专业与国际惯例不接轨等等。在新的环境和条件下，俄罗斯需要对高等院校体系重新调整，进行制度创新，这是国家研究型大学出现的重要动因，也体现了俄罗斯以一个社会效益更高的制度对低效制度的替代的变革目标。

在变迁的形式方面，俄罗斯国家研究型大学的出现与发展是在俄罗斯高等院校体系整体变动的过程中实现的。尽管国家研究型大学作为一个全新学校类型，从根本上改变了俄罗斯高等院校的结构，但是对原有体系采取的是扬弃的态度，即原有的高等院校体系特点和优势在一定程度上得以保存，缺点在变迁过程中被舍弃，在这一过程中体现了俄罗斯对坚守自身和对迎合西方的选择、挣扎。

从在变迁的类型方面来看，俄罗斯国家研究型大学的发展是诱致性变迁与强制性变迁的结合，以政府主导的强制性变迁为主。俄罗斯联邦政府颁布的政策、计划与法令是俄罗斯国家研究型大学产生的直接因素，政府借助经济、行政、法律等手段对国家研究型大学给予各种支持，可以说这是一场"自上而下"的制度创新。

从制度变迁的约束条件上来看，俄罗斯国家研究型大学的产生和发展也不是一帆风顺的，这一全新的学校类型在产生之初就受到了各方的反对，在发展过程中又受到教育传统观念、习惯等观念和制度上的约束。因此，俄罗斯国家研究型大学不断调整策略，扩大与传统观念和习惯相容程度，争取国家研究型大学获得成功的机会。

俄罗斯国家研究型大学设立后，制定和推行了一系列提升国际竞争力的举措，这些措施也可以被视为制度变迁中的自我强化机制，也正是通过每一所俄罗斯国家研究型大学的不断努力，俄罗斯国家研究型大学在既定的发展方向得到进一步的强化，并有可能进入良性循环的轨道，迅速实现优化。

综上所述，以制度变迁理论为视角，可以将俄罗斯国家研究型大学的产生和发展更加系统化、科学化地进行研究。以上是通过制度变迁理论看俄罗斯国家研究型大学产生和发展的概述，在下文中，当涉及到俄罗斯国家研究型大学的具体问题时，也会以制度变迁理论的某一具体理论加以详细分析。

第五节　研究方法和研究设计

一、研究方法

（一）文献研究法

文献研究法是本文贯穿始终的研究方法，文献不仅集中反映了俄罗斯国家研究型大学的现状，也将学校发展的轨迹呈现的清楚明晰。文献研究法，即在搜索和搜集大量有关文献和资料的基础上，对文献进行分类、整理，对较为详实的研究文献进行归纳、总结和提炼，通过文献研究形成对事实的科学认识的方法。

本论文立足于对俄罗斯国家研究型大学提高国际竞争力的策略研究，根据问题的需要，作者系统检索了国内外关于大学提高国际竞争力的相关文献。由于国内学者在俄罗斯大学提高国际竞争力策略方面的研究成果较少，有关翻译的作品也为数不多，因此本文检索并参考了大量的俄文文献，尤其是俄文一手资料的研读和分析，为本研究的真实性提供了保障。本文通过以下方法获取和把握文献资料：

（1）查阅国外有关大学提高国际竞争力，尤其是俄罗斯大学发展的原版书籍、杂志、硕博士论文及电子资源、会议报告、俄罗斯国家研究型大学提高国际竞争力的阶段性成果报告、教育研究机构的报告和政府政策文件等；

（2）检索俄罗斯联邦的相关网站，如俄罗斯联邦政府网站、俄罗斯联邦数据统计网站、俄罗斯教育与科学部、俄罗斯国防部、俄罗斯高校教育理事会、俄罗斯国际教育研究所、俄罗斯教育者协会等网站以获得第一手俄文资料，对所获得的大量资料进行去粗取精、去伪存真的综合与分析；

（3）查阅国内学者撰写的书籍、期刊、报纸和学位论文，掌握与俄罗斯国家研究型大学提高国际竞争力的相关第二手中文资料。

（4）查阅俄罗斯国家研究型大学年度发展报告、提升国际竞争力的"规划蓝图"、提升国际竞争力的年度总结等系统性、总结性的文献，深入挖掘不同的俄罗斯国家研究型大学在提升国际竞争力方面的特点。

不仅限于如何搜集文献，对于文献的处理上本文也使用了一定的方法。例如，对于俄罗斯联邦政府颁布的政策、法令、总统令等，本文不仅关注有文本内容，更注重分析政策的变化趋势，将连续文本中的突出特点加以对比，用以描述俄罗斯在提升国家研究型大学国际竞争力政策的演变轨迹。

另外，在论述具体的俄罗斯国家研究型大学如何执行和落实国家政策，利用国家政策开展提升国际竞争力的切实行动方面，本文重点考察了各个学校的计划设计"蓝图"、阶段性成果报告，在这些文献中涉及了大量的数据。首先是学校的目标数字体系，本文对同一所大学的不同目标，不同大学的同类型目标做出横向和纵向的对比，分析学校目标设定的合理性。在论文发表的数量和引用率方面，本文将 29 所国家研究型大学论文数量和引用率的数据在连续年份的发展趋势做出比对，以及在同一年份所有国家研究型大学横向对比，包含对"点"和"面"的分析。在引入的外籍教师和国际学生数量、国际实验室的数量等方面也基本使用了数据对比的思路。

在俄罗斯国家研究型大学的财政和资金方面，重点关注国家预算内和预算外财政收入的比例变化，学校对科学研究方面支出的变化趋势。此外，提高俄罗斯的一流大学在世界大学排行榜中的地位是俄罗斯推行国家研究型大学计划以及提升国际竞争力计划的重要目标。因此，本文还分析了在不同的世界大学排行中，俄罗斯国家研究型大学的排名的相关数据，以及它们的变化趋势，尤其是在 2015 年、2016 年和 2017 年俄罗斯国家研究型大学的排名地位的变化，以此分析俄罗斯国家研究型大学是否达到了"蓝图"中预设的目标。以上是本文对一些重要数据的处理方式和思路。

（二）案例分析法

案例分析方法也是本文重要的研究方法之一。本文的案例主要体现在具体的俄罗斯国家研究型大学是如何抓住国家政策提供的有利条件，基于学校自身的特色和优势坐上提升国家竞争力这列"快速列车"。因此，在论述俄罗斯国家研究型大学提高国际竞争力具体措施的部分，重点论述了不同学校具有代表性的措施。

在本论文的第五章，专门分析了具有代表性的三所俄罗斯国家研究型大学提升国际竞争力的具体措施。这三所学校中的每一所都是这一群体中不同类型学校的代表，新西伯利亚国立大学是具有一定历史的综合性大学，俄罗斯国家核能研究大学是特色型理工科大学，俄罗斯高等经济学校是人文经济类大学，它们也是在俄罗斯提高国家研究型大学国际竞争力这一举措中，走在前列、表现突出、国际排名明显提升的学校。对这三所学校的个案分析，有助于完整的了解不同特色的俄罗斯国家研究型大学提升国际竞争力中的独特性。

二、研究思路和框架设计

本文一共分文五章，前沿部分提出了文章的研究问题、核心概念，运用制度变迁的理论分析全文的理由和可能性，本文的意义和重难点。第一章聚焦俄罗斯国家研究型大学组建，制定国家研究型大学国际竞争力提升计划的条件，从宏观上来说这是俄罗斯提升国家整体竞争力的根本需求，从大学转型和发展来说，这是俄罗斯高等院校体系改革、与国际惯例接轨的必然需求，同时，本章也阐述了在新类型学校创建过程中受到的约束性条件，即国家研究型大学设立和发展所遇到的阻力。

第二章主要论述了在俄罗斯联邦政府强制性政策执行中，俄罗斯高等院校体系的重要变化，以及在这一过程中俄罗斯国家研究型大学产生和发展，分析这一制度变迁的主体，政府和高校所发挥的作用，进一步证实俄罗斯国家研究型大学是俄罗斯政府主导的强制性变迁。

第三章主要论述了在政府强制性变迁政策的主导下，哪些俄罗斯国家研究型大学通过抓住机遇，采取具体的应对型措施，在提升国际竞争力方面做出持续的努力，这些措施对增强俄罗斯国家研究型大学路径选择是否具有增强效应。这些应对型的策略主要分为财政、科研、人才培养、师资、管理和营销六个方面进行论述。

第四章主要以整体个案的方式呈现具有特点和代表性的俄罗斯国家研究型大学在提升国际竞争力方面的独特策略。第五章俄罗斯国家研究型大学在设立、发展，以及俄罗斯提升国家研究型大学国际竞争力策略存在哪些问题。论文的基本框架如图 3 所示。

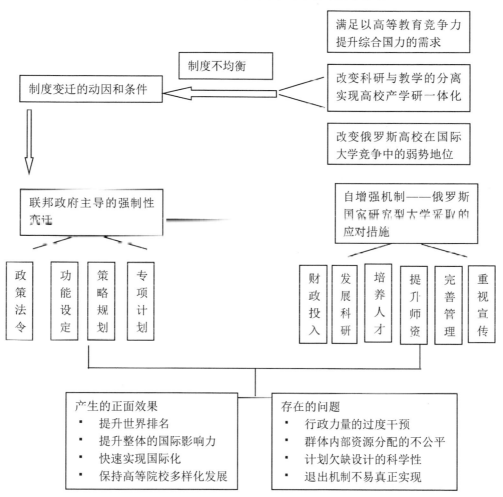

图 3　制度变迁理论视角下本文的基本框架

第六节　研究的意义、创新点与难点

一、研究意义

从 1991 年苏联解体，二十余年来俄罗斯高等院校的发展从暴风骤雨般的摧毁到秩序重建再到纵深推进阶段，俄罗斯高等院校的发展经历了"危机—追赶—赶超"的行动轨迹。苏联解体之后，进入 21 世纪普京执政以来，在 21 世纪的第一个十年，俄罗斯政府对高等院校的发展施加了诸多实质性改革措施，恢复教育秩序，重建教育制度，俄罗斯国家研究型大学作为新的大学类型得以出现和发展。在第二个十年，冲击世界大学排行榜，提升俄罗斯高等院校的国际竞争力成为新的目标。国家研究型大学作为产学研一体的大学综合体，在提升俄罗斯高校国际竞争力的进程中充当先锋，在短时间内取得了不俗的成绩。但目前我国对其研究十分不足，或者只是停留在宏观政策的介绍层面，对于更加具体的，例如俄罗斯国家研究型大学的发展策略，尤其在提高师资力量、提升科研能力、利用教育资源、促进学术流动、吸引国际教师和学生等具体而细节方面的研究却是寥寥无几。

本文以制度变迁理论为视角，将俄罗斯研究型大学的设立和发展视为一个新制度替代旧制度的动态过程，从新制度产生的动因和条件、类型和方式、路径选择和依赖、问题与前景等方面去审视俄罗斯国家研究型大学的发展过程，一方面从宏观上分析国家研究型大学竞争力与国家竞争力的关系，另一方面从微观上分析具体的俄罗斯国家研究型大学在提升国际竞争力策略上的方式和特色，分析俄罗斯国家研究型大学在发展中存在的特点和问题。

研究型大学的国际竞争可以看作为用一种国际质量标准、国际理念来衡量大学的教育和研究质量，并向国际先进水平看齐的长期战略。进入 21 世纪以来，党中央、国务院不断强调建设创新型国家重大战略决策，并在《国家中长期科技人才发展规划（2010-2020 年）》中明确提出：建设创新型国家的核心是培养具有自主创新能力的科技人才队伍、提高科技创新能力，以此发展我国的国际竞争优势。这无疑为加快我国研究型大学的建设与发展提供了重大机遇，提出了更高的要求。尽管中国的高校面临的问题尤其独特，但实际上这些也是俄罗斯同样正在应对的问题。我国通过实施"985 工程"、"211 工程"、"2011 计划"、以及 2016 年提出的"双一流"方案，对一批国内名校和关键学科进行重点建设，并取得了显著成效。我国在建设世界一流大学的进程中比俄罗斯起步早、发展快，积累了一些独特经验，但是中国与俄罗斯在大学发展方面面临着很多共性问题。

无论是从地缘政治还是文化交流意义上讲，中国和俄罗斯都是一对关系密切的邻居。同为历史文化悠久的泱泱大国，又同时处在现代化社会转型的关键时期，中俄两国在很多问题上都为我们提供了比较的可能与条件。特别是在中俄高等教育的转型问题上，虽然本文着重研究的是俄罗斯国家研究型大学提升国际竞争力的措施，但最终目的是希望为中俄比较研究提供背景资料，剖析两国在高等教育发展进程中的相关性和互补性，为解决中俄两国研究型大学面临的共性问题提供思路，通过分析俄罗斯国家研究型大学的发展国际竞争力的措施反思和完善我国研究型大学的国际竞争力的发展，也为中俄彼此借鉴高等教育的转型经验提供思想和理念方面的借鉴。

二、研究的创新点与难点

俄罗斯国家研究型大学计划和提升国家研究型大学国际竞争力的计划是近十年俄罗斯高等教育改革的重点，目前，我国国内对俄罗斯这一问题研究的并不深入，现有的中文材料也比较缺少。实际上，俄罗斯政府和国家研究型大学在提升国际竞争力的进程中，加快了国际化的步伐，采取了诸多创意性策略融入世界学术体系，并迅速在国际高等教育市场上占领一席之地，获取了更高的声誉。这些策略所涉及的范围很广，每所学校采取的具体策略也不尽相同。

本文的创新点是通过制度变迁理论将俄罗斯国家研究型大学这一新类型学校的产生和发展看做是一种新制度产生和发展的过程，即在俄罗斯联邦政府主导的强制性制度变迁的过程中，联邦政府的目标和动力。俄罗斯国家研究型大学在借助这一政策不断推行提升国际竞争力策略的过程中，其具体动机和做法产生了何种效果，是否增强的这一新制度的效用，进一步分析提升国家研究型大学国际竞争力策略中产生的问题。

本文的难点正是运用制度变迁的理论分析俄罗斯政府设立国家研究型大学，提升国家研究型大学国际竞争力的举措，探究俄罗斯在提升国家研究型大学的过程中如何新旧制度之间做出平衡，即如何保留原有特色，适当迎合欧美国家主导的国际标准，融入国际教育市场。

第一章　俄罗斯国家研究型大学（НИУ）产生的动因

制度变迁理论视角下，一制度发生变迁的内在动因是变迁主体期望获取更大的"潜在利润"，即"外部利润"。产生"外部利润"的原因包括规模经济变化，对风险厌恶等。这些外部因素的变化成为诱导人们去努力改变制度安排的来源。诺斯认为"潜在利润形成是导致变迁的客观条件，制度变迁的根源是旧制度无法再满足新的需求。"[1]俄罗斯国家研究型大学的产生一方面是因为国家发展对大学提出了新的要求，另一方面是原有的高等院校效能无法满足国家创新体系的建设。在对高等院校体系进行整体改革进程中，俄罗斯对国家研究型大学在高等院校"金字塔"体系中的地位和功能进行明确定位，提出了通过提升国家研究型大学的国际竞争力提升俄罗斯大学在世界大学排行榜中位置的理念。

第一节　满足以高等教育竞争力提升综合国力的需求

研究型大学在不断发展的过程中已经跨越了国家界限，其在全球范围内的竞争。俄罗斯高等院校国际化程度不高，国际知名度和影响力不够，高校和科研机构的割裂导致学校科研实力不足等问题也越来越突出。21 世纪初，

1　诺思：《经济史中的结构与变迁》[M]，上海：上海人民出版社，2003 年，第 125 页。

俄罗斯联邦政府提出了"实现俄罗斯复兴"的宏伟目标，希望高等院校服务于国家的创新型经济，培养具备高水平创新能力的人才，更希望借助高等院校在国际市场形成较大的影响力和竞争力，以提高俄罗斯的国际教育地位，建设与俄罗斯强国更契合的高等教育强国形象。

一、实现俄罗斯复兴的长远目标对高等教育功用的定位

21 世纪是知识经济的时代，世界竞争规则随之发生了重大的变化，俄罗斯传统的国家竞争力——自然资源、军事实力、国土疆域等这些曾经让俄罗斯引以为傲的因素逐渐让位于科学技术、高水平人力资源、现代化的管理、积极的外交以及良好的国际形象等新的因素。

国家持续发展的动力是知识创新，大学被俄罗斯政府认定为国家创新体系的前沿阵地，被视为知识、科技、高水平人力资源和创新型研究的重要基地。有俄学者甚至直言"比起火箭、石油而言，大学是俄罗斯在国际舞台上建立良好国家形象的更有利、更有前景的事情。"[2]摆脱对资源的过分依赖，加快科技进步、提高自主研发能力成为了俄罗斯在新世纪提高国家竞争力的关键。因此，提高科学研究能力，培养具有创新能力的高水平人才成为了俄罗斯高等教育改革的方向和目标。

另一方面，普京执政之初就为俄罗斯确定了雄心勃勃的长远目标——确保人民生活富裕美满。作为左右世界政治秩序的"领头羊"之一，巩固俄罗斯地缘政治的领导地位，实现俄罗斯的伟大复兴是国家民众所思所系。然而，这一目标的只有在俄罗斯经济发展转为创新模式的前提下才能实现。作为国家创新能力的重要基地，俄罗斯高等院校承担着科研创新的重要任务。改革高等院校的结构、通过科研创新为产业发展注入新活力，成为俄罗斯建立创新型国家的必然选择。进入 21 世纪以来，俄罗斯经济在逐渐恢复的进程中走向平稳，即便 2008-2009 年的世界经济危机给稍见起色的俄罗斯经济很大冲击，但是这也为俄罗斯经济的创新发展带来转型机会。

当今时代，国家与国家之间针对各种资源的竞争日益激烈，俄罗斯真正的竞争对手不仅仅是那些在创新领域领先的国家，而且还有很多发展中国家和新兴经济体国家，他们更加注重在科学技术创新方面进行大规模的投资，

---

2 Факторы конкурентоспособности вуза [EB/OL]. http://vdonskrsu.narod.ru/articles/ mngrf/volginasv01. pdf. 2016.09.01

例如在基因组医学、生物技术、替代能源和可再生能源、核工业和信息技术等领域，使之成为成为应对经济危机的关键举措。这些新的技术领域是俄罗斯过渡到创新经济体的"机会窗口"，但是俄罗斯在上述领域中涉猎有限，甚至少有建树。

随着新能源、替代能源的发展，国际对俄罗斯石油和天然气等传统能源的需求量迅速下降。欧美国家正逐渐开展资源保护和替代能源技术的革命，这也极大地增加了俄罗斯经济发展的不确定性。为了应对这些挑战，俄罗斯必须克服长期以来的闭关自守，向创新型经济发展模式转变，在高新技术领域进行科学研究和技术开发，更深入地融入全球创新体系。

二、俄罗斯高校科学研究的不足无法满足国家创新发展需求

然而，朝着这一方向的改革并不是一蹴而就的。在与西方世界四十余年的冷战模式下，俄罗斯在苏联时期形成的自成一体的、相对封闭的高等教育模式。当时的俄罗斯与西方国家交流有限，更多的交流限于社会主义国家。俄罗斯在很长一段时间内以自己的高等教育体制引以为傲，视其为高水平人才培养的特色。进入 21 世纪，与其他西方国家的对比中，俄罗斯的大学已经呈现出高校管理体制僵化，教育质量下降，师资力量不足，人才外流严重，教学设备陈旧，信息化发展程度低，国际学生比例低的状态。莫斯科国立大学校长，全俄高等教育委员会主席维克多．萨多维奇（Виктор Садовничий）曾表示："我国（俄罗斯）的高等院校很难与西方国家相比，尤其在科学研究与创新方面，我们至少落后西方二十年。"[3]

俄罗斯的科研和创新活动依然存在很多亟待解决的问题。一系列有关于发展创新实践的数据表明，俄罗斯联邦科技创新发展战略由于 2008-2009 年的经济危机而增长缓慢，很多主要目标都没有达成。虽然俄罗斯研究机构的规模仍在世界上处于领先地位，仅落后于中国、美国和日本。但是，俄罗斯经济和社会问题的研究人员仅为 1000 名，落后于二十多个国家，包括美国、日本、芬兰、法国、德国等。[4]

---

3 Повышение конкурентоспособности высшего учебного заведения [EB/OL]. http://www.dissercat.com/content/razvitie-konkurentosposobnosti-vuza-v-sovremennoi -ekonomike-rossii.2016.08.11

4 Инновационная Россия 2020. [EB/OL] http://datis.pro/upload/aed/Innovative-Russia-2020.pdf. 2016.08.09

　　科研经费总数和人均科研经费不足的问题也很突出，尽管 21 世纪初期，俄罗斯联邦国内科研费用的绝对数大幅增长。1999-2009 年期间，俄罗斯的科研费用由 480 亿卢布增长到 4858 亿卢布，但是俄罗斯科研经费占公民生产总值的 1.24%，这一比例还远远低于世界领先国家。2009 年，美国科研经费占公民生产总值的 2.77%，德国为 2.64%，以色列为 4.86%。就投入高等院校的科研经费数量来看，在 2002-2009 年期间由 54 亿卢布增加到 308 亿卢布。[5]但是从总体上来看，21 世纪初期俄罗斯人均科研经费的支出仍然落后于发达国家，甚至落后于一些东欧国家。

　　俄罗斯科研人员群体内的年龄断层现象愈加严峻，虽然 1990-2000 年期间，29 岁以下科研人员比例有所增加，但是到了 2008 年，30-39 岁科研人员的比例却没有相应增加趋势，仅占全国科研人员的 14.2%，与此同时在 2000 年至 2008 年期间，60 岁以上的科研人员从 20.8%增加到 25.2%。[6]这意味着俄罗斯国内的研究机构没有留住年轻专家，科研人员老龄化的问题日渐突出。

　　另一方面，尽管个别俄罗斯科学家拥有杰出的成就，但俄罗斯在世界科学界仍然处于相对弱势的地位，在 2010 年，俄罗斯科研人员发表的被引文索引数据库平台"Web of Science"收录的文章占该年全部文章的比例为 2.48%，处在巴西（2.59％）和荷兰（2.46％）之间，而法国这一比例为 4.67%，德国为 6.47%，中国为 15.08%。[7]

　　从发表科研成果的成本和质量上来看，以 2009 年为例，在新加坡发表于国际公认刊物的一篇文章需要 3.5 个科研人员，德国和法国需要 3.7 个研究人员，在阿根廷需要 5.1 个，在中国需要 8.1 个，在日本需要 8.3 个，而在俄罗斯则需要 15.3 个。从被"Web of Science"收录文章的引用次数来看，在 2006-2010 年期间，由俄罗斯学者发表的每篇文章平均在世界范围内被引用的次数为 2.4，对比来看，由中国学者发表的文章平均引用率为 3.62，日本为 5.12，法国为 6.38，德国为 6.86。[8]

5 Инновационная Россия 2020. [EB/OL] http://datis.pro/upload/aed/Innovative-Russia-2020.pdf. 2016.08.10

6 Инновационная Россия 2020. [EB/OL] http://datis.pro/upload/aed/Innovative-Russia-2020.pdf. 2016.08.10

7 Инновационная Россия 2020. [EB/OL] http://datis.pro/upload/aed/Innovative-Russia-2020.pdf. 2016.08.10

8 Инновационная Россия 2020 .[EB/OL] http://datis.pro/upload/aed/Innovative-Russia-2020.pdf. 2016.08.11

进入 21 世纪，在日益激烈的国际高等教育竞争中，俄罗斯高等教育面临更加严峻的形势。世界大学排行榜逐渐成为衡量大学竞争力水平的重要工具，俄罗斯大学在世界大学排行榜上的位置逐渐滑落，其中包括莫斯科国立大学和圣彼得堡国立大学这两所俄罗斯国宝级的大学。可以说，俄罗斯大学科研实力的不足是导致学校在世界大学排行榜上地位滑落的主要原因。这也导致俄罗斯高等院校的国际影响力和竞争力明显下降。这也迫使俄罗斯从孤芳自赏的理念中清醒过来，顺应世界高等教育的发展趋势。

三、2020 年之前俄罗斯创新发展战略对高等院校提出的新要求

俄罗斯联邦政府首先将促进创新的问题提升到了最高的政治层面，俄联邦总统创建了技术发展和现代化委员会，确立国家科技优先方向和项目，颁布了刺激社会各界创新积极性的宏观政策。在 2005 年颁布了《2005-2010 年俄罗斯联邦创新发展体系基本方针》，在 2006 年颁布了《2006-2015 年俄罗斯联邦科技创新发展战略规划》。这些国家战略框架奠定了俄罗斯国家创新体系的基础，国家采取一系列措施发展科技研发实力，建立创新型基础设施，力争以技术创新实现经济现代化发展。

近十年在国家政策支持下，全俄各地建立了数百个创新基础设施项目，包括科技园、商业学校、技术转移中心、设备共享中心等。2005 年至 2007 年，国家拨款 2 亿 3 千万卢布，建造了 100 多个科技转化中心。到 2008 年年底，设备共享中心的总数已达到 75 个，购置了近 2500 台先进科技设备，其总成本超过 110 亿卢布。在俄罗斯中小企业发展支持的框架下，联邦预算拨款 8 亿 6 千万卢布，建立了 34 所科技创新学校，140 多个创新科技中心和 9 大依附于高等院校的高新科技园区和技术—应用区，促进创新性科研成果及时转化为商业产品。[9]

为了进一步提高俄罗斯经济和社会的创新能力，让创新发展成为经济增长的源泉和动力，2010 年俄罗斯联邦政府颁布的《2020 年之前俄罗斯的创新发展战略》，提出了 2020 年之前俄罗斯创新战略需要达到的目标，其中规定：

在产业创新方面：俄罗斯技术创新企业的比例达到 40%-50%（2009 年为 9.4%）；俄罗斯高科技产品与服务（包括核能、航空技术、空间技术等）的国

9　Инновационная Россия 2020 [EB/OL] http://datis.pro/upload/aed/Innovative-Russia-2020.pdf. 2016.08.01

际市场占有率不低于 5%-10%；创新部门的总附加产值占国内生产总值的 17-
20%（2009 年为 12.7%）；创新产品的总量占工业产品总量的比例达 25-35%
（2009 年为 12.4%）；

在科学研究与创新方面：俄罗斯的研发经费投入占国内生产总值的 2.5-
3%，其中，超过一半的经费是社会私营部门（2010 年为 1.3%）；俄罗斯科研
人员发表的文章占全球学术期刊论文总量比率将提高到 3%（2010 年为
2.08%）；被科学网 Web of Science 收录的俄罗斯学者发表的文章的平均被引
用率达到 4（2010 年为 2.4）；根据国际评定标准，俄罗斯至少有 4 所大学进
入 QS 世界大学排行榜的前 200 名（2010 年只有 1 所）；俄罗斯自然人和法人
每年在欧盟、美国、日本专利局注册专利的总数达到 2500-3000 个（2009 年
为 63 个）；科学研究成果和科研试验设计转化收入所得占大学每年全部收入
的比例达到 25%；大学投入的科研经费占学校每年全部投入经费的 30%。[10]

同时联邦政府还制定了 2020 年之前俄罗斯创新战略的主要任务，一方面
是促进新工艺、新产品的生产效率，将经济增长与创新活动紧密结合，提高
经济部门生产效率，扩大国内外市场，提高产品的竞争力，激发投资积极性，
提高居民收入和发展内需。另一方面，形成全社会的"创新氛围"，在各行各
业中为创新成果转化提供条件和助力，创建不同层次的研发部门，保障知识
再生产和科研成果商品化、商业化的效率，不断扩大国家创新经济对外开放
程度，加强国际双边和多边合作，加深俄罗斯融入全球经济一体化的程度。

21 世纪的第一个十年，普京领导下的俄罗斯政府对高等教育提供了强
有力的支持，俄罗斯进行了多项实质性的高等教育体制改革，其中第一个关
键性的环节就是对学制的改革。长期以来，苏联高等教育的"专家—副博士
—博士"培养体系与国际通行的"本科—硕士—博士"体系无法融合，造成
了人才培养与国际通行惯例不匹配，在一定程度上阻碍了教育国际化的发
展。2003 年 9 月俄罗斯宣布加入博洛尼亚进程，推动了学制的改革快步前
进。2007 年 9 月由国家杜马审议通过的《关于引入两级高等教育体制的法
案》正式生效，俄罗斯开始全面实施学士—硕士两级高等教育体制，同时保
留部分传统专业的 5 年制专家文凭形式，将副博士、博士教育归为大学后研
究生教育阶段。这为学生交流、学分互认、学位认证、教师流动等教育国际

---

10 Инновационная Россия 2020. [EB/OL] http://datis.pro/upload/aed/Innovative-Russia-
2020.pdf. 2016.08.08

化行动提供了先决条件。

在这一基础上，从普京第二个总统任期开始，俄罗斯高校开展机构整合和结构的创新，在这一阶段俄罗斯联邦大学和国家研究型大学得以设立。俄政府期望通过院校的合并与创新，着力构建大学机构的金字塔层级，提升高校整体实力，加速建设俄罗斯高水平大学。俄罗斯不同类型的高等院校也立足于自身情况，积极谋求与更多国家高等教育机构在课程、师资、教学、研究等方面的合作。

21世纪的第二个十年，俄罗斯在不满足于已有的高等教育变革，而是要向建设世界一流大学加速迈进。正如普京所强调的，"必须使俄罗斯一流大学在世界教育和学术排名中处于前沿，这是国家创新体系的重要环节"。2010年5月俄联邦政府第354号决议阐明，以高科技为引领的俄罗斯经济发展需要创建世界一流大学，它们同时肩负为国家高科技领域培养人才、推动科技创新发展等多项任务。

为了在2020年之前满足国家创新战略的需求，单单依靠科学院的研究活动是远远不够的。高素质人才是创新发展的基本因素，没有创新型的人力资源，创新活动只是空谈。高等院校作为培养创新型人才的基地，寄托了俄罗斯政府对创新型人才培养的期望，加大对人力资本，尤其是对高等教育和基础科学研究的投资和扶持，促进高校教学、科研和开发领域的国际化发展，发展教学的灵活性，发展大学中的研发部门，深化大学与实体经济企业、科研机构的合作，深化和扩大高等院校的研究职能成为了未来俄罗斯高校发展的基本方向。因此，尽管社会各界对扩大俄罗斯高等院校的研究性工作持有不同意见，争论纷纷，但是俄罗斯政府已经无法再等下去。创新经济的发展需要激发人在科学、教育、技术与创新领域的潜能，高等教育机构也需要更新和完善，以满足国家创新体系的建设。

第二节　改变科研与教学分离对高校产学研一体化发展的阻碍

一、苏联"大建设计划"背景下科教分离状态的形成

进入21世纪以来，层出不穷的世界性大学排名越来与成为衡量大学综合实力的标准。作为曾经的高等教育强国，俄罗斯大学在世界大学排行榜上的

位置却让人大跌眼镜。俄罗斯国内舆论普遍认为自己的顶尖大学具有高水平国际竞争力，毕竟这些大学是苏联政府遗留下来的辉煌遗产。俄罗斯也以优质的教育质量和独特的教育体系为骄傲，比如普及的中学教育、免费而由高质量的学前教育、产业导向的职业教育，以及多元化的高等教育体系等。这一系列的教育制度皆由苏联时期苏维埃共产党所指定的"大建设计划"发展而来，该计划的主要目标是为当时的计划经济提供训练有素的专业性人才，促进经济发展的人力需求与相应的高素质毕业生供给之间的平衡和一致。

在"大建设计划"的引领下，前苏维埃政府在 1991 年教育改革的过程中建立了一个拥有 500 多所公立院校，多元化的高等教育体系。这些院校附属于国家 40 多个部委，并且专业性非常强，具有明确的办学功能性范围，如航空航天、铁路交通、农业技术等，在不同的领域为国家培养具有不同专业技能的毕业生。因此，俄罗斯此类"传统型大学"（classical universities）的主要功能是面向现实的社会需要，以教学为主，通过高水平的教学能力为社会不同领域提供专业型、技能型的人才。此外，"传统型大学"还有一个特殊使命，即为俄罗斯科学院以及当地的研究机构培养和输送具有科研潜力的高水平研究生，只不过这部分职能所占比例较小。

值得注意的是，俄罗斯的大学以教育教学为主，不以科学研究为主。科学研究的工作主要是由俄罗斯科学院以及各地的研究机构来承担。这也构成了俄罗斯高等教育体系的独特性——教学与科研的分离。俄罗斯仅在一些实力较强的传统大学和著名大学，如莫斯科国立大学、圣彼得堡国立大学等大学设有专门的科研机构和专职人员进行一些研发工作。俄罗斯科学院和数以百计的研发和应用机构（附属于工业部门）开展并完成多数的知识研发和技术应用，从而将人才培养和大部分的教学工作交由高等院校承担。

因此，一直以来俄罗斯高校也未将科学研究工作视为重点，教授和教员的教学任务相对繁重。由于科学院与高校的分离，学生多数也未能直接参与科研机构进行的大型科研项目中，国家的大部分科研经费直接投入到了科学院和专门的科研单位。同时，科学院对科研项目的垄断极大限制了高校科研能力的发展。尽管大环境是如此，还是有一些科研单位和高校开展部分合作，一些来自科学院和专业应用型研究院的研究人员在地方大学担任兼职教授，虽然他们的工作是以教授常规课程为主，但这在一定程度上提高了一些大学的研究潜力。甚至，在部分大学，科学院兼职教授的比例占了教职员工的大多数，比如新西伯利亚国立大学和莫斯科物理技术学院。尽管如此，就国家整体来看，教学与科研的分离状态依然是俄罗斯高等教育体系的一般性特征，直到今天，受到历史惯性的影响，俄罗斯的高等院校科研活动不足，也直接导致了俄罗斯高等院校在世界大学中地位和影响力的下降。

在苏联解体后十年内，俄罗斯面临的人才外流和经济困境问题愈发恶化，许多科研人员为了赚取更多的收入，不得不同时在多所大学任教，甚至完全抛弃科研工作。根据俄罗斯高等经济学校的数据，当时仅有10%-15%的研究人员活跃于科学研究工作。除此以外，作为科研产出重要来源的研究生项目也开始缩水，国家提供的奖学金不足以支撑研究生的日常基本生活，大多数研究生不得不寻找校外全职或兼职的工作维持生计，这些原因导致了俄罗斯科研产出的质量和数量都极为低下。

二、产学研一体化对科教融合的要求

面对教育全球化的挑战，为推进俄罗斯科技创新体系建设，针对构建知识经济的讨论将越来越多的矛头指向高等教育与科研活动相分离的制度缺陷。支持教学与科研相结合，优化区域教育结构，进一步发挥高校在科技创新中的作用，在俄罗斯创造有竞争力的研究型大学的呼声愈发强烈。现任俄罗斯教育和科学部副部长卡卡诺夫（В.Ш.Каганов）也曾公开指出"科研和教学是相互促进的关系，高校科研能力的提升有助于学生对知识更深刻的理解，如果老师的对科学的认识停滞不前，那么教授的知识也是死的。"[11]莫斯科物理技术学院的校长（К.Н.Николаевич）也表示"教学和科研是大学发展的动力，二者是不能割裂的。没有一流的科研能力，学生就找不到前进的方向，没有扎实的教学，科研也根本无从谈起。"[12]

不注重发展科学研究给俄罗斯高等学校带来的负面影响是直接的，俄罗斯的大学，总体上仍未成为学生们发挥创新性研究的学校，高等教育系统没有足够专注于满足创新发展和经济发展的整体性需求，俄罗斯雇主对高等教育质量做出的评价也并不高。当第一份专注于衡量科研生产力的全球大学排

---

11 В.Ш. Каганов.Вне рамок школьного стандарта. [EB/OL] http://direktor.ru/interview. htm?id=32. 2016.08.02

12 К.Н.Николаевич.Причина утечки умов за границу-не в низких зарплатах. [EB/OL] http://www.ras.ru/news/shownews.aspx?id=eb8d3a14-65cd-45b6-93af-b0839126fafe. 2016.08.03

名发布后，俄罗斯的大学，甚至一直引以为傲的顶尖大学的表现并不抢眼，在近些年的世界大学排行上也呈现了逐渐下滑的趋势。尽管对于世界大学排名，俄罗斯国内对此争议也很大，很多学者怀疑评价指标及其权重的有效性，他们认为俄罗斯高等教育体系的独特性使俄高校在世界大学排行中受到不公正的评价。

但是，在世界大学中影响力和竞争力的下滑仍然为俄罗斯高校带来了深刻的危机感，俄罗斯教育与科学部观察员德米特里．利瓦诺夫（Д.В.Ливанов）表示"我们确实注意到了国家教育和科技领域的深层次问题。苏联时期，我们有很强的科技和高等教育，但是现在都没有了，俄罗斯教育和科研机构在最近的 20 年里彻底丧失了在这些领域的国际竞争力。政府需要对其进行彻底改革，我们今天所拥有的一切，甚至都达不到最低要求。"在谈到如何改革的问题时，利瓦诺夫也指出："俄罗斯政府要为逐步提高本国高校知识生产力和创新做好准备，彻底改革已提上议事日程。首先，要进行结构性改革，这涉及到现有高校和科研机构的数量和质量；其次，要进行制度性改革，要创造新的工作条件，创造发展的激励机制；再次，要进行内容性改革，要重新审定教育大纲。"[13]

进入 21 世纪以来，大学开始在科学研究、开发和推动创新领域进行有针对性的发展工作。在这一基础上，开展高等院校体系改革，设立研究型大学的呼声渐强。然而，并不是所有机构都支持建立研究型大学。21 世纪初，学术界对于研究型大学模式进行了广泛讨论，政府、学者、高校、科研单位广泛参与了这一讨论，并表达了各方的利益诉求。首先，联邦政府是国家研究型大学设立的主要推动者，并期望通过设立研究型大学促进大学科学研究和教育教育学紧密结合，均衡科学院和大学之间的科研资源，提高俄罗斯大学的声誉和国际竞争力。

在高校方面，起初高校对国家研究型大学的关注和期望并不高，因为，大多数高校在新的社会经济环境下找到了自身生存之道，他们开放了诸如管理学、社会学、法学等热门专业领域的收费项目，开办了众多隶属于大学的企业和工厂，获得了更多政府预算外的办学经费来源，从而忽视了科研活动，并试图维持现状。但是，政府强有力的推动下，高校的研究工作还是呈现快

---

13 Реформа высшей школы в РФ направлена на качество вузов, а не на их сокращение. [EB/OL] http://xn--80abucjiibhv9a.xn--p1ai/2631. 2016.08.03

速增长的趋势，据俄罗斯联邦国家统计局资料显示，1992年，俄罗斯从事研究和开发的各类组织共计4555家，其中高校仅为446家，占其中的9.79%。到2013年，俄罗斯从事研究和开发的组织下降为3682家，而高校数量却逆势上升，达到581家，所占比例上升为15.78%。[14]

而来自科学院科学院和其他科研机构的相关人员的声音则是提倡恢复苏维埃时期的科研组织形式。俄罗斯科学院是俄联邦最高学术机构，曾拥有辉煌的历史，先后有19位学者获得诺贝尔奖。但苏联解体后俄科院受到沉重打击，国际影响力迅速下降，虽然科研效率受到俄国内各界的诟病，但是科研实力和地位依然是俄罗斯国内首屈一指，大多数科学院的学者认为苏联模式依然是促进科学院的最优方式，因此很多学者并不赞成以削弱科学院的方式来发展大学的科研活动。

但是，来自科学院的拒绝无法改变政府改组科学院的决心，俄罗斯政府在2010年前后开始着手改革俄罗斯科学院系统，提高科研效率，提高科学院与高校的联动和支持，均衡二者之间的资源分配，相关法案已获得国家杜马通过并由普京签署发布。改革的核心内容是加强对科学院资产和资金管理，为实现国内科研仪器共享和提高科研资金使用效率奠定基础。

第三节　改变俄罗斯高校在世界大学排行榜中的弱势地位

作为高等教育的旗舰，研究型大学是国家进行科学研究和培养创新型精英人才的主要基地。据统计，迄今为止，足以影响人类生活方式的重大科研成果有70%诞生于世界一流的研究型大学。[15]美国战后经济增长的50%以上应归功于科学与技术创新以及由此出现的高新技术产业，其创新的主要力量来自研究型大学。[16]可见，代表高等教育顶尖水平的研究型大学拥有雄厚的智力和科研资源，充当了国际竞争的主力军。

经济全球化的一个重要特征是人才、信息等资源在世界范围内自由流动，

14 Россия в цифрах: 2013[M]. М:Статистика России, 2014:377.

15 李寿德，李垣：《研究型大学的特征分析》[J]，比较教育研究，1999年（1），第26页。

16 驻纽约总领事馆教育组：《研究型大学是国家经济创新的主要力量》[J]，世界教育信息，2000年（4），第14-16页。

并以此实现生产要素和人力资源在世界范围内的最佳配置。随着经济全球化不断深入，各国政治、经济、文化都相继走向了国际化，高水平研究型大学逐渐呈现出全球化模式（Emerging Global Model）[17]，主要表现为学生、老师、经费、技术等在世界范围内自由流动。全球化模式让研究型大学的竞争跳出一国范围之内，不同国家的研究型大学在世界教育大市场中进行面对面的直接竞争，如生源争夺战、知名教授争夺战、管理人才争夺战、教育质量竞争、教育效益竞争、毕业生就业大战等。面对激烈的国际竞争，许多研究型大学纷纷通过国际合作交流和交换优质资源等途径提升大学的竞争力，拓宽国外教育市场。

随着世界大学排行榜迅速风靡全球，那些过去只是与本国同类院校进行比较的大学，现在也跨越国界与国际同类院校进行相互比较了。一些重要的世界大学排行榜通过指标体系进一步强化了全球化模式所体现的质量定义。[18]比如，由上海交通大学世界一流大学研究中心发布的"世界大学学术排名"（Academic Ranking of World Universities，ARWU）的评价指标侧重科学与技术领域的学术奖励以及论文发表情况、被引用的情况；《泰晤士报高等教育》（Times High Education，THE）的"世界大学排名"（World University Rankings）非常重视同行评价；而《国际新闻周刊》（Newsweek International）对世界最具全球化特征大学的排名则侧重于大学教师和学生中外国公民的比例。对研究型大学而言，虽然排名成为学校管理政策实施的驱动力还有待探讨，但它所带来的全球意识是不可否认的——全球大学排名已经成为发现国际竞争对手、寻找国际合作伙伴、制定赶超目标的工具，也是大学向投资者和社会公众自己实力的证据之一。

俄罗斯高校在世界大学排行榜上的名次并不"显眼"。长期以来，俄罗斯高校在 QS 世界大学排名前 200 名的高校中只有两所学校入围，即莫斯科国立大学和圣彼得堡国立大学。莫斯科国立大学的 QS 排名在俄罗斯高校中居首位，但是该校的排名一直没有明显的上升趋势，甚至在 2007 年下滑到 300 名，其他俄罗斯高校的排名在不同世界大学排行榜上也都成绩平平。

---

17 Mohrman,K.,Ma,W.and Baker,D., "The Research University in Transition: The Emerging Global Model," *Higher Education Policy*, 2008（1）, pp.5-27.

18 [美]菲利普．G．阿特巴赫、佩蒂．M．彼得森：《新世纪高等教育全球化挑战与创新理念》[M]，青岛：中国海洋大学出版社，2009 年，第 214 页。

　　究其原因，一方面，俄罗斯高校2004年之后才开始认真对待世界排名问题，直到现在对于许多大学来说这些排名还是新鲜事物；另一方面，近10年来俄罗斯高校与政府在多次犹豫和尝试打造自己的国际评级制度后才决定遵守国际通行游戏规则。俄罗斯高校排名落后的另一个重要原因，俄罗斯的科研机构和教育机构相对独立。苏联时期，俄罗斯的科研工作就集中在科学院的专门研究所中，而不像西方模式那样集中在大学。西方通行的大学排行榜通过大学教师公开发文的数量和质量评估其国际声誉，这样的评选并没有考虑俄罗斯高校的实际特点。因此，许多俄罗斯著名大学往往无法获得足够公平的评比。

　　新西伯利亚国立大学副校长阿列克谢依（Н. Г.Алексей）说："国际排名的标准反映了各大学的盎格鲁—撒克逊模式，很难适应我们国家高校的情况。"还有一个原因是苏联时期技术大学的封闭传统，特别是涉及国防领域，那些培养俄罗斯国防领域干部的高校历来具有对外封闭的特点。莫斯科国立鲍曼大学校长亚历山德罗夫（А.Н.Александров）也表示："鲍曼大学是一所国防航天高校，因此国际排名不会注意到我们，鲍曼大学输在无法招收15%的外国学生。我们从事航天和国防科技，因此，招收外国学生的人数不能超过1000名，这是我们的特殊性。"[19]

　　尽管世界大学排名仅仅是一种商业行为，但是俄罗斯高校体系异于国际惯例，在很大程度上降低了俄罗斯高校在国际市场上的声誉和影响力。低水平的高校竞争力与俄罗斯谋求复兴的世界强国的愿望极不相称。因此，正视国际大学排名，争取提高俄罗斯高校在世界大学排行榜中的位置成为了一项重要任务。正如，莫斯科国立大学新闻系副主任瓦契斯拉沃夫娜（Г.А.Вячеславовна.）说："该国际排名首先是一个商业行为，因为教育是一种市场服务形式。排名上落后没什么见不得人的，现在已经不是无须出售教育服务的11世纪博洛尼亚大学时代了，我们的大学是在国际范围内进行竞争，不能忽视世界大学排名。"[20]因此，创建具有全球竞争潜力的国家研究型大学，并使其达到世界领先水平，在世界大学排行榜上占据有利地位，成为未来俄罗斯高等教育发展的重要目标。

19 Международный форум вузов «Глобальная конкурентоспособность» [EB/OL]. http://raexpert.ru/project/vuz_rating/2015/stenogramma/2016.09.10
20 Особенности организации процесса формирования конкурентоспособности студентов вуза [EB/OL]. https://superinf.ru/view_helpstud.php?id=3059. 2016.09.15

本章小结

制度由不均衡到均衡的变迁，首先是因为旧制度不能满足已经发生变化了的、来自各方面群体的实际需求，无法对资源实现更有效的配置。本章主要论述了俄罗斯重构高等院校体系以及设立国家研究型大学的动力和条件。这是俄罗斯高等院校转型，发展为教科研综合体必然要求。当今时代，大学不仅承担的人才培养的功能，还承担着科学研究和社会服务等多项职能，为了促进俄罗斯的大学从单一的教育功能转变为产学研综合体，设立和发展国家研究型大学是必由之路。

由于教育水平关乎着国家的整体实力，俄罗斯的大学在世界大学排行榜上的不佳成绩显然与 21 世纪俄罗斯谋求大国地位的雄心壮志不匹配。因此，俄罗斯国家研究型大学还寄托着冲击世界大学排行榜的国家期望，政府提出在 2020 年之前有不少于 5 所俄罗斯的大学进入世界大学排行榜的前 100 名，在这一目标实现的过程中，国家研究型大学可谓是最具潜力和提升空间的一个群体，也是通过政策和各种资源的重点扶持，最有可能冲进世界大学排行榜的一个群体。

尽管俄罗斯在建设世界一流水平研究型大学的计划起步较晚，俄罗斯国内对于这一新类型的大学还存在各种不同的争议，但是在多重动力的推动下，俄罗斯联邦政府不遗余力的制定和推行国家研究型大学发展计划，并将提升国家研究型大学的国际竞争力作为高等教育发展战略之一，以国家研究型大学的发展加速推动俄罗斯国家、社会、经济和文化的现代化转型。

第二章 强制性变迁中俄联邦政府主导的国家研究型大学发展进程

从制度变迁的类型来看，俄罗斯联邦政府出台相关政策、命令，使俄罗斯国家研究型大学得以产生，推动国家研究型大学的国际竞争力提升。从制度变迁的方式来看，俄罗斯国家研究型大学的发展体现着制度强制性变迁的过程，是一场基于国家权力的自上而下、强制性制度安排，这首先体现在俄罗斯政府和总统颁布的一系列政策和法令之中。

第一节 第一阶段——俄联邦政府施力促进高等院校体系重构

俄罗斯联邦政府颁布的一系列政策法令直接促成国家研究型大学和联邦大学产生，进而搭建了高等院校"金字塔"架构的体系，形成了俄罗斯国内一流大学群。在俄高等院校"金字塔"结构中，俄联邦政府对国家研究型大学的地位和功能进行明确定位，明确提出国家研究型大学的功能在于提升俄罗斯高等院校的国际声誉和国际竞争力。

一、联邦政府为国家研究型大学产生提供政策支持

俄罗斯联邦政府直接颁布政策法令促使国家研究性的大学的产生，起到关键作用的政策法令主要包括：《俄罗斯科学和高等教育一体化 2002 年—2006 年》、《教育和发展创新经济：引入新的教育模式 2009-2012》、俄罗斯总

统令——"关于成立俄罗斯联邦大学"、俄罗斯总统令——"关于成立俄罗斯国家研究型大学的命令"。

（一）《俄罗斯科学和高等教育一体化 2002 年-2006 年》（Интеграция науки и высшего образования России на 2002-2006 годы）

2001 年 3 月，俄罗斯联邦政府颁布的《俄罗斯科学和高等教育一体化 2002 年-2006 年》首次明确提出，为了适应新的市场经济形势，发展俄罗斯科学技术和人力资源，创新教育机构的形式，促进高等院校、科研机构、创新组织的全面合作，促使科学研究和人才培养相统一，在适宜的高等院校中增加科学研究的任务比重，培养高水平人才支持其科学研究。[1]其中，计划特别指出，高等院校、科研机构和工业企业的割裂，降低了协同发展的效率，促使其相互作用不仅符合全球发展趋势，更能够提高科研—教育—生产的一体化，获得前沿的科技成果。

同时，该政策也提出了进一步整合这些机构的建议，例如合并相关的科研和教育机构，与国外领先教育—科研机构展开积极合作。又如，依托国家科研机构或者高等院校建立现代化教育—科研中心，以新的组织形式保障在人才培养过程中教育和科研的统一，通过广泛的国际科研—技术合作，提高人才培养水平，最终巩固俄罗斯在国际科学技术领域中的地位。

（二）《教育和发展创新经济：引入新的教育模式 2009-2012》（ Образование и развитие инновационной экономики: внедрение современной модели образования в 2009-2012 годы）

俄罗斯联邦政府于 2008 年 3 月颁布的《教育和发展创新经济：引入新的教育模式 2009-2012》进一步指出了创新经济对教育创新的要求，同时也提出了制定和推行新教育模式的必要性。这一政策颁布主要是解决在创新型经济发展趋势下，为了进一步巩固国家的国际竞争力，使俄罗斯经济实现可持续发展，教育应该做出怎样的改变，应该达到怎样的目标。该政策的任务是，通过发展教育系统现代化，让公民获得适应当代社会的素质和职业技能，以促进国家创新经济的发展，增进经济增长和社会发展，增加公民福利和社会安全。在总体规划下，政策文本中还指出了在 2012 年之前期望达到的目标[2]，

1　Интеграция науки и высшего образования России на 2002-2006 годы [EB/OL]. http://docs.cntd.ru/document/901796393. 2016.08.01

2　Образование и развитие инновационной экономики: внедрение современной

主要包括：

形成不少于 5 个世界级的科学—教育中心，开展国际前沿科学研究，培养创新型人才，进行国家创新项目的研究任务；

发展创新计划，在教育、科研、生产一体化的基础上，解决创新经济所要求的人才和研究任务；

更新教育机构的类型、教育系统的结构，以支持创新教育项目，计划发展教育机构，集中支持俄罗斯国内一流高校，使其在国际大学排行榜中的名次不低于 500 位；

提高高校中科学和研究所占学校活动的比例；

提高高校中科研工作者在全部教职员工中所占的比例；

提高俄罗斯高校毕业生同时获得国际（欧洲）大学双学位的比例；

促使俄罗斯高等教育体系与国际学术界建立更加密切的联系，定期参加国际学术研究会议、实验项目，积极利用世界领先水平的教育技术和内容，增加教育服务的进口和出口，吸引国际高水平科研人员进入俄罗斯大学从事研究和教育工作，与国际一流大学建立合作伙伴关系。

这一政策在促进科学教育一体化的基础上更加深入，提出了实现科研—教育—生产整合，更新教育体系、建立新的教育机构类型的需求。因此，建设新的教育机构类型以实现上述目标，已经迫在眉睫，呼之欲出。

（三）俄罗斯总统令——"关于成立俄罗斯联邦大学"
（О федеральных университетах）

2008 年 3 月，建设新型高等教育机构——"俄罗斯联邦大学"的总统令颁布，其中规定""建设联邦大学网络对于保障高水平教育、科研和技术必不可少，为了建设基于科研—教育—生产一体化的现代化高等职业教育体系，为保障国家可持续发展培养高水平人才，国家拟建设成立一批"俄罗斯联邦大学"（Федеральный университет Россия）。

实际上，建立俄罗斯联邦大学已经酝酿已久。在谈到俄罗斯高校的体系改革时，梅德韦杰夫表示："俄罗斯高校面临着进一步结构优化与重组的问题。俄罗斯目前拥有的高校数量和质量不太协调，我们需要合并一部分高校，在

модели образования в 2009-2012 годы [EB/OL]. http://docs.cntd.ru/document/90213
1984. 2016.08.01

各区组建强大的大学中心，这将是今后几年高校的发展方向。"[3]俄罗斯总统于 2005 年秋季定下了在国内创办两所新型大学的目标，以优化区域教育结构，发展区域教育和经济。

然而，当时俄罗斯国内对于这两所大学的办学形式尚未有清晰的认识，只是明确这两所大学的办学指向是促进创新型经济发展的研究型大学。该计划激发了专业人士的兴趣并引发了广泛的社会舆论，因为这是后苏维埃时代首次凝聚国家力量在首都以外的地区建立高等教育机构，同时也是通过动员关键区域来支持联邦管辖高等教育机构发展的一个先例。

俄罗斯国内对该计划的讨论主要聚焦于，这一新型的学校应该是完全从零开始的新建模式，还是在已有大学的基础上建立。最终政府决定这种新型的研究型大学——联邦大学，应在已有大学的基础上，发展几所拥有与一些区域大学相同实力的大学，并决定在俄罗斯的南部和西伯利亚地区启动建设联邦大学的试点项目。这边是俄罗斯最初的两所联邦大学。这两个地区是俄罗斯未来发展的战略焦点，俄政府希望以联邦大学的发展带动提高当地经济水平，巩固人口数量，以及创建现代化的生活方式。此外，选择"非新建模式"的主要原因是效率的问题，俄罗斯该政策的制定者希望基于已有资源建设实力雄厚的大学，而不需动用太多成本。

在 2006 年，通过合并四所大学，俄罗斯建立了西伯利亚联邦大学（Сибирский федеральный университет）。它由克拉斯诺亚尔斯克国立大学、克拉斯诺亚尔斯克国立技术大学、克拉斯诺亚尔斯克国立建筑科学院、有色金属和黄金国立大学 4 所院校构成。同年，南方联邦大学（Южный федеральный университет）由罗斯托夫国立大学联合罗斯托夫国立建筑艺术学院、罗斯托夫国立师范大学、塔甘罗格国立无线电技术大学创建而成。2007年 2 月 12 日，这两所大学成为俄罗斯教育和科学部的直属大学。

在 2009 年 2 月 11，在成立联邦大学总统令的基础上，时任俄罗斯联邦总统梅德韦杰夫签署了《关于对有关联邦大学活动问题某些法令进行修订》的联邦法，使一类新型教育机构——联邦大学铭刻于俄罗斯的教育法规中，从法律上确立了联邦大学的地位。该法规的第十一项条款对联邦大学进行了定义，指出联邦大学联邦大学是在广泛的学科和专业方向上实施教育、科学

---

3 О федеральных университетах. [EB/OL]. http://www.fpa.su/zakon/ukazi-prezidenta-rf/12489-ukaz-prezidenta-rf-ot-7-oktyabrya-2008-g-n-1448/. 2016.08.01

和创新活动，为联邦和区域的发展提供人才和科研保障的教育机构。

联邦大学（Федеральный университет Россия）的首要任务是培养人才、为高级人才提供技能培训，为国家和区域的创新发展提供科学和技术解决方案，实现国家地缘政治利益。在相关科学和高科技领域开展高水平的科学研究，提供高品质教育服务。在联邦大学创新服务和研发的基础上，在各联邦区形成和发展人力资源的竞争能力。联邦大学一方面提供高技能人才、科学技术和工艺的解决方案，包括智力成果的实际应用，另一方面是组织和协调，加强高等教育的教育机构对促进区域社会经济的发展的正面作用。联邦大学的小学目标主要包括[4]：

- 实施创新型高等教育和研究生教育项目，并与世界高等教育接轨；
- 实现高等教育和研究生教育项目体系的现代化；
- 通过利用现代化教育技术为区域社会经济发展提供培训、再培训和技能教育工作；
- 在广泛交叉的科学领域实施基础和应用研究，以确保科学、教育和生产力的结合，以促进知识在实际生产中的应用；
- 成为世界一流的科学和方法研究的中心。

联邦大学的战略任务——通过建立和实施创新的服务和发展的形成和竞争力的人力资本的发展。联邦大学的使命是，组织和协调联邦区的重大项目工作，以确保平衡社会经济发展，国内和区域内高水平人才的培养，科学，技术和技术的解决方案，通过使智力活动的结果，以在实际应用中。主要包括：

- 培养现代化的专家，学士和硕士学位人才，在科学和教育过程的真正融合的基础上，运用现代高等教育的所有方法，包括在线教育，在管理、经济、教育、科学、文化、技术等国家需要的专业领域；
- 创造为学生，教师和学校的整合研究人员的学术流动的条件融入世界教育空间，实现它的实施教育计划的国际认可的教育服务和技术出口的经营活动；
- 在进行优先方向的科学基础和应用研究，高效，与俄罗斯科学院合作；
- 国际合作的发展在欧洲，亚洲和美洲，在国际教育和科学计划的参与大学。

4　О федеральных университетах. [EB/OL]. http://www.fpa.su/zakon/ukazi-prezidenta-rf/12489-ukaz-prezidenta-rf-ot-7-oktyabrya-2008-g-n-1448/. 2016.08.01

在政策的大力推动下，联邦大学陆续建立起来。基于对学校的全面审核与评估，在竞争的基础上，俄罗斯于 2009 年建立了 4 所联邦大学。乌拉尔联邦大学合并了位于乌拉尔首都的理工类学校和一些古典大学；喀山联邦大学成立是基于喀山大学与一些当地高等教育机构的合并；在雅库茨克几乎所有的当地大学都选择以合并的形式，成立了北方联邦大学；海参崴主要的传统大学和理工类学校与该地区的其他大学合并，建立了远东联邦大学；斯塔夫罗波尔的众多大学在合并的基础上，成立了波罗的海联邦大学，2012 年北高加索联邦大学也在合并当地学校的基础上成立了。

在短短的八年内，俄罗斯未来发展的战略关键区域都建立了联邦大学，大约 40 所大学通过合并形成了九所联邦大学。2014 年随着克里米亚及塞瓦斯托波尔正式加入俄罗斯，在克里米亚自治共和国首都辛菲罗波尔建立了克里米亚联邦大学，至此俄罗斯全境共有十所联邦大学。它们的具体信息如下表所示：

表 4　俄罗斯联邦大学的成员

№	学　校　名　称	创立日期	所在地区
1	波罗的海联邦大学 Балтийский федеральный университет имени Иммануила Канта（БФУ）	2010 年 12 月 30 日	加里宁格勒
2	远东联邦大学 Дальневосточный федеральный университет	2010 年 4 月 2 日	符拉迪沃斯托克
3	喀山联邦大学 Казанский（Приволжский）федеральный университет	2010 年 4 月 2 日	喀山
4	克里米亚联邦大学 Крымский федеральный университет имени В. И. Вернадского	2014 年 8 月 4 日	辛菲罗波尔
5	北方（北极）联邦大学 Северный（Арктический）федеральный университет имени М. В. Ломоносова	2010 年 6 月 8 日	阿尔汉格尔斯克
6	东北联邦大学 Северо-Восточный федеральный университет имени М. К. Аммосова（СВФУ）	2010 年 4 月 2 日	雅库茨克
7	北高加索联邦大学 Северо-Кавказский федеральный университет（СКФУ）	2012 年 12 月 22 日	斯塔夫罗波尔

8	西伯利亚联邦大学 Сибирский федеральный университет	2006 年 11 月 4 日	克拉斯诺亚尔斯克
9	南方联邦大学 Южный федеральный университет（ЮФУ）	2006 年 11 月 23 日	顿河畔罗斯托夫塔甘罗格
10	乌拉尔联邦大学 Уральский федеральный университет имени первого Президента России Б. Н. Ельцина（УрФУ）	2010 年 4 月 2 日	叶卡捷琳堡

资料来源：https://ru.wikipedia.org/wiki/Федеральный_университет_Россия

联邦大学的权利包括：（1）联邦大学有权成为自治机构，可以自主支配收入，获取预算外的收入，有权在银行等信用机构开设独立的学校账户；（2）联邦大学有权成立新的管理机构，任命董事长，成立学校监督委员会，研究讨论学校发展问题、寻找赞助商、捐赠者和商业伙伴；（3）联邦大学有权设立科研机构作为大学的组成部分，例如地区的科研院所、联邦科学院及在各地的分院，行业内的科研机构，高校科研院所等；（4）联邦大学可获得国家专项预算内的支持经费，此外学校有权通过自筹经费，获得预算外的收入，例如地方政府预算和工商业界的资助；（5）联邦大学有权开设附属于学校的公司或企业，例如小型创新公司及分支机构。目的在于发展科研创新，为科研成果转化创造平台；（6）联邦大学有权招收国内外学生，根据考试成绩择优录取，录取分数线俄罗斯教育科学部确定；（7）联邦大学有权自主制定教育教学大纲，据此开展人才培养工作；（8）联邦大学有权独立授予学位，即颁发具有特色的毕业文凭并授予相应学位。[5]

联邦大学的设立也是俄罗斯发展东部地区的战略布局之一。可以发现，俄联邦政府将十所联邦大学分别布局在国家的南方、西伯利亚、西北、伏尔加河沿岸、乌拉尔和远东联邦区等国家未来战略重点发展区域。联邦大学的设立是以大学为智力资源支撑，着眼于国家和地区社会经济发展的需要。

联邦大学被设立之后，科学研究工作被视为学校的发展优先方向，同时就读于联邦大学的研究生人数也有了显著的提高。2002-2015 年，西伯利亚联邦大学和南部联邦大学实施战略计划期间，硕士生项目的学生人数有了显著增长。南部联邦大学硕士研究生占到了 9.35%，实现了两倍的增长；西伯利亚

5　О федеральных университетах. [EB/OL]. http://www.fpa.su/zakon/ukazi-prezidenta-rf/12489-ukaz-prezidenta-rf-ot-7-oktyabrya-2008-g-n-1448/.2016.08.01

联邦大学的硕士生数量实现了 4.6 倍的增长，所占比例达到了 6.4%。[6]截止
2014 年，共有 242900 名学生就读于俄罗斯联邦大学，其中全日制本科生占
59.9%，全日制硕士研究生的比例从 2010 年的 4%上升至 2014 年的 8.5%。联
邦大学的师资数量为 23500 人，其中有 15700 人（66.7%）拥有科学博士学位
或博士候选人资格。[7]

总体来说，联邦大学硕士研究生的数量呈现增长的趋势，但是与世界一
流研究型大学相比，还是有很大差距，在世界一流研究型大学中，攻读研究
生项目的学生平均比例高达 40%，而俄罗斯联邦大学这一平均比例仅为 6.2%。
由此可见，区域职业教育占据了联邦大学教育教学工作的较大比例，联邦大
学从事科学研究工作的比例有待进一步提高。

（四）俄罗斯总统令——"关于成立俄罗斯国家研究型大学的命令"（УКАЗ ПРЕЗИДЕНТА РОССИЙСКОЙ ФЕДЕРАЦИИ О РЕАЛИЗАЦИИ ПИЛОТНОГО ПРОЕКТА ПО СОЗДАНИЮ НАЦИОНАЛЬНЫХ ИССЛЕДОВАТЕЛЬСКИХ УНИВЕРСИТЕТОВ）

2008 年 10 月"关于成立俄罗斯国家研究型大学的命令"颁布，该命令规
定"为了实现科学、技术，教育和人才培养的优先发展，满足经济和社会发展
对创新型人才需求，决定建设一批具有世界水平研究型大学，使它们成为俄罗
斯高水平科研基地和人才培养基地。"随后正式启动了国家原子能研究大学
（Национальный исследовательский ядерный университет «МИФИ»）和国家
技术大学（Национальный исследовательский технологический университет
НИТУ «МИСиС»）作为研究型大学的试点项目。

国家研究型大学是在原有高校的基础上授予"国家研究型大学"的称号，
以提高大学科研实力为直接目标。俄罗斯政府显然是研究型大学建立和发展
的主要推动者，而这一过程也并不冒进，而是在小步探索中逐步实现的。在
公开竞争的基础上，根据高校现有状况和发展计划，遴选出一批国家研究型
大学。2009-2010 年，经广泛的公开评选，俄罗斯联邦政府评选出 27 所国家

6 Федеральные университеты в России [EB/OL]. https://www.ucheba.ru/article/1053.
2016.08.02

7 О федеральных университетах. [EB/OL]. http://sutd.ru/universitet/rector_appeal/.
http://www.fpa.su/zakon/ukazi-prezidenta-rf/12489-ukaz-prezidenta-rf-ot-7-oktyabrya
-2008-g-n-1448/.2016.08.02

研究型大学，有效期为十年，在有效期内受政府特定的财政支持。加之之前选定的两所试点学校，目前俄罗斯一共有 29 所国家研究型大学。以上国家研究型大学中包括 10 所传统大学，17 所技术型大学，1 所医科大学，1 所商科大学。以上大学大多数位于莫斯科和圣彼得堡。

从学科领域的分布来看 17 所聚焦于科技、信息和通讯技术，16 所聚焦于能源科学，5 所聚焦于物理和空间技术、5 所聚焦于医学科技，3 所聚焦于原子能技术领域。所有获得国家研究型大学称号的学校名单如下：

表 5　俄罗斯国家研究型大学的成员

序号	学　校　名　称	简　　称
试点学校		
1	国家核能研究大学	НИЯУ «МИФИ»
2	国家技术研究大学	НИТУ «МИСиС»
2009 年的入选学校		
3.	高等经济学校	ВШЭ
4.	喀山技术大学	КГТУ（Т）
5.	莫斯科航空学院	МАИ
6.	莫斯科国立鲍曼技术大学	МГТУ
7.	莫斯科物理技术学院	МФТИ
8.	下诺夫哥罗德大学	НижГУ
9.	新西伯利亚国立大学	НГУ
10.	彼尔姆国立技术大学	ПГТУ
11.	萨马拉国立航空航天大学	СГАУ
12.	圣彼得堡国立矿业学院	СПГГИ
13.	圣彼得堡国立信息技术、机械和光学大学	ИТМО
14.	托木斯克理工大学	ТПУ
2010 年入选的学校		
15.	别尔哥罗德国立大学	БелГУ
16.	伊尔库茨克国立技术大学	ИрГТУ
17.	喀山国立技术大学	КГТУ
18.	莫斯科国立建筑大学	МГСУ
19.	莫斯科国立电子技术学院	МИЭТ

20.	摩尔多维亚国立大学	МорГУ
21.	莫斯科能源学院	МЭИ
22.	俄罗斯科学院圣彼得堡学院大学	НОЦНТ
23.	彼尔姆国立大学	ПГУ
24.	俄罗斯国立医科大学	РГМУ
25.	俄罗斯国立石油天然气大学	РГУ
26.	萨拉托夫国立大学	СГУ
27.	圣彼得堡国立技术大学	СПбГПУ
28.	托木斯克国立大学	ТГУ
29.	南乌拉尔国立大学	ЮУрГУ

资料来源：https://ru.wikipedia.org/wiki/Национальный_исследовательский_университет
_России

为了避免教育资源分配不公平，国家研究型大学的称号并不是一成不变的，其有效期为十年，每一年俄罗斯政府会组织专门的专家委员会对研究型大学的具体活动进行测量和评价，考察其是否履行先前的发展规划，是否切实提高了学校的科学研究水平，获得了哪些领先的成果。评价的结果也决定了国家是否继续对其继续提供额外的财政拨款支持。

十年之中，如果任何一所研究型大学没有达到既定的指标，都有可能失去这一特殊地位，十年之后，这一称号的学校也面临重新洗牌的情况，以淘汰不合格的学校，便纳入更优秀的学校。我们可以从联邦政府对国家研究型大学的遴选标准指标体系中发现政府对研究型大学的期望和要求如表 6，这些具体的指标包括：

表6　俄罗斯联邦政府对国家研究型大学的遴选标准

一级指标	二　级　指　标
1. 教育教学活动的成功性	在学校重点发展的专业和方向就读的本科生、硕士生和博士生及他们的比例
	毕业后从事专业对口的工作的学生比例
	青年学者（科研人员和教师）数量和比例，以及对他们进行科学研究能力培训的频次

2. 科学创新活动的影响力	科学研究和实验设计的成果转化收入占学校全部收入的比例
	学校的科研人员和教师在被科学网（Web of Science）、Scopus 数据库和俄罗斯引文数据库收录的科学期刊上发表的文章数量
	学校的科学技术创新产品，包括知识产权转化的收入在全部收入中的比例
	科学研究和创新活动的财政投入占学校全部投入的比例
	实验设计工作占所有科学研究工作的比例
	学校重点学科领域高科技科学实验室的数量
3. 人力资源发展潜力	从事科学研究和实验设计的年龄在 30-49 岁的人员比例
	从事科学研究的拥有科学博士和副博士学位的人员比例
	拥有在世界领先科学中心和教育机构中工作经验的研究人员比例
	在学校重点发展学科和方向上硕士和博士研究人员的工作效率
4. 国际化指标	外国学生的比例（除独联体国家学生之外）
	独联体国家学生的比例
	科研工作者在国际学术合作框架内成果产出的比例
5. 经费投入指标	计划外（自主筹款）办学经费投入的比例
	学校人均科研经费的数量
	由教育和科学研究活动获得的计划外的资金收入的比例

资料来源：http://web.archive.org/web/20111026143113.pdf

　　仔细观察这些指标不难发现，其中很多指标与一些权威的国际大学排行榜对世界大学的评价指标相似或重合，一些以前从来没有被列为俄罗斯大学评价标准的指标，如"学校的科研人员和教师在被科学网（Web of Science）、Scopus 数据库和俄罗斯引文数据库收录的科学期刊上发表的文章数量"、"拥有在世界领先科学中心和教育机构中工作经验的研究人员比例"、"外国学生的比例"等成为了衡量研究型大学水平的重要标准。这一方面反映了俄罗斯对国家研究型大学更高、更严格的教育和科研要求，另一方面更体现了俄罗斯高校融入统一的高等教育国际空间，提高俄罗斯国家研究型大学在国际市场上竞争力的目标。

　　通过一些具体的数字和比例，我们可以概览俄罗斯国家研究型大学的基本情况。国家研究型大学在俄罗斯高等教育体系中指非常有限的一个群体，它在整个高等教育系统中的比例仅占 2.6%，在所有从事科学研究的高校群体中仅占 6%，在国家研究型大学中学习的本科生和硕士生也仅占全俄本硕学生总数的 5.3%，但是在俄罗斯境内高校中工作的国外教师和科研人员总数的四分之一都在国家研究型大学工作。[8]

对于国家研究型大学的科学研究工作来说，国家预算内的财政拨款是重要的支持资源。同时，由于学校与企业的结合十分紧密，与学校签订合作协议的企业对国家研究型大学科研工作的资金投入比例占到了 36.2%，远远超过俄罗斯高校在这一方面的平均水平。截止 2014 年底，国家研究型大学发展相关的具体的数字水平如下表所示：

表 7　俄罗斯国家研究型大学的相关数字水平

指　标　名　称	国家研究型大学	俄罗斯全体高校	国家研究型大学所占的比例（%）
学校数量	29	1115	2,6
科学研究和研发工作的资金投入（百万卢布）	12050,7	485834,3	2,48
科学研究和研发工作的资金投入中,国家财政拨款所占比例（%）	54	65	
企业资金投入所占比例（%）	36,2	19,5	
国外资金投入所占比例（%）	5,4	6,5	
从事科学研究和开发的相关人员数量（人数）	44760	742433	6,03
专门的研究员（人数）	20542	369237	5,56
本科生和硕士生的数量（人数）	400470	7562332	5,30
国外教师和研究人员的数量（人数）	277	1048	26,43

资料来源：http://elementy.ru/library9/r480.htm。

从学生质量来看，国家研究型大学的本科生录取的国家统一考试平均分数要高于联邦大学。尽管如此，不同的国家研究型大学新生录取的分数差异也较大，比如 2014 年，俄罗斯大学统一入学考试的平均录取分数为 73.9 分。而在国家研究型大学中，不同学校的录取分数如下，莫斯科物理技术学院平均录取分数为 93.2 分，高等经济学校为 89 分，而喀山国立研究科技大学的录取平均分仅为 63.7 分。[9]

8　*Рожков, В. Н.* Управление качеством: Учеб. для студентов вузов /В. Н. Рожков.- [M]. Форум, 2014.-335 c.

9　Измерение рейтингов университетов: международный и российский опыт （коллектив авторов） / Под ред. Ф.Э. Шереги и А.Л. Арефьева [M].Центр социологических исследований, 2014, 408 стр.

从教师及科研人员的结构和水平来看，国家研究型大学自 2009 年以来，49 岁以下学术人员的比重稳步增长，并与 2012 年底达到 49.8%。2012 年国家研究型大学中从事教学和科研工作的博士和博士候选人的比重已经从 2011 年的 70.4%增长到 73.8%，所有国家研究型大学都将关键资源投入到了世界一流研究型大学的师资吸引和培训方面，参与过高水平培训的教授和研究生的数量四年间整整了 3.6 倍，2012 年达到了 8342 人。[10]

从财政预算方面来看，2009-2014 年期间，在国家研究型大学计划的联邦预算分配中，科研经费总额为 34.8247 亿卢布，占大学总预算的 10%。就 2012 年来说，国家研究型大学 77%的联邦财政预算用于更新材料与技术基础设施，购置现代科技与教育设备；10.3%的经费用于科学研究；4.1%用于教育项目；4.6%用于人力发展；3.4%用于改善管理机制；0.6%用于教职人员和学生的国际流动。[11]

从科研成果的数量和质量发展上来看，尽管国家研究型大学财政预算只有 10%左右用于科学研究，但是大学的研究活动的平均产出数量在四年间（2009-2014 年）实现了 3.5 倍的增长。2014 年国家研究型大学的科研人员、硕士生和博士研究生发表的 29325 篇文章被国外和俄罗斯的机构，如科学网（Web of Science）、斯高帕斯数据库、俄罗斯科学文献索引（Russican Science Citation Index）收录，比 2013 年增长了 23%。[12]2008-2014 年"国家研究型大学"计划实施期间，每所大学平均收录的论文数实现了近乎三倍的增长。但是与此同时，应当注意的是这些论文数的平均引用率的增长却不高。

从国际化水平来看，国际化已经成为俄罗斯国家研究型大学战略计划的核心目标之一，为了进一步提升学校的国际化水平，国家研究型大学纷纷扩展海外教育服务，参与海外教育和研究项目，与国际教育组织开展密切合作，成立专门接洽参与国际活动的组织。为推进海外服务，国家研究型大学采取有力措施为海外学生和教师提供更加完备的、不同语种的学校信息，实施外语教学项目，提高留学生的居住和生活条件，确保留学生的人身

---

10 *Шереги Ф. Э., Савинков В.И.* Образование как фактор формирования интеллектуального потенциала России. [М]. ЦСПиМ, 2014, 288 стр.

11 *Фрумин И. Д., Добрякова М. С.* Что заставляет меняться российские вузы: договор о невовлеченности //[J].Вопросы образования2015. № 2. С. 159–191.

12 НАЦИОНАЛЬНЫЕ ИССЛЕДОВАТЕЛЬСКИЕ УНИВЕРСИТЕТЫ [EB/OL]. http://ppt.ru/newstext.phtml?id=30749. 2016.08.03

安全。因此在 2008-2012 年期间，国家研究型大学中留学生的人数增加了近乎两倍。

二、联邦政府搭建俄高等院校"金字塔"架构的体系设计

俄罗斯联邦政府将俄罗斯高等院校体系进行重构，划分了更加清晰的层次，对不同类型大学设置不同的任务和目标，在此进程中国家研究型大学的定位和任务也得以更加明确。

俄罗斯联邦大学（ФУР）和国家研究型大学（НИУ）的设立从根本上改变了俄罗斯高等院校体系。2007-2014 年，俄罗斯通过机构合并形成 10 所联邦大学，在整合资源的基础上提高了大学的研究实力和整体竞争力。2009-2010 年通过竞争选拔的方式确定了 29 所国家研究型大学，迈出彻底改造高等教育体系的关键一步。基于竞争选拔的高校获得充足财政政策支持，国家研究型大学促进了学校知识生产与创新，在一定程度上也削弱俄罗斯科学院对学术研究的传统垄断地位。

联邦大学和国家研究型大学的设立形成了俄罗斯一流大学群体，截至 2015 年包括 10 所联邦大学，29 所国家研究型大学，以及莫斯科国立大学和圣彼得堡国立大学，一共 41 所。这 41 所俄罗斯国内一流大学（ведущие вузы）的数量占全部公立大学的 7.4%，但是有全俄 17%的学生在此学习，有 23.6%的教师在此工作，入学考试的平均分数为 73.3（满分为 100 分）。[13]

这 41 所国内一流大学是俄罗斯重点建设高校群体，从 2007-2015 年，俄罗斯联邦财政预算划支出一万一千亿卢布左右为发展一流大学，主要用于增加国外教师和科研人员的数量，促进国际学术流动科研人员、教师和研究生；提高对科学研究和成果研发的财政投入；提高俄罗斯一流大学在国际权威期刊发表科研成果的数量和引用率。大部分的俄罗斯国内的一流大学都集中在莫斯科、圣彼得堡、喀山、叶卡捷琳堡等重要城市。

俄罗斯国内一流大学群体的出现，也改变了俄罗斯高等院校的原有体系。目前，根据俄罗斯官方统计数据，截至 2016 年俄罗斯共有 896 所高等学校，其中 530 所为国立、公立高校，366 所为私立高校。[14]与以往相比俄罗斯高校

---

13 Ведущие российские вузы получат от правительства десять миллиардов рублей [EB/OL]. https://ria.ru/society/20170221/1488460305.html.2016.08.10

14 Росстя в цифрвх 2016[R] Федеральая служба государственной статистики. Москва 2016. стр.147.

的数量有所减少，但是其结构更加清晰，正如俄罗斯联邦教育与科学部公共政策司司长索博列夫（А.Б.Соболев）对其总结为"金字塔"式的结构，即在目前的公立高等院校体系中，[15]不同学校被赋予了不同的地位和职能，形成了层次分明的"金字塔"，如图4。

图4 俄罗斯高等院校的"金字塔"体系

位于这一金字塔顶端地位的是莫斯科国立大学（МГУ）和圣彼得堡国立大学（СПбГУ），这两所学校直接隶属于俄罗斯联邦政府，与俄罗斯教育与科学部同等地位，是超越所有高校的"国宝"级别的存在。接下来一层是10所联邦大学（ФУР）和29所国家研究型大学（НИУ），他们与莫大和圣彼得堡大学一同组成了俄罗斯国内的一流大学（ведущие вузы）。这两种新类型大学在原有大学的基础上通过合并和改组而设立，被设立之初就被定位于国内领先大学，相当于从众多高等学校中分化出一小部分精英大学，成为俄罗斯高校冲击世界大学排名，冲击世界一流高校的中坚力量。

再下一层是55所联邦各个州或自治区域的古典大学、综合性大学，其中包括工程技术院校、人文师范院校、经济法律院校和农业技术院校等，虽然这些学校没有被定位于精英大学，但是其中大部分高校也拥有悠久历史和独特的办学特色。最后是800所地方普通的高等院校，这些高校的数量最多，其主要任务是承担教育、教学的工作，对地方人才培养，是这一金字塔的坚实"底座"。

本文研究所涉及的俄罗斯国家研究型大学处于这一金字塔体系的中间部

---

15 Система России университет [EB/OL] http://www.myshared.ru/slide/717162/. 2016.08.10

分，对于整个体系来说发挥着至关重要的作用。俄罗斯联邦大学和国家研究型大学都属于新设立的学校类型，俄罗斯政府也希望通过对这两类学校的全力支持，以此提高俄罗斯高校在世界大学排行榜上的排名。为了提高俄罗斯一流大学在世界高等教育市场中的国际竞争力，力争在 2020 年之前有 5 所高校能够进入世界大学排行榜前 100 位，入选这一计划的学校中包括 3 所联邦大学和 11 所国家研究型大学。

三、联邦政府规定"金字塔"体系内国家研究型大学的定位和任务

俄罗斯教育和科学部在对"国家研究型大学（НИУ）"的界定为，国家研究型大学是科学和教育部门现代化的组织形式，是实施基础科学和应用技术研究的科学和教育一体化中心。这些大学具有强大的知识创新和转化能力；具有完善的硕士、副博士和博士的培养体系，完善的培训和技能继续教育系统。因此，这些学校在俄罗斯高新技术部门承担重任，并在科教一体化基础上有效地开展教育和研究活动。国家研究型大学具有如下特点：

- 确保毕业生达到国际学习标准；
- 提高毕业生综合知识与跨文化学习能力；
- 提升学生在科学研究中的参与性；
- 通过增加选修课程数量提升课程灵活性；
- 通过实施包括国际项目在内的联合教育项目来增进学术流动；
- 有效利用现代教育技术和方法，加强其在教育过程（信息通信技术、案例方法等）中的应用。[16]

（一）国家研究型大学与联邦大学定位的对比

联邦大学（ФУР）和国家研究型大学（НИУ）都是俄罗斯一流大学群体中的重要组成部分，但是二者在战略使命、基本任务等方面又有着很多区别。将联邦大学与国家研究型大学的战略发展目标作对比，可以明显发现两种类型学校在科学研究和教育教学方面的区别，也可以进一步明确俄罗斯国家研究型大学的任务和使命。二者在定位上的对比如下表所示：

---

16 Сидняев, Н. И. Теория планирования эксперимента и анализ статистических данных: Учеб. пособие/Николай Иванович Сидняев.-[М]. Юрайт, 2015.-399 с.

表 8　俄罗斯联邦大学和国家研究型大学的定位对比

俄罗斯联邦大学（ФУР）	国家研究型大学（НИУ）
战略使命	
促进地区经济的发展，促进俄罗斯各州科学、教育和工业的一体化发展	为俄罗斯高新技术产业发展提供咨询，人力资源和科学研究保障
基本任务	
为地区、联邦各州提供经济发展的人才保障	为国家经济发展的首要的、优先的方向提供人才保障
提供符合国家经济创新需求的、连续的教育保障	进行广泛的基础和应用科学研究
积极融入国际科学—教育空间	有效地将科技成果转化为生产产品，实现其商业价值
	积极融入国际科学—教育空间
国家支持的发展目标	
将区域和地方的经济发展与国际科学和工业的发展连接起来	争创世界一流水平的教育机构，为俄罗斯国际水平的高科技产业发展提供教育和人才保障
作用和分析的范围	
分析影响区域社会经济发展的条件	分析国家优先发展领域和关键技术实现的条件

资料来源：http://www.ug.ru/archive/35346

　　通过观察可以发现，联邦大学和研究型大学在服务层面上有很大差别，俄罗斯联邦大学更关注的是区域、地方的经济发展，致力于为地方发展提供科学和人才保障。而俄罗斯国家研究型大学有着更高目标，国家对研究型大学发展不仅仅是期望提高俄罗斯高等教育水平，更希望通过研究型大学带动国家经济、社会、文化的整体快速发展，最终目标是以世界一流水平的教育机构，国际领先的科学研究能力，和高质量的人力资源保障俄罗斯在世界市场竞争中的优势地位。因此，国家研究型大学对俄罗斯的长远发展有着更深刻的影响。

　　在《2006-2010 年俄罗斯教育发展纲要》中提出："为了国家、社会和个人的利益，充分挖掘高等院校的发展潜力，需要将物质、技术和财政资源集中于俄罗斯教育发展的关键方向，以优先支持重点高校的发展。"[17]俄罗斯联

---

17 Программа развития образования на 2006-2010 годы. [EB/OL]. http://fcp.economy.
gov.ru/cgi-bin/cis/fcp.cgi/Fcp/ViewFcp/View/2008/2016.08.09

邦大学和国家研究型大学都是俄罗斯高等院校"金字塔"体系内的中坚力量，也是俄罗斯政府着力打造的新型试验田。在俄罗斯高等院校长远的发展战略中，俄政府希望通过联邦大学和国家研究型大学为着力点，带动俄罗斯高校整体的发展。毕竟，莫斯科国立大学和圣彼得堡国立大学这类的顶尖高校，已经处于国际大学排行榜的前端（前 200 名之内），在短时期内继续迅速提高排名的可能性比较小，而位于中间部分的联邦大学和国家研究型大学拥有良好的教育和科研基础，优质的教师和生源，蕴含着较大的潜力和提升空间，辅之以强有力的国家政策支持，可以在短期内冲击世界排名。因此，俄罗斯政府对高等院校体系的战略规划也体现着最大限度挖掘联邦大学和国家研究型大学的潜力，以此带动位于"金子塔"底座的一般性高校以及俄罗斯高等院校整体发展。

俄罗斯政府对这两种新型的大学模式寄予厚望，然而尽管都是"中坚力量"，俄罗斯联邦大学和国家研究型大学也面临着不同的问题，尤其是联邦大学首先要面对的整合之后自身建设和发展问题，主要体现在通过合并方式建立的联邦大学都面临的新的学校文化认同的挑战。

首先，形成一种全新的、统一的大学文化需要一个缓慢的过程，来自不同学校的理念和文化需要在不断的碰撞中融合，对新设立的学校文化的认同也不是一朝一夕能够达成。其次，联邦大学合并后，新的大学文化仅仅覆盖了校长办公室代表们，对于中层管理人员的影响较小，学院领导则完全没有被影响，这就使得大多数学院领导无法适应新的组织文化。因此，许多管理行动、决策和价值观并未深入到各个基层学院。再者，将一些被合并大学的文化融入合并后的大学并非易事，这引起了被合并大学的一些负面回应，会存在不同程度的认同感缺失，原有大学引以为傲的价值观已经深深嵌入大学文化之中，很难在短时期内做出改变。

此外，对于联邦大学来说，新生质量的问题依然是有待解决的重大问题，在联邦大学中，只有伏尔加河联邦大学与南部联邦大学的新生录取分数超过了 70 分（总分为 100 分），其他联邦大学的新生录取分数均在 56-58 分之间。较低水平的申请联邦大学新生质量不仅限制了吸引精英人才的可能性，甚至还影响着区域内知识密集型科学和技术优先发展领域专家的培养质量。

俄罗斯组建的联邦大学具有指令性、计划性、组织性和经费保障性等特点，是对国家高等教育总体发展做出的全局性规划。[18]但是，联邦大学若要完成自己当初成立时设定的目标，在未来很长一段时间内都面临着更多的挑战，这主要包括以下方面：

- 入学申请者的总体质量偏低；
- 具备高水平科研发展潜力的优先学科领域内的硕士和博士研究生数量不足；
- 在突破性学科和技术领域，当地企业对大学创新的需求不足，导致大学缺乏项目实验阶段以及认证和经济评估阶段所必须的条件；
- 就提高教学科研人员的科研生产力及出版活动而言，发展人力资源的举措效率低下；
- 在开展国际学术合作和参与世界高水平学术项目方面的活动较为缺乏。[19]

俄罗斯组建联邦大学是政府以联合几所优质大学进行合并的方式提升其竞争实力，在全球竞争中取得更优排名的一种尝试。于 2006 年开始设立的第一所联邦大学以来，俄罗斯联邦大学的发展至今只有十年时间，联邦大学计划的潜能还尚未完全展露出来。

（二）国家研究型大学的任务

对比之下，国家研究型大学是在原有大学的基础上设立的，这些大学普遍拥有悠久的历史、优势的专业发展领域和独特的校园文化。与联邦大学相比更加独立，学校管理结构相对完整，行政效率更高，一以贯之的办学理念能够得到传承，全体成员对学校文化的认同性更强烈，且学生的质量和师资水平也更高。在统一政策和理念的指引下，全校上下能够通力合作，贯彻提高竞争力的既定策略，取得更显著的发展成效。这也是本文没有选择俄罗斯联邦大学，而选择国家研究型大学作为研究范畴的原因。

正如在《2020 年之前俄罗斯创新发展战略》规划中所提出的："俄罗斯需要一个新的、现代化的高等教育机构类型，这一高等教育机构能够培养创新型人才，能够研发创新型产品，能够发展创新型企业，能够促进地区经济的发展，更能够提高俄罗斯高等院校国际竞争力的提升。我们国家（俄罗

---

18 李芳：《俄罗斯组建联邦大学述评》[M]，比较教育研究，2010 年（2），第 55 页。
19 Создание федеральных университетов: законодательный аспект [EB/OL]. http://www.programs-gov.ru/10_1.php. 2016.08.06

斯）正面对一个历史机遇，成为国际高等教育游戏规则的制定者。"未来十年，俄罗斯高等教育面临的挑战和发展趋势主要包括：每所大学都要面对国际市场，在国际范围内的竞争一流的教授、研究人员和管理人员；国内每所拥有一万名以上学生的大学至少需要拥有 100 位具有世界高水平研究能力的教授和专家；依照现代化的模式培养具有创新精神和能力的学生。

俄罗斯高等院校"金字塔"的结构体系改革阶段性目标是创建一流大学群体。如俄罗斯总理梅德韦杰夫所指出"现代经济是高科技主导型经济，这要求高等教育机构在输出高科技产品和技术方面成为领军机构，自 2007 年以来形成的这 41 所由联邦大学、国家研究型大学和古典大学组成的国内一流大学是我国高等教育的领袖，这一群体的发展将直接影响俄罗斯高等教育发展方向和现代化进程"。

在俄高校"金字塔"结构中，国家研究型大学的地位和职能更加明确，以国内一流大学为基础打造世界一流大学，提高国内一流大学的国际竞争力，提高其国际排名和学校声誉，提高研究型大学在世界大学排行榜上的排名，扩大俄罗斯高校在世界高等教育市场中的影响力。正如俄总统普京所指出的"要使研究型大学在世界大学排行榜中占据先进的、荣誉的地位，成为国家创新体系的重要支撑。最优秀的俄罗斯大学不仅应在国家层面，而且应在世界层面打造和拓展自己的品牌"。[20]可以说，俄罗斯国家研究型大学是政府集中力量打造的、争创世界一流水平的科学研究和教育领军高校，也是保障俄罗斯在未来国际竞争中赢得主动权的杀手锏。

从另一方面来说，国家研究型大学在提升竞争力方面也有自身的独特优势。因为国家研究型大学位于俄罗斯高等院校"金字塔"的中间位置，同时也是俄罗斯高等院校发展的中坚力量，在顶级高校莫斯科国立大学和地方一般性大学之间起到承上启下的作用。可以说，处于中间地位的国家研究型大学有着更大的提升空间和发展潜力。入选国家研究型大学的学校一般规模适中，学生人数在 15000 人左右，并在某一学科领域有着更大的竞争优势。例如，圣彼得堡国立信息技术、机械和光学大学的"信息技术"和"光电子学"专业、莫斯科物理技术学院的"物理与天文"、俄罗斯国家核能研究大学的"自然科学"等，这些学科在国际大学排行榜上就比较靠前，对这些优势学科进

20 Путин: ведущие вузы могут стать базой для развития крупных проектов [EB/OL].
http://docs.cntd.ru/document/901965035. 2016.08.09

行重点扶持，能够在短时间内获得较快发展。

第二节　第二阶段——俄联邦政府力促国家研究型大学国际竞争力提升

尽管随着联邦大学和国家研究型大学的设立，俄罗斯高等院校体系得到了优化和完善，划分出来的国家一流大学群体得到了更多的资源分配，但是俄罗斯大学在世界大学排行榜上总体位置还是没有得到明显提升，这与俄罗斯联邦政府对本国高等院校的期望严重不符。俄罗斯总理梅德韦杰夫曾表示："世界一流大学是国家的财产，优质高等教育能够保持国家的国际竞争优势。无论是发达国家还是发展中国家都应该有进入世界排名前 200 位的一流大学，俄罗斯高等院校也应该进一步提高俄高校在世界大学排行榜中的位置。"21

一、联邦政府以专项计划促进国际竞争力提升

如果说进入 21 世纪的前十年，俄罗斯联邦政府将主要精力集中于重组高等院校体系，划分出国内一流大学群体，那么进入 21 世纪的第二个十年，俄罗斯政府已经不满足现有状态。提升俄罗斯大学的国际竞争力，尤其是快速提高俄罗斯的国际大学排名成为了下一个阶段俄罗斯高等教育发展的重要目标。

在这一动力促使下，政府制定了一系列旨在加速提升俄罗斯高等院校国际竞争力的专项计划，将提升竞争力的具体实施阶段和细节加以详细规定，其中包括俄罗斯政府的第 599 号令——《关于国家政策在教育和科学领域中的落实措施》、《关于发展俄罗斯一流大学，提高其在一流科学教育中心内的国际竞争力的计划》、《发展俄罗斯一流大学，提高其在一流科学教育中心内的国际竞争力的计划的具体落实措施》、P220 工程——国家专项"引智计划"。

（一）俄罗斯政府的第 599 号令——《关于国家政策在教育和科学领域中的落实措施》

为了进一步提高在教育和科学的专门人才培训领域的国家政策，以满

---

21 Медведев решил превратить «ведомые» вузы в ведущие [EB/OL]. http://government.ru/news/13753/.2016.09.18

足创新型经济的要求，2012 年 5 月普京签署俄罗斯政府的第 599 号令——《关于国家政策在教育和科学领域中的落实措施》（УКАЗ Президента Российской Федерации от 7 мая 2012г. №599 О мерах по реализации государственной политики в области образования и науки），其中提出 2020 年前俄罗斯不少于 5 所大学进入世界权威大学排行榜前 100 名的目标，同时还提出提高 25-65 岁之间的科研人员的比例，2015 年之前这一年龄段比例所占全部科研人员的 37%，提高俄罗斯科研人员在国际权威期刊发表学术论文的比例，尤其是发表于被科学网（WEB of Science）收录的期刊。此后，"5-100 计划"（Проект 5-100）便成为俄罗斯提升大学国际竞争力一系列政策和措施的简称。

（二）《关于发展俄罗斯一流大学，提高其在一流科学教育中心内的国际竞争力的计划》

2012 年 10 月，俄罗斯政府颁布的《关于发展俄罗斯一流大学，提高其在一流科学教育中心内的国际竞争力的计划》（Об утверждении плана мероприятий по развитию ведущих университетов, предусматривающих повышение их конкурентоспособности среди ведущих мировых научно-образовательных центров）将提升俄罗斯一流大学国际竞争力这一目标正式以政策文件形式提出。并规定选择支持一批俄罗斯重点高校，对它们进行集中投入，提供组织、财政、人力等方面的保障。要求申请参与该计划的学校制定政策实施"路线图（Дорожная карта）"，并要求入围的学校完善管理体制，提高学术研究实力，提升学校的师资水平，吸引具有国外一流高校工作经验的科研—教育人员和管理人员，与国外顶尖科研机构建立密切的学术联系，促进学术流动，提高副博士和博士研究生的科研水平，提高与高科技公司的产学研结合。

（三）《发展俄罗斯一流大学，提高其在一流科学教育中心内的国际竞争力的计划的具体落实措施》

为进一步落实《关于发展俄罗斯一流大学，提高其在一流科学教育中心内的国际竞争力的计划》（О МЕРАХ ГОСУДАРСТВЕННОЙ ПОДДЕРЖКИ ВЕДУЩИХ УНИВЕРСИТЕТОВ РОССИЙСКОЙ ФЕДЕРАЦИИ В ЦЕЛЯХ ПОВЫШЕНИЯ ИХ КОНКУРЕНТОСПОСОБНОСТИ СРЕДИ ВЕДУЩИХ

МИРОВЫХ НАУЧНО-ОБРАЗОВАТЕЛЬНЫХ ЦЕНТРОВ），俄罗斯联邦政府于 2013 年颁布了此政策的具体实施计划。该计划首先规定了对"5-100 计划"具体的财政拨款，2013 年预计投入 90 亿卢布，2014 年预计投入 100.5 亿卢布，2015 年预计投入 120 亿卢布，2016 年预计投入 125 亿卢布，到 2020 年预计投入 145 亿卢布。此外，该计划建立一个国际专家委员会，作为咨询机构，以改善俄罗斯领先的大学的世界领先的研究和教育中心的国际竞争力。

（四）P220 工程——国家专项"引智计划"

为了提高研究型大学的国际竞争力，俄罗斯政府制定了一项大规模吸引海外高水平人才专项计划——"220 工程"（P220），斥巨资邀请国外侨民和国际顶尖学者在俄罗斯的大学创建一流实验室并进行科学项目的合作研究（Decree of the Government of the Russian Federation 2010）。这一政策初衷是为弥补俄罗斯科学家断层状况。吸引外籍教师的效益不仅仅在于改善学校教师队伍结构，重要的是，外籍教师尤其是国际顶尖科研专家给学校带来前沿的科研项目、领先的研究方法和理念，培养的教师和学生，能够直接提升大学的国际影响力。因此，正如政府俄罗斯前教育与科学部部长所言："当代科学研究是全球性的，任何人都无法阻挠科学家的国际流动，我们不仅要鼓励侨居海外的俄裔科学家回国，更要吸引国际顶尖科学家赴俄开展学术研究。"[22]

"220 工程"立足于俄罗斯目前实际国情，以短期引进为主要方法，该计划之下设立众多科研实验室，研究者需要通过公开竞争获得研究权，申请人不受国籍的限制，包括一些在美国、德国和英国顶尖大学和研究中心，从事科研工作的俄罗斯侨民，也包括俄罗斯本国和国外顶尖科学家和著名学者。研究的范围主要包括：天文学、纳米技术、材料科学、无线电电子工程学、宇宙研究技术、核科学、生态学、力学和控制技术、工程与建筑、医学科学和技术等方面，总体来说集中在国防工业系统、能源部门、航天部门、核能部分及其他高新技术工业部门继续的专业和方向。

"220 工程"的预算经费全部来源于国家拨款，2010 年的投入是 30 亿卢

---

22 Повышение эффективности финансовой деятельности образовательных организаций обсудили на семинаре Минобрнауки России [EB/OL]. http://www.zakonprost.ru/content/base/part/461547. 2016.08.11

布，2011 年的投入是 50 亿卢布，2012 年的投入是 40 亿卢布。每名成功的申请人最高可获得 1.5 亿卢布的研究经费，该计划的第一个阶段的时间跨度为 2010-2012 年，个别项目经费支持时间还会延长 1-2 年。联邦经费划拨到大学，研究者在经费的支持下从事科学研究，并将阶段性的研究成果进行总结，大学为其研究提供保障。同时，俄罗斯联邦资助委员会对获得资助的研究者提出硬性要求，对科学实验室的工作负责，且每年在实验室工作的时间不得少于 4 个月。第二个阶段是 2013-2020 年。

二、联邦政府以策略建议规定提升国际竞争力的方向

国家研究型大学是俄罗斯高等院校体系的精英高校层，俄罗斯联邦政府对提升国家研究型大学国际竞争力提出更高要求。俄罗斯教育与科学部负责执行该计划的部门制定并提出了一系列具体措施，包括参与公开各种类型竞争的投标活动，获取政府资助并与其他大学和现有的商业组织合作，发展高新科技产业，促进创新和吸引国外的一流学者。总体来说，俄罗斯国家研究型大学提升国际竞争力可以具体分解为五个策略[23]：

1. 发展稳定的财政和资金投入；
2. 激活大学的科研和创新活动；
3. 保障大学的人才培养质量；
4. 提高大学的师资水平；
5. 完善大学管理和自治能力；

通过上述五个策略的实施，完成学校的各项既定目标，增强大学的国际认可和国际排名，提升俄罗斯高校的整体实力。

23 А. К. Казанцев ИННОВАЦИОННОЕ РАЗВИТИЕ УНИВЕРСИТЕТОВ: АНАЛИТИЧЕСКИЙ ОБЗОР ВЕДУЩИХ РОССИЙСКИХ ВУЗОВ Санкт-Петербург [D]. 2012

图 5　俄罗斯联邦政府对国家研究型大学国际竞争力提升的策略

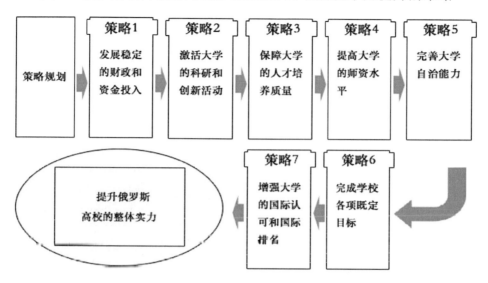

在稳定的财政和资金投入方面，俄罗斯国家研究型大学利用政府定向资助资金的重要部分来加强校园基础设施建设，对上百个科学实验室进行现代化改造并添置先进的研究设备，建立新的科技站点以测试新技术，对新的科技成果进行商品性转化。

在研究创新与产学研结合方面。很多国家研究型大学都建立了科学技术"展望"中心，对科技前沿和先进科学方法开展研究，以实现对未来技术发展趋势的预测和评估。此外，国家研究型大学相继建立了依附于大学的技术转移中心、产品孵化中心、工业园、实验工厂及其他机构。

在人才培养方面，在教育教学基础上，增加国内外研究生的招收数量，引导学生参与科研项目，鼓励本科生和研究生开展创新性的研究活动，让学生能够站在国际学术前沿，了解与把握科学的最新进展。

在师资力量保障方面，俄罗斯国家研究型大学为发展学术人员实施了一系列的项目和计划，包括加强选拔激励，所有大学都在采取相应措施以确保年轻积极而又富有创造力的学术人才进入大学。国家研究型大学管理工作的重心在于为学术人员的有效工作创造良好条件，包括建立有效的激励机制以促进科研生产力，促进学术人员和学生的创新活动。

俄罗斯国家研究型大学的管理体制也有着一些共同的特点，比如，建立一定程度上开放的信息管理系统，信息通讯基础设施的现代化，建立学习管理系统，提供俄罗斯与国际信息资源共享的广泛渠道；在认证方面，改善质量管理体制，在一定程度上发展了教育服务质量评估的测量方法。

三、专项计划主导下国家研究型大学重置发展目标

参与"5-100 计划"的高校在公开公平竞争机制上选拔出来。这一选拔面对的不仅是包括联邦大学和国家研究型大学在内的 41 所国内一流高校群，而是面向俄罗斯全部高校，所有有意向参与该计划的学校均需要提交"规划蓝图"（Дорожная карта），并向专门委员会进行公开陈述。

评选国际专家委员会（Совет по повышению конкурентоспособности ведущих университетов Российской Федерации среди ведущих мировых научно-образовательных центров）根据筛选标准、学校的实际情况和发展规划进行打分，以分数高低和投票的情况决定高校是否入围。这在一定程度上实现程序公平，有益于杜绝暗箱操作可能性。

（一）评选标准

相比于校园规模、设施等物质条件这类硬性指标，"5-100 计划"的入选标准更关注学校的发展潜力。评估与筛选高校主要参考以下标准：

（1）学校目前在世界权威大学排行榜和俄罗斯国内排行榜中的排名情况；

（2）每年政府拨款和自主筹款在学校财政收入中所占份额；

（3）学校国家统一高考录取的最低分；

（4）学校全日制本科生和研究生的人数；

（5）学校每年的科研经费及其在全部支出中的比例；

（6）学校每年的研究成果，包括学术著作及科研论文的质量和数量；

（7）外籍教师和国际留学生的数量和比例；

（8）学校教师的结构和人才储备情况；

（9）学校的英语教学情况；

（10）学校与国外高教机构的合作情况。[24]

根据上述选拔标准，结合高校的地理位置、专业优势等多方面的因素考量，共筛选了 21 所高校入围"5-100 计划"，前后包括两批，第一批是在 2013

---

24 徐娜，孙春梅：《俄罗斯提升大学国际竞争力"5-100 计划"评析》[J]，比较教育研究，2016 年（11），第 80 页。

年选拔的 15 所，第二批是在 2015 年选拔的 6 所。"5-100 计划"是优中选优，遴选俄罗斯国内实力较强的大学，该筛选是开放的，面向是全体俄罗斯高校，因此入选该计划的学校不仅包括老牌名校如俄罗斯国立人民友谊大学，下诺夫哥罗德大学，也有新组建的联邦大学如波罗的海联邦大学、乌拉尔联邦大学，既有综合性的高校，如喀山国立大学，托木斯克国立大学，也有偏向某一领域和专业的学院如莫斯科物理—技术学院，高等经济学校等。为了均衡高等教育资源，带动远东和西伯利亚地区高等教育的发展，"5-100 计划"还吸纳了俄罗斯东部的西伯利亚联邦大学、秋明国立大学等高校。这 21 所全部入选的高校如下表：[25]

表 9　"5-100 计划"的入围学校

序号	学　校　名　称	学校类型
1	远东联邦大学（ДВФУ）	联邦大学
2	高等经济学校（ВШЭ）	国家研究型大学
3	信息技术，机械和光学研究大学（ИТМО）	国家研究型大学
4	圣彼得堡国家电子技术大学（ЛЭТИ）	联邦大学
5	喀山联邦大学（КФУ）	联邦大学
6	国家技术研究大学（НИТУ «МИСиС»)	国家研究型大学
7	国家核能研究大学（МИФИ）	国家研究型大学
8	莫斯科物理技术学院（МФТИ）	国家研究型大学
9	新西伯利亚国家研究型大学（НГУ）	国家研究型大学
10	下诺夫哥罗德大学（ННГУ）	国家研究型大学
11	萨马拉国家研究型大学（СамГУ）	联邦大学
12	圣彼得堡理工大学（СПбПУ）	联邦大学
13	托木斯克国家研究型大学（ТГУ）	国家研究型大学
14	托木斯克理工大学（国家研究型大学）（ТПУ）	国家研究型大学
15	乌拉尔联邦大学（УрФУ）	联邦大学
16	波罗的海联邦大学	联邦大学
17	莫斯科第一医学大学	联邦大学

25 徐娜，孙春梅：《俄罗斯提升大学国际竞争力"5-100 计划"评析》[J]，比较教育研究，2016 年（11），第 82 页。

18	西伯利亚联邦大学（СФУ）	联邦大学
19	南乌拉尔国家大学（ЮУрГУ）	联邦大学
20	俄罗斯人民友谊大学（РУДН）	联邦大学
21	秋明国立大学（ТГУ）	联邦大学

资料来源：http://5top100.ru/universities/。

入选"5-100 计划"的大学普遍是国内排名靠前，国际排名在 300-700 之间的学校。共有九所国家研究型大学入选该计划，而这九所大学也是国家研究型大学中的佼佼者。"5-100 计划"的目标是加大投资，加速提升一部分基础好、潜力大、具有创新意识和较大潜力的大学，期望在短时间内看到明显的提升效果。

（二）入选该计划的国家研究型大学及其目标规划

入选"5-100 计划"的九所俄罗斯国家研究型大学分别是高等经济学校（ВШЭ）、信息技术，机械和光学研究大学（ИТМО）、国家技术研究大学（НИТУ «МИСиС»）、国家核能研究大学（МИФИ）、新西伯利亚国家研究型大学（НГУ）、托木斯克国家研究型大学（ТГУ）、托木斯克理工大学（国家研究型大学）（ТПУ）、莫斯科物理技术学院（МФТИ）、下诺夫哥罗德大学（ННГУ）。它们的数量几乎占全部入选学校（21 所）的一半，这些学校除了能够获得国家研究型大学发展专项资金支持以外，还将获得国家划拨给"5-100 计划"参与学校的专项拨款。"5-100 计划"的长远目标是提升俄罗斯高校在世界高等教育市场中的竞争实力，短期目标是提升入选高校在世界大学排行中的位置。

1. 提出基于办学特色的学校使命和优先发展方向

参与"5-100 计划"的国家研究型大学是领先者，基于已形成的办学成就，这些学校追求卓越的动机更加强烈，提升国际竞争力的紧迫感也更强。入选"5-100 计划"的国家研究型大学在总体战略下纷纷制定了符合本学校的发展计划，以及在 2020 年之前学校期望达到的目标。分析这些特点和目标，我们也可以发现国家研究型大学在"5-100 计划"中期望加速提升竞争力的思路和逻辑。

每一所入选"5-100 计划"的国家研究型大学都有自己的独特性，有综合性的高校，如下诺夫哥罗德大学、托木斯克国家研究型大学，也有理工类、技术类的大学，如莫斯科物理技术学院、托木斯克理工大学，更有人文类和社科类的学院如高等经济学校。基于各自的办学理念和特色，每一所学校的定位都不同，在提高国际竞争力的道路上，每所学校首先制定了优先发展方向以及学校未来使命。

例如，高等经济学校制定的优先发展方向是社会经济科学（经济学、法学、管理学、社会学、政治学）、人文科学、数学和计算科学，其使命是在国际教育服务、科学研究领域中，成为俄罗斯以及国际社会—经济、人文知识和技术的综合中心，在经济和社会转型领域成为国际领先研究组织，推广最佳的教学实践和管理方法，基于现实的社会—经济问题创建公开的讨论平台，积极参与俄罗斯的社会、文化、经济和教育活动。

莫斯科物理技术学院（МФТИ）的优先发展方向是通过在物理学，数学和计算机科学领域的先进成果，建立世界一流的科学—教育中心，培养优秀的研究人员和技术带头人，进而在自然科学领域达到世界领先水平。

俄罗斯国家技术大学（МИСиС）的使命，使学校成为全球工程教育的中心，形成有创造性的、国际化的大学环境，培养能够为增进人类福祉做出贡献研究者和专家，培养能够解决人类发展重大问题的卓越工程师。

托木斯克理工大学（ТПУ）的使命，通过不断深入推进国际化，培养精英工程师，产生新知识和新理念，创新节能技术。学校的价值在于：自由、勇敢地探索科技前沿，以独立思考和创造性的方法，促进教师、学生以及全体员工潜能的发展，勇于承担大学的社会责任，为人类福祉做出贡献。

信息技术、机械和光学研究大学（ИТМО）的使命，进行创新研究，培养专业精英，以便能够在瞬息万变的世界中，确保学校科学技术加速发展。学校目标打造全球知识和学术体，成为国际化大学；进行突破性研究，成为提供先进知识的国际一流研究型大学；运用有效管理方法，成为激发全校成员积极性和主动性的企业型大学；满足学校员工和学生自我实现的愿望，成为尊重个性和创造力的人本型大学。

下诺夫哥罗德大学（ННГУ）的使命，通过科学研究培养对国家发展做出卓越贡献的高水平人才；发展基础科学和应用科学，有效地解决全球的问题；为俄罗斯高等教育发展做出贡献，成为促进俄罗斯高等教育与欧洲高等教育体系一体化的领头者；辐射伏尔加联邦地区，为当地经济和社会发展做出积极影响。

托木斯克国立大学（ТГУ）的使命，在欧亚大陆创设新的文化环境，以研究型大学建设，发展科学和教育，整合基础和应用研究，培养复合型的人才，为后工业社会发展提供新的科学和技术，改善生活质量。2020 年之前，基于俄罗斯和北欧亚大陆地区的成就，学校达到世界领先地位，形成集科研、教育和创新为一体的文化综合体。

国家研究型大学聚焦于某一个专业领域，以巩固本校这一核心专业以及重点学科领域为重点，争取发展为国际范围内的业内最优。俄罗斯国家研究型大学保持学校特色和专业优势，这在一定程度上也防止了在提升国际竞争力的道路上，学校为了贪大求全，而出现千校一面的现象。

2. 制定加速发展的系统化"数字目标"

大学使命是长期的、指导性的、概括性的，包含内容丰富。俄罗斯国家研究型大学为了将上述目标和使命具体化，将期望目标转换为具体数字。数字目标对总体战略挖掘细化，具有可衡量性，以高等经济学校、莫斯科物理技术学院、托木斯克国立大学、托木斯克理工大学为例。

高等经济学校提高国际竞争力的数字指标体系主要包括以下几个方面：

（1）在各大权威的世界大学排行榜中排名的具体目标；

（2）每一位科研工作者平均发表的被 Web of Science 和 Scopus 收录的文章数量；

（3）被 WebofScience и Scopus 收录的学校每一位科研工作者发表文章的平均引用率；

（4）国外教授、教师和科研工作者的比例，以及拥有国外大学博士学位的教师数量；

（5）外籍学生（独联体国家学生除外）的比例；

（6）全日制学生（本科生和专家文凭学生）国家统一入学考试的平均分；

（7）国家财政拨款外的资金占学校全部收入的比例；

（8）每一位科研教育人员的平均研究经费；

（9）以全日制的学习方式攻读本科生，专家学位硕士生和博士研究生的学生所占的比例；

（10）学生获得的参与科学研究活动，实践和创新活动课程学分，在全部学分中所占的比例；

（11）在两个学分以上的课程中，英语授课所占的比例；

（12）大学对提高国际竞争力这以措施落实的支出所占的比例；[26]

为使以上指标在 2020 年之前得以实现，高等经济学校制定了相应的"蓝图规划"在科学研究和教育活动相关方面，学校在 2020 年之前达到以下目标，如图 10 所示。高等经济学校在"学校被 Web of Science 和 Scopus 收录的科学期刊的数量"上提出了很高的目标，2020 年期望达到 2013 年的 30 倍，足以见得学校对此方面的重视程度，此外，从"学校研究生、博士候选人和科研人员在世界研究中心和大学中进修的比例"、"接受俄罗斯或国际组织资助（补助资金）用以支持科学研究的机构的数量"、"通过国际权威机构认证的专业课程的比例"等方面的目标上也可以发现高等经济学校更加提高通过关键领域国际化的水平，进一步提升学校的国际竞争力。

表 10　提升国际竞争力计划—— 俄罗斯高等经济学校在 2020 年力争达到的目标

指标名称（KPI）	单位	2013	2014	2015	2016	2017	2018	2019	2020
科学研究和设计的收入所占学校全部收入的比例	％	3,5	3,65	3,75	3,9	4	4,05	4,1	4,15
国际先进实验室的数量	个数	16	18	20	22	24	26	28	30
前沿研究中心的数量	个数	0	2	3	4	5	6	7	8
学校被 Web of Science 和 Scopus 收录的科学期刊的数量	个数	1	2	4	9	14	19	24	30
学校的科研工作人员同时也是国际科学期刊的编辑委员会的成员数量	人数	90	92	95	98	100	103	107	110
接受俄罗斯或国际组织资助（补助资金）用以支持科学研究的机构的数量	个数	80	90	100	105	110	115	120	125

---

26 План мероприятий по реализации программы повышения конкурентоспособности（«дорожной карты»）вуза на 2013-2020 гг.（1 этап-2013-2014гг.）[EB/OL]. https://www.hse.ru/info/strategy/2016.08.15

实现英语教学的教育大纲数量	个数	7	10	11	12	13	14	14	16
学校研究生、博士候选人和科研人员在世界研究中心和大学中进修的比例	%	2	2	3	6	9	12	16	20
通过国际权威机构认证的专业课程的比例	%	10	10	10	10	10	10	20	20
新管理模式下教育大纲的比例,(由院系管理转为统一的教学大纲框架管理)	%	15	35	50	100	100	100	100	100
额外的专业课程（MBA），通过国际审查或者认证的比例	%	-	-	-	-	5	30	45	60
学校在国内国际合作伙伴的数量	个数	30	35	40	45	46	47	49	50
通过针对海外同胞和外国学生举办的奥林匹克竞赛或者学校竞赛选拔的国外大学生的数量	人数	50	70	100	110	120	120	120	120
利用学校的网络课堂进行学习的学生数量	个数	12000	15000	16000	18000	19000	20000	20000	20000
学习俄语的国际学生数量（包括利用学校的网络教育资源）	人数	30	200	500	800	900	1000	1100	1200

资料来源：http://5top100.ru/documents/regulations/。

莫斯科物理技术学院作为一所物理数学为学科优势的理工科学校，与高等经济学校相比，两所学校制定提升国际竞争力数字目标所涉及的模块有相似之处，但是也略有不同，如表 11 所示。莫斯科物理技术学院在提升国际竞争力的目标设置上比较"脚踏实地"，较少有翻十倍、二十倍的期望，只是在"每一位科研工作者发表的被 Web of Science и Scopus 收录的文章，平均被引用的次数"目标上的期望较大，但是这也在莫斯科里技术学院能力范围之内，毕竟该校的科研论文在国际权威期刊上发表的数量并不低，只是集中于物理、数学等学科。

表11　提升国际竞争力计划——俄罗斯莫斯科物理技术学院在2020年力争达到的目标

指标名称	规　划								
	单位	2013	2014	2015	2016	2017	2018	2019	2020
在 THE 世界大学排行榜中的位置	位置	-	350-375	325-350	275-325	225-275	175-225	125-175	75-100
在 QS 世界大学排行榜中的位置	位置	-	350-400	300-350	250-300	200-250	150-200	100-150	50-100
在 ARWU 世界大学排行榜中的位置	位置	501-1200	501-1200	501-1200	401-500	301-400	301-400	201-300	151-200
每一位科研工作者发表的被 Web of Science и Scopus 收录的文章数量（重复除外）	篇	1.10	1.11	1.12	1.13	1.14	1.15	1.16	1.17
每一位科研工作者发表的被 Web of Science и Scopus 收录的文章，平均被引用的次数	次数	3.0	3.7	4.5	5.4	6.4	7.5	8.7	10.5
国际教授、教师和科研人员（包括拥有国外高校博士学位的科研人员）的比例	%	4.0	4.4	4.8	5.2	5.6	6.0	6.5	7.0
国际留学生（包括独联体国家）的比例	%	11.0	11.5	12.0	12.5	13.0	13.5	14.0	14.5
全日制本科生（包括专家文凭学生）入学的平均分数	分数	90	90	90	90	90	90	90	90
预算外的收入占学校全部收入的比例	%	33	35	37	39	42	45	49	54

资料来源：http://5top100.ru/events/list/51634/。

　　在提高国际竞争力的目标下，作为一所综合性的国家研究型大学，托木斯克国立大学在2020年之前期望达到的具体目标（第二阶段2015-2020）如图12所示。可以发现托木斯克国立大学也比较重视每一位科研工作者平均发表的被 Web of Science 和 Scopus 收录的文章数量以及被引用频次，在相关目标上设置了较高的目标，而在其他方面的目标设置则较为平稳。

表 12　提升国际竞争力计划——托木斯克国立大学在 2020 年力争达到的目标

指标名称	单位	2015	2016	2017	2018	2019	2020
在 QS（QS World University Rankings）中的排名	位置	451-500	401-450	301-350	201-250	101-150	51-100
在 THE（The Times Higher Education World University Rankings）中的排名	位置			351-400	251-300	201-250	151-200
每一位科研工作者平均发表的被 Web of Science 收录的文章	篇	1.8	2.5	3.5	6.5	8.5	10
每一位科研工作者平均发表的被 Scopus 收录的文章	篇	2.5	3	5	8	10	12
每一名科研工作者发表的被收录于 Web of Science 的文章平均被引用的次数	次数	3.5	4	6	12	18	24
每一名科研工作者发表的被收录于 Scopus 的文章平均被引用的次数	次数	3.6	3.8	4	6	10	15
国际教授、教师和科研人员（包括拥有国外高校博士学位的科研人员）的比例	%	2.5	3	4	6	8	10
国际留学生（包括独联体国家）的比例	%	11.5	11.7	12	13	14	15
全日制本科生入学统一考试的平均分数	分数	72.5	73	74	75	75	76
预算外收入所占比例	%	30	32	35	37	39	50

资料来源：http://5top100.ru/universities/。

托木斯克理工大学于托木斯克国立大学相似，也将在 2020 年之前期望达到的目标分为两个阶段，即 2011-2014 和 2015-2020，学校在第一阶段已经取得了突破性的进展，现如今，这一计划已经进入第二阶段 2015-2020，这一阶段的主要目标如表 13。

表 13　提升国际竞争力计划——托木斯克理工大学在 2020 年力争达到的目标

指 标 名 称	单位	2015г.（已达到）	2016г.	2017г.	2018г.	2019г.	2020г.
在 ARWU（Academic Ranking of World Universities）中的排名	位置						401-500
在 THE（The Times Higher Education World University Rankings）中的排名	位置	251-300	251-300	251-300	201-250	201-250	151-200
在 QS（QS World University Rankings）中的排名	位置	481-490	301-350	251-300	201-250	151-200	51-100
平均每一位科研工作者发表的被 Web of Science 收录的文章	篇	1,6	1,9	2,1	2,3	2,7	3,1
平均每一位科研工作者发表的被 Scopus 收录的文章	篇	2,4	2,6	2,8	3,2	3,6	4,0
平均每一名科研工作者发表的被收录于 Web of Science 的文章的平均被引用次数	次数	2,3	2,4	4,3	6,5	9,0	12,0
平均每一名科研工作者发表的被收录于 Scopus 的文章的平均被引用次数	次数	2,9	3,2	4,6	6,8	9,3	13,0
国际教授、教师和科研人员（包括拥有国外高校博士学位的科研人员）的比例	%	7,01	7,1	7,5	7,5	8,0	8,0
国际留学生（包括独联体国家）的比例	%	23,1	23,2	24,0	25,0	25,0	25,0
全日制本科生入学统一考试的平均分数	分数	75,6	76,0	77,0	78,0	79,0	80,0
预算外资金在学校全部收入中的比例	%	33,0	35,0	35,0	40,0	40,0	40,0
给予每一名科研工作者用于科学研究工作的经费	卢布（千）	1346,87	1400,00	1500,00	1650,00	1800,00	2000,00
全日制教育本科生，硕士研究生和博士研究生的比例	%	33,2	33,5	34,0	40,0	47,0	55,0
英语教学大纲实现的比例	%	22,7	23,0	23,5	24,0	28,0	30,0

国际教育和捐赠收入所占的比例	%	8,7	9,0	9,5	10,0	10,5	12,0
科研人员参与国际和俄罗斯国内学术流动（近两年内）的比例	%	60,9	61,0	62,0	63,0	64,0	65,0
具有在俄罗斯或国际高校担任管理职务，具有丰富管理经验的员工数量	人数	10	15	20	25	30	32

资料来源：http://5top100.ru/universities/national-polytechnic/。

加速冲击世界大学排行榜，成为了参与"5-100 计划"的国家研究型大学的重要目标。不只以上几所学校，凡是参与"5-100 计划"的学校都设定了 2020 年之前期望达到的数字目标。主要包括，每一位科研工作者平均发表的被 Web of Science 收录的文章，每一位科研工作者平均发表的被 Scopus 收录的文章，每一名科研工作者发表的被收录于 Web of Science 和 Scopus 的文章平均被引用次数，国际教授、教师和科研人员（包括拥有国外高校博士学位的科研人员）的比例，国际留学生（包括独联体国家）的比例，全日制本科生入学统一考试的平均分数，预算外收入所占比例，给予每一名科研工作者用于科学研究工作的经费，全日制教育本科生，硕士研究生和博士研究生的比例，英语教学大纲实现的比例，国际教育和捐赠收入所占的比例，科研人员参与国际和俄罗斯国内学术流动的比例等方面，内容十分丰富。

其中，国家研究型大学尤为重视"每位科研工作者平均发表的被 Web of Science 和 Scopus 收录的文章"以及"每名科研工作者发表的被收录于 Web of Science 和 Scopus 的文章平均被引用的次数"这两项目标。包括上述列举的学校在内，国家研究型大学普遍将这一目标设置的非常高，甚至希望 2020 年能达到的数值是 2013 年的十倍。且不论这种过高的目标能否实现，这至少反映了俄罗斯国家研究型大学更加重视科研人员在国际权威期刊上发表论文的数量和质量。这一方面是为了向国际同行展示俄罗斯国家研究型大学的科研水平，另一方面，科研人员在国际权威期刊上发表论文的数量和质量，成为影响大学排名的关键因素。

通过目标数字，可以发现俄罗斯国家研究型大学正积极融入国际高等教育发展潮流，以国际通行标准制定提升竞争力指标，这些经过量化的详细指标体系也体现了俄罗斯国家研究型大学冲击世界大学排行榜的雄心壮志。目标设定的是否合理决定了目标是否最终得以实现。然而，对俄罗斯国家研究型大学这些数字目标进行理性的分析，可以发现有些学校制定加速冲击世界大学排行榜的数字目标是以本校的实际情况和未来发展趋势和速度以基准，而有些学校将目标设置的过于理想化，设置目标也没有依照学校现状和趋势，不切实际的数字也增加了按时完成的难度。

数字指标具有容易衡量的优点，也可以激励科研人员做出更好的研究成果，但数字也是一种刚性指标，刚性指标如果在评价取向上发生错位，形成对数字的盲目追崇和迷信，很可能会挫伤科研—教育工作者的创造力，甚至会扭曲科研—教育工作者的科研行为，将科学问题驱动的科研动机扭曲成追求文章数量的科研动机，这是很危险的，对于一个国家科学研究的长远发展，提升国家或高校的科研质量来说是百害而无一益的。

本章小结

从制度变迁的类型上来看，俄罗斯提升国家研究型大学国际竞争力的策略实施，是一场从上到下，从中央到地方，从政府到高校的"政策出台——政策执行"变迁模式。俄罗斯联邦政府是典型的"强政府"，中央行政权力具有强有力的贯彻力度，它不仅是政策的制定者，更是执行政策的专门机构。联邦政府通过强有力的行政活动，向下贯彻计划，提高执行效率。地方和高校则是根据中央政策的规定对自身发展做出应对调整，将联邦政策的目标详细化、数字化，变为学校未来发展方向，争取获取政府的资源支持。

俄罗斯国家研究型大学的设立并不是孤立的，而是伴随着俄罗斯高等院校体系整体革新而展开的。在俄罗斯高等院校组成的"金字塔"中，联邦政府将国家研究型大学划分出来，让其承担提升俄罗斯高校在世界大学排行榜中地位这一重大任务。在这一任务规划下，俄罗斯联邦政府出台专项计划，引导国家研究型大学重新设置学校的发展方向，着力提升国家研究型大学的国际竞争力。这一"自上而下"的变迁路径可以通过下图来反映：

俄罗斯政府制定和颁布政策、法令

政府成立中央和地方的政策执行机构

组建联邦大学、设立国家研究型大学打
造俄罗斯国内一流大学群体

制定加速提升国际竞争力计划

高校成立提升竞争力计划的执行部门

高校根据政府计划制定学校提升国际
竞争力的愿景和目标

高校根据政府计划制定提升国际竞争
力的具体策略

　　这种路径也集中体现了俄罗斯中央集权式行政管理的特点，从优点上来看，集权式管理方式能够减少实施过程中的阻力，有效地推进政策贯彻落实。但这种方式也会因为仅凭政府意愿，不充分考虑学校等相关利益群体的诉求，计划制定简单化、非科学化，这将会对计划长远发展产生不利影响。实际上，这种矛盾在俄罗斯设立国家研究型大学以及提升国家研究型大学国际竞争力的进程中都有所体现，后文会对其进行详细分析。

第三章 自增强机制下国家研究型大学提升国际竞争力的应对策略

在新制度被认可和不断推行进程中，会有更多因素不断增强新制度的合理性，随着新制度深入运行，单位成本和追加成本都会不断下降。在新的利益格局下，多数成员会通过学习效应不断适应新制度。适应新制度而产生的组织积极行动，抓住制度框架提供的获利机会，获取更大的利益和需求。在俄罗斯国家研究型大学设立之后，29 所俄罗斯的大学成为这一框架内的成员，它们对新制度的适应能力决定了俄罗斯国家研究型大学这一设计的成功与否。

在这一适应过程中，多数俄罗斯国家研究型大学能够采取积极的适应性策略，从财政投入、科学研究、人才培养、师资队伍、管理体制和市场营销方面推行了一系列提升国际竞争力的举措，抓住国家研究型大学框架内的有效资源，获取学校更多的发展机会和资源。本章的内容主要论述在俄罗斯国家研究型大学框架内，学校采取了哪些适应性策略，取得了何种效果。

第一节 资金投入策略：争取政府资金，拓宽社会投入

研究型大学若要在科学研究上有所突破，首先需要雄厚的资金作为保障。俄罗斯国家研究型大学作为国家公立大学，享受政府预算内的财政拨款，也享受作为国家研究型大学计划的专项拨款。为了保障充足的资金，俄

罗斯国家研究型大学也在不断吸引更多社会资金投入，扩宽办学资金来源渠道。

一、争取政府预算内的财政拨款

俄罗斯国家研究型大学在成立之初就伴随着国家专项的政府预算内财政拨款，这与俄罗斯政府重视将大学发展为产学研综合体期望直接相关。因此，加大科研投入是发展国家研究型大学重中之重。在加大对研究型大学科研投入的基础上，几乎每一所研究型大学都制定了自己科学研究的优先发展方向，将资源集中在具有重大现实意义的科研课题上。同时，加大对研究型大学优秀学者和青年教师的资助力度，给予其补充的研究津贴，力争使研究型大学中参与科学研究的教师平均比例在 2015 年达到 65%，在 2020 年达到 75%。[1]最直接的措施是提高研究型大学内部科研经费比例，发展学校创新性基础设施。

俄罗斯对国家研究型大学的财政投入不仅限于联邦和地方政府，在实际运行中，联邦政府和地方政府的财政拨款不能及时到位，加之俄罗斯在 2008 年受到全球经济危机冲击，以及 2014 年以后受到欧美国家经济制裁，政府的财政也捉襟见肘。在这种情况下，对国家研究型大学的投入呈现多元化的发展趋势。就政府官方渠道来说，学校除了享受国家研究型大学（НИУ）专项拨款，还有来自俄罗斯基础研究基金（РФФИ）、俄罗斯人文科学研究基金（РГНФ）、总统专项补助、联邦针对性投资计划（ФАИП）等多种拨款支持学校科学研究和教学工作。这些基金形式的投入具有稳定性，同时具有一定的针对性，有些是针对某一学科，或是针对某一个研究领域，专项性特点更为突出。

除此以外，参与"5-100 计划"的国家研究型大学还享受政府专门用于提升俄罗斯高校国际竞争力的持续性专项拨款，只不过这一部分财政拨款并不是固定不变的，而是需要学校凭借本年度的研究和教学成果与其他入选学校共同竞争，只有取得更突出的成绩，才能够获得相应的专项财政拨款。

例如，2015-2016 年俄罗斯联邦政府对入选"5-100 计划"的国家研究型大学的财政拨款就体现了这一"评审-拨款"的理念，如表 14。对于完成既定

---

1 Результаты опроса участников IV Международного форума вузов «Конкурентоспособность вузов и глобализация: вызовы, ресурсы, опыт» [EB/OL]. http://raexpert.ru/researches/vuz/opros2016/2016.09.01

计划，实现阶段性目标的学校，俄联邦政府会进一步提供支持性拨款。未达标的学校，政府会适当减少下一年的预算内拨款。从图表也中可以发现，与联邦政府和地方政府固定财政拨款不同的是，在绩效管理下提升俄罗斯大学国际竞争力计划，绩效成为衡量拨款的唯一标准，拨款也成为激励学校不断进取的有效手段。

表 14　2016 年俄罗斯政府对入选"5-100"计划的国家研究型大学财政拨款

序号	学　校　名　称	金额（百万卢布）	
		2015	2016
1	下诺夫哥罗德大学	482	150
2	国家技术研究大学	761	900
3	托木斯克国立大学	964	511
4	托木斯克理工大学	964	511
5	高等经济学校	930	900
6	国家核能研究大学	761	900
7	新西伯利亚国立大学	761	900
8	机械和光学研究大学	467	511
9	莫斯科物理技术学院	964	900

资料来源：https://mephi.ru/about/concept/report-mephi-2015-1.pdf。

　　以莫斯科物理技术学院为例，该校不仅是俄罗斯国家研究型大学，同时又入选了提升俄罗斯大学国际竞争力的"5-100 计划"，学校获取收入的渠道也更加多元化。从莫斯科物理技术学院的财政支出方面也可以发现学校对科学研究、科研基础设施及科研人员待遇方面的投入呈现的趋势。

　　在莫斯科物理技术学院的财政支出方面，学校以完善支出结构为改革目标，如图 6。计划在未来进一步增加劳动力成本的比例，工资支出的比例将超过学校总支出的一半，这其中很大一部分用于增加对科学研人员的工资和福利。学校以接近 10%的支出用于购买和添置现代化的科学研究和教育设备，这是莫斯科物理技术学院近些年来解决战略发展问题的关键。[2]

2　ОТЧЕТ О РЕАЛИЗАЦИИ ПРОГРАММЫ СОЗДАНИЯ И РАЗВИТИЯ НАЦИОНАЛЬНОГО ИССЛЕДОВАТЕЛЬСКОГО ЯДЕРНОГО УНИВЕРСИТЕТА «МИФИ» за 2014 год [EB/OL] https://www.scienceforum.ru/2015/794/9134. 2016.09.02

图6　莫斯科物理技术学院财政支出的结构及变化

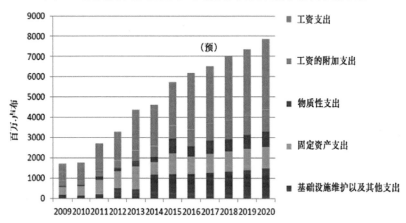

除此以外，莫斯科物理技术学院学校将所得收入的一大部分用来改善学校包括各种科学设备在内的物质和技术基础，主要包括学校的科研仪器、校舍、教学设备、信息资源、图书资源、研究实验室等。为此学校在实验室和卓越中心广泛配备了先进而昂贵的研究实验设备，很多是世界领先、独一无二的，价值超过20亿卢布，用以整合资源实现科研突破。还包括新的研究和教学楼、学生和教师宿舍、生物制药厂、科技公司等。在提升学校国际竞争力的计划下，学校还打算建立一个集多功能于一体的新校区集群。

此外，为了提高科学研究的国际信息资源保障，学校进一步扩大了在信息基础设施方面的投入。为减轻科研—教育人员的教学压力，学校创建了网络在线课堂、在线课程和电子图书馆，包括视频媒体系统和教学软件，通过网络与现实混合式的学习方式丰富教育教学方式，不仅校内学生积极使用，校外的学生也可以登录并使用。重要的是，莫斯科物理技术学院有权访问Web of Science、Scopus、InCite、Questel Intellectual Property Portal、Cornell University Library、ResearchGate、Cambridge University Press 等重要的数据库资源，这不仅能让科研人员、教师和学生便捷的获取需要的文献信息，掌握本领域或即将探索流域的研究现状，对查阅最新文献、跟踪国际前沿、科研立项以及课题研究及时了解国际动态都有很大帮助。基于对科研、教育的信息基础设施投入，莫斯科物理技术学院的科教网站以其丰富、不断更新的内容和信息（www.mipt.ru），被 Webometrics Ranking of World Universities（http://www.webometrics.info/）评为俄罗斯大学科教网站建设第三名[3]，在

3　ОТЧЕТ О РЕАЛИЗАЦИИ Программы создания и развития федерального

很大程度上也提高了学校的正面形象和影响力，这一结构也为学校进一步争取到政府对大学网络信息化建设的专项财政拨款。

俄罗斯国家研究型大学提升国际竞争力，主要是联邦政府政策的倾向性、重点性的扶持，在种种支持中，政府预算内的财政拨款是最关键性的资源，也是一系列策略的基础。伴随着俄罗斯政府对国家研究型大学的投资逐步扩大，国家研究型大学才有可能在吸引国际知名学者、提高教师—科研人员的福利待遇、改善科研条件、完善研究物质基础等方面有所作为。

二、拓宽预算外自主筹资的渠道

俄罗斯国家研究型大学的收入不仅包括政府的财政拨款，学校自主筹措预算外办学经费的能力和渠道至关重要。俄罗斯国家研究型大学预算外的收入主要包括以来几种来源：

（一）学费收入

苏联时期，政府几乎承担了高等教育的所有经费，学生进入大学学习是免学费的。俄罗斯独立以后，政府财政无法继续支撑免费教育，对高校的拨款力度也大幅缩水。为了分担教育成本，原来作为高等教育受益者的学生开始缴纳学费。随着高等教育收费政策的实施，教育贷款也越来越普遍。可以说苏联时期免费入学模式已经被新时期俄罗斯的"收费＋贷款"模式所取代。从高校的运行方面来看，苏联时期的"教育是国家福利性投入"的理念已经已经转变，现在"教育是一种商品性服务"的观念已经得到了广泛认可。经过二十多年的发展，学费已经成为高校继国家财政拨款以外第二大收入来源。

目前，高校学费由学校自身根据耗费成本决定，并在正是招生之前的三个月公布。学费的增长也非常迅速，1998 年国立高校新生平均学费为 11859 卢布，而 2016 年国立高校的平均学费为 25000 卢布。[4]可以说，俄罗斯高校的学费在一定程度上已经超出培养学生所需的成本。2016 年在莫斯科地区的大学，平均每一学年的学费在 26000 卢布-480000 卢布之间。俄罗斯国家研究型大学作为高等院校精英俱乐部的成员，为了维持高质量的办学水平，自然

государственного автономного образовательного учреждения высшего профессионального образования «Национальный исследовательский ядерный университет «МИФИ» [EB/OL] http://www.ug.ru/article/527. 20160904

4 Годовая плата за обучение в ВУЗе [EB/OL] http://god2016.su/stoimost-obucheniya-2016-v-rossii/2016.09.08

需要更高昂的学费作为支撑，因此国家研究型大学的学费在俄罗斯国内来说是价格不菲的。

俄罗斯国家研究型大学在不同地区、不同学校，甚至不同专业的学费之间的差距很大。莫斯科、圣彼得堡和叶卡捷琳堡等中心城市的国家研究型大学的学费要远远高于远东地区和边远地区高校的学费。经济、管理等学科的学费高于技术和其他人文学科，对非独联体的外国人收费要高于独联体内部的外国人。最贵的学科是经济和法律专业。例如 2016 年，俄罗斯高等经济学校中的国际经济和金融学的本科阶段，学费达到了一年 480000 卢布（约合人民币 56834 元），下诺夫哥罗德大学的法学专业的本科阶段学费为一年 390000 卢布（约合人民币 46177 元），圣彼得堡国立信息技术、机械和光学大学的商业和企业管理专业本科阶段学费为一年 347000 卢布（约合人民币 41086 元），俄罗斯国立医科大学的口腔科专业本科阶段学费为一年 270000 卢布（约合人民币 31969 元）。

即便在同一所院校中，不同专业的学费也有着明显的差距。以俄罗斯国家研究型大学托木斯克国立大学为例，2015-2016 学年学校不同专业的本科阶段学费情况为农业科技 74200 卢布，物理和数学、自然科学从 77500 卢布至 142000 卢布，语言学 70000 卢布，生态学 74200 卢布，经济学 93000 卢布，法律学 119000 卢布，外语 77500 卢布，世界经济和商业 90000-119000 卢布。[5]

从公费生[6]和自费生的比例来看，自费生的比例逐渐扩大。1993 年《俄罗斯联邦教育法》规定自费生的比例不得超过招生总人数的 10%。1996 年《俄罗斯联邦教育法》修正案中规定，在每一个培养方向上，自费生的比例不能超过 25%。实际上，越来越多的学校打破了 25%限制，以至于后来俄罗斯联邦教育与科学部取消了关于自费生比例的限制，并规定"原则上俄罗斯高校可以招收 70%的自费生"。[7]

这在俄罗斯国家研究型大学中体现明显，尽管国家研究型大学中学生的

5　Конкурентоспособность вузов: вызовы, ресурсы, опыт [EB/OL] http://www.unkniga.
　　ru/vishee/6350-konkurentosposobnost-vuzov-vyzovy-resursy.html. 2016.09.06

6　所谓公费生，指的是因入学成绩优异而免除学费的学生，他们的学费由政府承担。
　　这一公费生的制度也是苏联时期遗留下来的传统。

7　Конкурентоспособность российского высшего образования/Крылов А. Н., Бёнкост
　　К. Ю. и др. Карьерный рост: транснациональные диалоги об управлении
　　персоналом и развитии рынка труда. Сборник научн. статей под ред. А. Н. Крылова
　　и К. Ю. Бёнкоста. Бремен-Москва, [M]. Издательство НИБ, 2016. С. 258-265.

总数以及每年招生的数量都成上升趋势，但是公费生比例一直处于下降的趋势，自费生的比例明显上升。对于来自工薪阶层家庭的学生来说，在国家研究型大学中学习越来越成为一件奢侈和昂贵的事情。收费教育的扩张，对公民私人资源的利用，使俄罗斯高等教育对个人成本的依赖程度大大增强，也进一步造成了教育资源分配的不公平，不利于贫困学生的权益，实际上也遭到了俄罗斯国内很多学者的批评和谴责。

（二）企业性经营活动

苏联解体初期，高等院校经费的缺口很大，但是政府无力填补这一缺口，于是政府积极鼓励高等院校拓宽筹集经费的渠道，或从事经营性的企业活动。很多大学主动适应市场需求，开始利用自身优势积极开展盈利性经营活动创收。经过二十余年的发展，企业性经营活动在高校收入构成中所占的比例越来越大。俄罗斯国家研究型大学中也是如此，很多研究型大学每年一半左右的收入来自于经营营利。这些经营性活动基本包括有偿教育服务、科研成转化和其他有偿服务。

有偿教育服务是经营性活动的首要领域。俄罗斯国家研究型大学自身的盈利优势首先是师资和智力资源，这些资源可以为社会不同团体和机构提供咨询和教育服务，有偿教育服务是国家研究型大学盈利的便捷方式。《俄罗斯联邦教育法》也做出了相关规定"国立和市立高等教育机构有权有偿为居民、企业、机构和社会团体提供相关教育大纲和国家教育标准之外的有偿补充教育和培训活动，其收入归高等院校所有。"[8]俄罗斯国家研究型大学主要利用自身的学科和研究优势，开展针对不同社会群体的培训和服务活动。俄罗斯国家研究型大学有偿教育服务主要包括：为社会团体、企业等组织提供培训和提高专业技能的活动；预备班或预科教育；对中学生和中学毕业生学业能力测评；制定中小学课程标准和教材，对中小学教师进行培训；向社会提供专业课程教育活动；成人教育教学等。开展有偿教育服务成为了俄罗斯高校摆脱财政困难的有效途径之一。

还包括一些其他的有偿活动，例如出租出售固定资产、入股参与企业、购买股票债券获取利润等。当然，还有国内外社会的捐赠与资助，虽然这部

8　ФЕДЕРАЛЬНЫЙ ЗАКОН «ОБ ОБРАЗОВАНИИ В РОССИЙСКОЙ ФЕДЕРАЦИИ» [EB/OL] http://xn--80abucjiibhv9a.xn--p1ai/%D0%B4%D0%BE%D0%BA%D1%83 %D0%BC%D0%B5%D0%BD%D1%82%D1%8B/2974.2016.09.09

分收入在高校总体收入中所占比例还比较低。在国内社会捐赠方面，政府专门制定了税收优惠政策以鼓励社会企业、团体、组织和个人向高等院校捐赠行为，越来越多的企业和商业性机构出资资助研究型大学。可以说，研究型大学多元化的筹资渠道，增强了学校管理的自主性和面向市场的办学能力，也促使学校由过去的被动型、封闭性向创新型、灵活性转变。学校与社会的交流获得动力和财力，在增加办学经费收入的同时更刺激了国家研究型大学科研和创新能力，将自身发展与社会需求紧密联系起来，提高了国家研究型大学对外部环境的适应能力，进而提升了竞争能力。

同样以莫斯科物理技术学院（МФТИ）为例，在 2015 年莫斯科物理技术学院的全部收入中，教育服务占 36%，科学研究占 31%，俄罗斯联邦用于发展基础设施的财政拨款占 29%。在科学研究与设计的总体成果中，有 4% 来自于政府订单，高于 38% 来自企业的订单，其余的 58% 来自于学校科研人员和团队通过竞争获得的国际或国内项目[9]，如图 7。

图 7　莫斯科物理技术学院财政收入结构及所占份额的变化

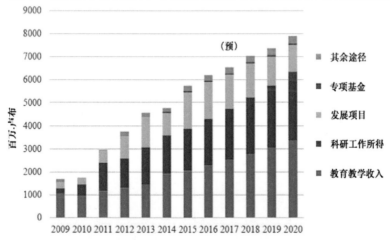

莫斯科物理技术学院未来的重点是提高科学研究转化收入在所有收入中的比例，争取在 2020 年之前，科研成果转化所得收入是 2012 年的两倍，继续扩大与企业的订单合作，提高这一部分在全部收入中的比例，继续保障政

9　ОТЧЕТ О РЕАЛИЗАЦИИ Программы создания и развития федерального государственного автономного образовательного учреждения высшего профессионального образования «Национальный исследовательский ядерный университет «МИФИ» [EB/OL] https://mephi.ru/about/concept/report-mephi-2015-1.pdf. 2016.09.19

府对国家一流大学重点支持的财政拨款。科研教育人员工资待遇将以较快速
度增长，科研经费增长速度也将更快，在科学技术优先发展方向投入，减少
行政、组织障碍提高现有设备的使用率，提高实验室等物质投入等。

在稳定政府固定财政拨款的基础上，莫斯科物理技术学院积极通过各种
方式增加政府预算之外（学校自筹）的收入。整体上来看，近些年，学校通过
转化科研成果、与工业、高科技企业发展合作项目等方式扩大了学校自筹资
金在办学经费中的比例。政府预算内财政拨款和学校自主筹措的资金比例及
趋势，如下图 8 所示。[10]

图 8　莫斯科物理技术学院预算内（政府拨款）和预算外（学校
　　　自筹）的结构及变化

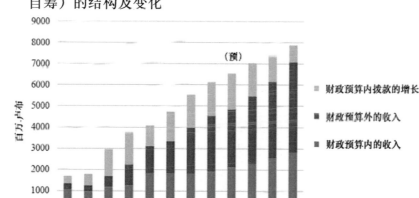

尽管政府的财政拨款是提升国家研究型大学国际竞争力的重要资源，但
是包括莫斯科物理技术学院在内的俄罗斯国家研究型大学没有将政府财政拨
款视为唯一来源，而是利用自身优势，努力实现学校资金来源的多样化，提
高预算外资金，提高科研转化所得收入在办学经费中所占比例。这在一定程
度上大大提升了国家研究型大学的自主经营能力，也为国家研究型大学在吸
引人才、招收学生、开展科研项目等方面争取了更多的话语权和自我决定权。

第二节　科研发展策略：促进科学研究国际化、社会化

受到苏联解体、财政支持不足、人才流失的各种不利条件影响，本身发
展并不健全的俄罗斯高校科研能力受到了更严重阻碍。尽管近些年俄政府提

---

10 https://mephi.ru/about/concept/report-mephi-2015-1.pdf

高了对学校人力、财力和物力的支持，大学科研能力有所改善，科研能力靠基础科学优势有一定程度提升，但是整体状况并没有明显改善。

俄罗斯国家研究型大学寄托了国家对高校科研能力"跨越式"发展的强烈期望，国家究型大学提高科研水平的措施更加开放，步伐也更大。首先，所有的研究型大学立足于学校根基和发展愿景，进行重点建设规划，设立优先发展方向，形成研究型大学的核心竞争优势。例如，俄罗斯国家核能研究大学（МИФИ）的核物理、核工程和纳米物理技术方向；国家技术研究大学（МИСиС）的材料与材料技术方向。学校将这些发展方向视为自己的"金字招牌"，合理调配资源，集中资源支持优先发展方向，在科学研究发展上走精品路线。

其次，研究型大学积极拓展国际学术合作范围和空间，努力争取参与国际科研项目，组织参加国际重大学术会议，促进科学研究国际化水平，以此赢得良好学术声誉。再次，提高科研成果发表的数量与质量，采取激励措施促进学者在国际权威科学研究期刊发表高质量学术论文的积极性。最后，提高产学研结合程度，促进科研成果转化效率，将科研成果及时商业化、实体化，实现产学研的紧密结合。

一、积极参与国际顶尖联合科研项目

重大科学发现往往需要跨学科、跨领域、跨国界的合作，参与高水平的国际合作科研项目，尤其是那些致力于探索人类重大科学技术问题的重大项目，能够极大推动国家科研竞争力实现跨越式提升。正如俄罗斯库尔恰托夫研究所（Курчатовский институт）所长弗拉基米尔·舍甫琴科指出的："发展俄罗斯的世界一流大学，必须找到俄罗斯高等院校在国际高等教育舞台上具有竞争力的领域，基于国家层面寻求更广泛国际合作，分享前沿信息、学习先进的研究方法和经验。"[11]因此，俄罗斯国家研究型大学都在努力突破资源、人力和管理方面的限制，积极与国际顶尖科研组织合作，争取加入国际高水平科研项目，驶入科研发展的"快速车道"。难能可贵的是，在俄罗斯与西方国家政治关系遇冷的国际背景下，俄罗斯科学研究成为了少数几个没有受到

---

11 Владимир ШЕВЧЕНКО： УЧАСТИЕ В НАУЧНЫХ МЕГАПРОЕКТАХ КАК ФАКТОР ПОВЫШЕНИЯ МЕЖДУНАРОДНОЙ КОНКУРЕНТОСПОСОБНОСТИ РОССИЙСКИХ УНИВЕРСИТЕТОВ. http://www.socioprognoz.ru/files/File/2014/ Seminar_Skolkivo.pdf. 2016.09.21

西方制裁影响的领域之一。

在"大科学"（Megascience）[12]发展趋势下，在倡导科学家个人之间的合作、科研机构或大学之间合作、政府间合作（如国际热核聚变实验研究 ITER、欧洲核子研究中心的强子对撞机 LHC 等）的环境中，俄罗斯以其在数学、物理等学科方面的优势参与了一些欧洲顶尖研究机构项目，在满足西方对高技术产品的需求之外，也推进了俄罗斯大型科研设施的现代化发展。

目前，俄罗斯与之联系密切的机构和参与的科研项目主要有欧洲核子研究中心（CERN）、位于德国达姆施塔特的"反质子与离子研究装置 FAIR 项目"（Facility for Antiproton and Ion Research）；位于德国汉堡的"X 射线自由电子激光设施 XFEL"；位于法国格勒诺布尔的"欧洲同步辐射光源 ESRF 装置"；位于法国卡达拉什的"国际热核聚变实验堆 ITER"。

俄罗斯国家研究型大学利用以上这些国际顶级的科研设备项目，以及与拥有这些科研设备的机构合作，主要通过以下途径，例如，科研人员的交流和互访、相关领域的专题研讨、研究生欧洲的联合培养、学术进修、技术转移、设备维护与运行开展国际科研合作。以俄罗斯与欧洲核子研究中心的合作为例，二者有着颇深的渊源，俄罗斯为欧洲核子研究中心的大型强子对撞机（LHC）提供了最重要的部分——钨酸铅晶体[13]，不仅在材料提供领域，俄罗斯科研工作者还参与制作了大型强子对撞机（LHC）的多个组件。

俄罗斯在"X 射线自由电子激光设施 XFEL"中的贡献更大，首次成为该设备和科学研究的全面参与者，并进入该机构的管理和科学委员会中。在"反质子与离子研究装置项目（FAIR）"、"X 射线自由电子激光设施（XFEL）"、"欧洲同步辐射光源装置（ESRF）"和"国际热核聚变实验研究（ITER）"中俄罗斯科学研究贡献俄罗斯的贡献为 3-27%，如图 9 所示，其主要的研究领域也集中在核能、高等物理、材料科学、纳米技术等领域，而这些领域也是目前俄罗斯在国际学术科学研究中的领先方向。

12　"大科学"（Big Science, Megascience, Large Scinece）是国际科技界提出的概念。美国科学学家普赖斯于 1962 年 6 月发表了著名的以《小科学、大科学》为题的演讲。他认为二战前的科学都属于小科学，从二战时期起，进入大科学时代。就其研究特点来看，主要表现为：投资强度大、多学科交叉、需要昂贵且复杂的实验设备、研究目标宏大等。

13　钨酸铅微晶是纯四方相钨酸铅晶体，结晶性良好，高密度、短辐射长度和半径，被欧洲核子中心确定为建造大型强子对撞机上精密电磁量能器用的闪烁晶体。

图 9　俄罗斯在不同的国际"大科学"项目中的贡献

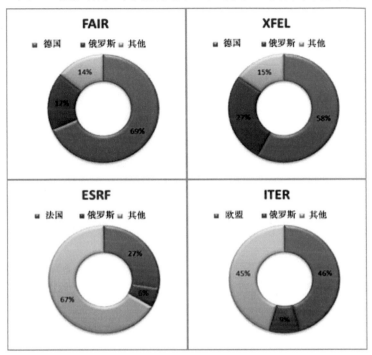

类似的"大科学"研究设备无法由一个国家单独完成，俄罗斯基础研究的优势使俄科研工作者可以以不同形式参与其中。较为遗憾的是，能够参与这些顶级科研项目的俄罗斯机构大多是国家研究所，高校数量比较少。例如，目前有十多个来自全世界的组织和机构工作于欧洲核子中心（CERN）大型强子对撞机（LHC）相关项目，其中只有两所俄罗斯大学，分别是圣彼得堡大学（СПбГУ）和俄罗斯国家核能研究大学（МИФИ）。导致这种情况的重要原因之一是俄罗斯高校长期被视为教育和教学基地，不重视科研和教学的结合，而科学研究工作一直以来有俄罗斯的各级科学院垄断。

俄罗斯政府为了促使国家研究型大学积极参与国际大科学项目，积极探索了很多方式，其主要思路是通过科学院、研究所与国家研究型大学建立互动模式，即三方协调的互动模式，即"大学（提供人才）+科学研究实验室（提供先进的科研装置和设备）+研究所（提供领先的科研项目）"，为国家研究型大学创造介入国际顶尖科研项目的机会。例如，俄罗斯库尔恰托夫研究与国际"大科学"设备和项目紧密相连，同时与 15 所俄罗斯国家研究型大学签订了合作协议，共建了一个"大型项目研究基地"，依托研究所的国际资源为俄大学参与国际高水平科研工作提供各方面的援助和支持。此外，参与"5-100

计划"俄罗斯国家研究型大学在提高国际竞争力的目标驱动下也通过库尔恰托夫的重要国际项目，进一步从封闭走向更高水平的科研合作。

俄罗斯国家研究型大学也能够立足于本校的优势专业，积极借助国际顶尖科研设备展开相关领域的科学研究，例如，俄罗斯国家核能研究大学（МИФИ）与欧洲核子中心（CERN）在人员交流、仪器组建制作等方面保持着密切的联系；圣彼得堡国立信息技术，机械和光学（ИТМО）与 XFEL 在 X 射线激光方面的合作；新西伯利亚国立大学（НГУ）与 ESRF 在有机晶体的转变方面的研究；圣彼得堡国立技术大学（СПбГПУ）与 ITER 在核聚变和等离子体物理方面的合作，学校力图通过参与国际顶尖科研项目实现学校科学研究"跨越式"前进。

此外，俄罗斯也积极建设本国的"大科学"装置，俄罗斯点统普京也曾表示："建设俄罗斯本土的大型科学设施是实现俄罗斯基础科学研究突破的关键，也决定着俄罗斯是否能够处于世界科学研究的领先行列，贡献更优秀的科研力量为俄罗斯和世界的进步和发展。"[14]目前，俄罗斯政府已经批准建立首批 6 个"大科学"装置，其中最具代表性的是在俄罗斯莫斯科州杜布纳联合核子研究所建设重离子超导同步加速器（NICA）。许多俄罗斯国家研究型大学围绕强了和轻子对撞机物理、可替代核能和超导技术等与拥有"大科学"装置的研究所保持了密切合作，例如新西伯利亚国立大学、托木斯克理工大学、莫斯科物理技术学院等。

国际顶尖科研中心是学科前沿研究和高技术开发应用领域的重要场所，能够参与其中，其回报也是高水平的。这对俄罗斯科学发展有至关重要的推动作用，最直接的作用是提高俄罗斯学者在国际权威期刊发表科研论文的数量，以及论文被引频次。仅在 2015 年，俄罗斯一共完成了与国际"大科学"研究项目相关的 15 个博士论文答辩，在被 Web of Science 收录的科学期刊上发表了 582 篇文章，形成了 300 篇研究报告，保证了 84 名研究人员和 1057 位专家（其中有 257 位青年专家）能够不间断地在国际顶尖科研机构从事相关研究。[15]在个别指标上也有突破，例如，在 ESRF 中虽然俄罗斯的贡献仅占 6%，但是近两年来，在 ESRF 中从事研究活动的俄罗斯学者的比例从零增长

---

14 В Минобрнауки России отобрали шесть megascience-финалистов [EB/OL] http://www.strf.ru/material.aspx?CatalogId=391&d_no=40541#.WN9coPmqqko. 2016.09.07

15 Развитие MegaScience - шаг к новому восприятию Вселенной [EB/OL] http://www.sib-science.info/ru/sbras/vsego-chelovechestva. 2016.09.08

到 4.5%。[16]

在整个过程中，俄罗斯国家研究型大学始终参与其中，表现最为突出的是俄罗斯国家核能研究大学（МИФИ）、托木斯克国立大学（ТГУ）、圣彼得堡机械和光电子大学（ИТМО）、托木斯克理工大学（ТПУ）、国家技术研究大学（МИСиС）等高校。它们能够在科研合作、人才交流、举办国际会议等方面与国际顶尖科研中心进行互动。正如库尔恰托夫研究所（Курчатовский институт）所长弗拉基米尔．舍甫琴科也表示："继续支持俄罗斯的研究者参与国际大型研究项目，通过研究所、科学院与国家研究型大学联盟的方式，汇集于分享科研资源，提高俄罗斯学者的国际竞争力，保证俄罗斯学者和研究机构在国际大型研究项目中的利益"。[17]

二、鼓励学者在国际权威期刊发表论文

（一）俄罗斯高校科研成果国际发表积极性不高的原因分析

俄罗斯高等教育长期保持"自成一统"、较为封闭的状态，俄罗斯学者在国际权威期刊上发表研究成果的积极性并不高。根据 2014 年的统计数据显示，在全球知名的爱思唯尔出版集团（Elsevier）认可并出版的期刊和著作中，俄罗斯仅有 235 个，仅占 1%，在科学网（Web of Science）引文数据库中，俄罗斯被收录的科学期刊则更少，只有 154 个，仅占 1.68%。[18]尽管这或许不影响俄罗斯本国的科研水平，但是却严重降低了俄罗斯科学成果的国际展示度，俄罗斯也成为了少数没有大量发表 SCI 论文，但是科技水平并不低的国家代表。

很多俄罗斯国内学者认为，俄罗斯的科研水平和实力并不差，但是在 Web of Science и Scopus 这种国际权威的引文索引数据库中，俄罗斯的成果仅仅占了小部分比例。他们认为阻碍俄罗斯在世界顶级权威期刊上发表科研成果的首要原因就是语言的局限。因为，俄罗斯的教师和科研工作者很少用

16 Участие России в международных образовательных проектах как элемент мягкой силы [EB/OL] https://moluch.ru/archive/136/38261/2016.09.10

17 Методическое пособие по участию российских научных организаций и университетов в международной научно-технической деятельности [EB/OL] https://fp.hse.ru/data/2016/12/26/.pdf.2016.09.11

18 Сергей Салихов: мы будем поддерживать участие российских ученых в международных проектах. http://www.sib-science.info/ru/news/bolshikh-kollayderov -2604. 2016.09.09

英语写文章或者将文章翻译为英文。此外，很多顶尖的、广受国际认可的学术期刊有特殊的发表要求，而俄罗斯只有较少研究者能够达到这一要求和水准。[19]也有相关学者表达了他们对产生这一问题原因的看法。

（1）俄罗斯国内的科研—教育工作者和学生阅读文献的积极性不高。按照汤森路透集团俄罗斯分公司（НЭИКОН）的数据显示，其所有俄罗斯用户，包括俄罗斯科学院、俄罗斯一流高校等机构每年阅读的文章约在 8 百万篇左右，这一数据仅仅相当于美国一所学术机构，例如哈佛大学或者耶鲁大学的数据。同时，类似哈佛大学或者牛津大学的大学每年发表被科学网（Web of Science）收录期刊上的文章数量在 10000-12000 篇，这也印证了"读得越多，写的也越多"的现象，[20]俄罗斯的大学首先在阅读文献的数量上就落后了。

（2）在俄罗斯国家大学中鲜有学校购买和订阅 Web of Science и Scopus 数据库，同时缺少相关的现代信息化设施，缺少资源了解快速更新的专业知识。在当今专业知识不断迅速更新的环境下，教师和科研工作者每个月都需要浏览数以百计的文献，没有现代化的全文数据库信息支持是不可能实现的。美国和欧洲的研究机构基本上从利用爱思唯尔数据库的网络平台 Science Direct 订阅学术资源，其中包括 23 个学科和方向的 1800 种期刊。然而，俄罗斯国内利用类似于 Science Direct 数据平台仅有 40 个学术机构，主要是科学院和俄罗斯国内一流高校。2013 年，在俄罗斯共有 53 个教育机构订购了科学网（Web of Science）这一数据库，仅占全部教育科研机构的 1.4%，占高等教育机构的 6.9%。[21]样本统计数据分析显示，国外，尤其是欧美同事阅读文献的数量是俄罗斯学者的百倍甚至千倍。这种情况在本科生和研究生中也广泛存在。

（3）俄罗斯在全球前沿学科所占比例不足，也是导致俄罗斯国际领先学术成果发表不足的重要原因，这些领先学科主要包括医学，分子和细胞生物学，神经科学和工程科学。俄罗斯教育与科学部教育政策局的主任兹

19　Н. Г. КУРАКОВА ФАКТОРЫ ПОВЫШЕНИЯ МЕЖДУНАРОДНОЙ КОНКУРЕН ТОСПОСОБНОСТИ РОССИЙСКИХ ВУЗОВ. https://dlib.eastview.com/browse/doc/41881552.2016.09.17

20　РЕФЕРАТИВНЫЕ БАЗЫ ДАННЫХ ПУБЛИКАЦИЙ РИНЦ, SCOPUS И WEB OF SCIENCE [EB/OL] https://www.volgatech.net/sciences/office-of-science-and-innovation-activity/articles-databases/2016.09.18

21　Российские журналы в Web of Science и Scopus [EB/OL] http://www.spsl.nsc.ru/resursy-i-uslugi/informacionnyj-scrvis-ocenka-publikacionnoj-aktivnosti/rossijskie-zhurnaly-v-web-of-science-i-scopus/2016.09.15

亚诺娃（А.В.Зырянова）指出"由于学科发展的不平衡，俄罗斯失去了自己科学研究的竞争力。在俄罗斯，传统上认为当今的物理，化学，数学和空间探索仍然是重点学科，也是俄罗科学研究的优势学科。但是从跨学科的角度来说，这是远远不够的，例如，物理和化学早已在现代医学生物学和其他科学中得以运用，衍生出了新的学科，俄罗斯的大学在前沿学科研究方面有很大不足。"[22]尽管上世纪90年代，俄罗斯跨学科研究尤其在工程科学方面获得了快速发展，但是很快又转入停止发展的状态。因此，俄罗斯在生命科学和其他领先研究领域中的落后和不足拖累了俄罗斯整体研究水平。此外，俄罗斯国内大学在经济、社会、农业、生物学等方面研究成果占有率也比较低。

（4）大学从事科学研究的机构职能不平衡的历史特点。在诸多世界知名的大学排行榜中，在国际权威期刊上发表文章的数量以及引用率逐渐成为衡量大学排名的重要指标之一。但是，在俄罗斯国内，发表于国际权威期刊的学术研究文章多数来自于俄罗斯科学院、莫斯科国立大学、圣彼得堡国立大学的研究者之手，这是苏联时期轻视大学科学研究的历史惯性，俄罗斯的大学普遍没有将发表科研成果视为自己的任务，也没有将这种要求融入教师的评价和考核中，这自然而然降低了学校从事科学研究的积极性。因此，是新时期俄罗斯国家研究型大学需要重点突破的障碍。俄罗斯国家研究型大学的关键目标之一就是促进先进科研成果的诞生，提高科学研究实力。从对俄罗斯国家研究型大学办学成效的评价指标上来看，在科研创新活动评价中一个重要评价指标是论文发表的数量和质量。

（二）俄罗斯国家研究型大学论文发表的综合表现

在提升俄罗斯高校国际竞争力的目标下，采取激励措施，提高俄罗斯高校学者在国际权威期刊上积极发表论文就成为了重要任务。在这一趋势下，俄罗斯这些年也更加注重论文发表的数量，尤其是在被 Web of Science 和 Scopus 收录的期刊上发表。俄罗斯国内高校的科研和教育工作者也开始感受到这一压力。也表明着这个相对独立的教育体系也受到这股世界科学潮流的冲击。从目前趋势看，俄罗斯的科技水平或许能保持在相对高的水平，但是

---

22 Коммерческо-посредническая деятельность на товарном рынке [EB/OL]. http://www.logistics-gr.com/index.php?option=com_content&view=article&id=19539&catid=72&Itemid=99.201609.20

俄罗斯在发表国际高水平论文方面应该很难赶上美国和中国，甚至一些欧洲和亚洲的科技强国。

从 2010-2013 年俄罗斯国家研究型大学论文发表的数量上来看，如图 10。[23]俄罗斯国家研究型大学教师和科研人员发表论文的数量都有不同程度增长，有些学校增长的速度也非常快，例如，莫斯科国立鲍曼技术大学（МГТУ）、新西伯利亚国立大学（НГУ）、高等经济学校（ВШЭ）、国家核能研究大学（МИФИ）等。然而，有些学校的增速非常缓慢，例如，南乌拉尔国立大学（ЮУрГУ）、彼尔姆国立大学（ПГУ）等。同时，也可以明显的发现，单从发表论文的数量上来说，俄罗斯国家研究型大学内部的差异较大，领先的国家研究型大学论文发表的数量甚至是落后学校的 2-3 倍。

图 10　俄罗斯各个国家研究型大学在 2010-2013 年发表学术文章的数量

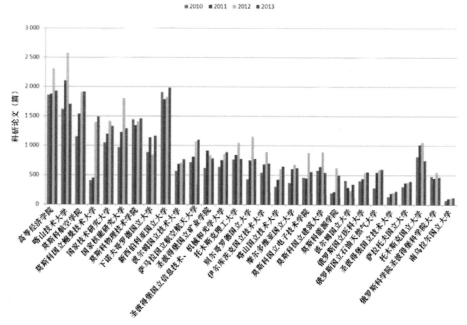

就 2013 年来看，新西伯利亚国立大学的科研论文发表数量领跑所有俄罗斯国家研究型大学，俄罗斯国家研究型大学平均每位科研—教育人员（НПР）发表于国外、国内期刊的文章数量为 0.9 篇，新西伯利亚国立大学在这一指标上达到 2.55 篇，远远高于国家研究型大学的平均水平，也有一些学校低于这一平均水平，例如，莫斯科国立电子技术学院（МИЭТ）、圣彼得堡国立技术

23 http://www.ifmo.ru/file/stat/38/spisok.pdf

大学（СПбГПУ）、南乌拉尔国立大学（ЮУрГУ）。[24]

　　科研论文发表的数量反映了俄罗斯研究型大学从事科学研究的积极性，而论文的引用次数和引用率则在一定程度上反映了国家研究型大学科学研究的质量和水平。俄罗斯国家研究型大学实现发展规划的重要指标之一是增加每位教学-科研工作者发表的、能够被 Web of Science、Scopus 以及俄罗斯本国的科学引文索引数据库收录的学术文章的数量，提高论文被引用频次。

　　图 11　俄罗斯国家研究型大学在 2013 年发表的被 Web of Science
　　　　　 数据库收录的文章数量

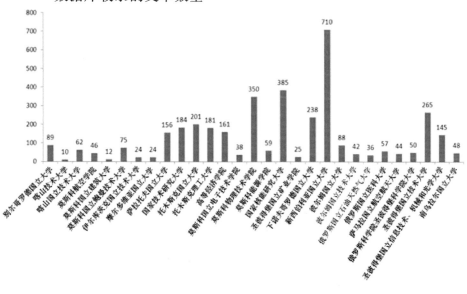

　　如图 11，就 2013 年来说，部分俄罗斯国家研究型大学论文发表的数量多，同时被 Web of Science 数据库收录的文章也更多，如新西伯利亚国立大学。但是有些国家研究型大学发表的论文数量较多，但是能够被 Web of Science 数据库收录收录的文章却不多，高等经济学校、喀山国立技术大学。还有一些学校虽然发表的论文数量不是很多，但是发表的文章基本都能够被 Web of Science 数据库收录，例如，圣彼得堡国立技术大学。这证明论文数量并不能代表研究质量，盲目追求论文发表数量，发表大量引用率较低的"学术垃圾"，并不能提高学校的学术竞争力。

　　2012-2013 年俄罗斯国家研究型大学发表论文被引用的次数来看，如图

24 В. М. Жураковский: О некоторых итогах и перспективах деятельности национальных исследовательских университетов. [EB/OL]. http://elibrary.ru/item.asp?id=20913196. 2016.09.20

12，[25]所示，国家研究型大学内部之间的差异更大。最突出的是新西伯利亚国立大学和国家核能研究大学，其发表论文被引用的次数要远远高于其他研究型大学。而有些国家研究型大学发表的论文数量很多，被 Web of Science 数据库收录的文章数量也不少，但是被引用的次数却很低，如莫斯科航空学院等。

图 12　俄罗斯各个国家研究型大学在 2012-2013 年发表的学术论文被引用的频次

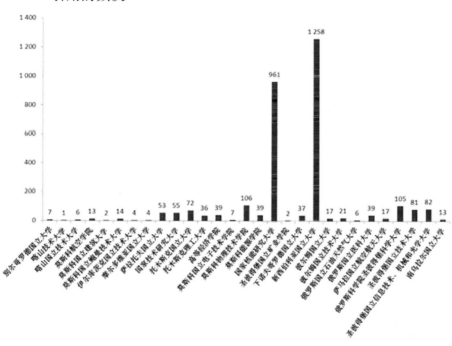

（三）采取激励措施提高科研人员论文发表的积极性

科研论文是否能够发表于国际权威期刊，这首先取决于教师和科研人员自己的积极性和强烈渴求。因此，大部分俄罗斯国家研究型大学已经采取各种措施刺激学校科研—教育工作者发表科研论文的积极性。高等经济学校（ВШЭ）教育研究所主任伊萨克 . 福路明（Исак ФРУМИН）在谈及大学的学术声誉的问题时表示："大学的学术声誉代表着国际社会对学校科学研究和办学质量的认可，而学术声誉首先一个重要的衡量标准就是大学科研成果发表的数量和质量，不论是 QS、THE、ARUW 或是其他国际权威的大学排行

25 http://www.ifmo.ru/file/stat/38/spisok.pdf

榜，都将科研成果发表的数量和质量视为评价大学声誉的指标之一。"[26]因此，众多俄罗斯国家研究型大学为了提升科研成果的发表的数量和质量，首先通过各种激励性的措施，即物质和荣誉上的奖励、补贴、增加薪资等方式，激发科研—教育工作者的动力；其次，与国际知名大学排名机构，如汤森路透公司展开合作，对如何发表和出版学术成果等问题对教师开展培训，以便科研—教育工作者能够掌握相关技巧。这些措施主要包括以下几个方面。

1. 提高英语写作能力

英语写作能力是教师、科研工作者在国际权威期刊发表论文的基础性条件，毕竟大多数的国际权威期刊是以英语编写的。俄罗斯国家研究型大学为了提升教师、科研工作者的英语水平做出了多方面的努力，首先是国际领先大学和机构开展联合英语教育和培训活动。

例如，俄罗斯国家技术研究大学（МИСиС）在 2014 年有接近三分之一的教师、科研人员参加了剑桥英语五级证书考试，[27]有一部分教师获得了高级英语等级证书（CAE），高级英语证书考试相当于全球认可的欧洲语言教学大纲 C1/C2 级别，证书被世界范围内的高等院校、企业雇主和政府机构所认可。国家技术研究大学（МИСиС）与剑桥大学考试中心合作框架协议，该计划是加强二者之间在师资培训方面的合作，借助剑桥大学考试中心的资源，通过开展一系列的英语培训课程，提升科研—教育人员的英语水平，尤其是专科课程的英语教学和写作能力。

圣彼得堡国立信息技术、机械和光学大学（ИТМО）与汤森路透公司展开合作，针对如何发表和出版学术成果等问题开展系列培训活动，以便科研—教育工作者能够掌握在国际权威期刊上发表论文的关键性技巧。

2. 扩展国际学术研究合作

扩大国际学术交流与项目合作对于提高科研成果的前沿性也有着重要作用，俄罗斯国家研究型大学通过联合研究等方式加深与世界一流大学或科研机构的合作，产生了一批优质的成果。例如，新西伯利亚国立大学（НГУ）积极促进科研—教育人员参与国际会议、大会、专题讨论会和交流活动，利用

---

26 Маркетинг потребительских товаров и услуг [EB/OL]. http://www.akvobr.ru/meri_povyshenia_konkurentosposobnosti_rossiiskogo_obrazovania.html. 2016.09.25

27 英国剑桥大学考试委员会根据欧洲委员会制定的语言教学大纲设计的英语作为外国语的五级系列考试。该证书由于其考试的科学性、稳定性、权威性，在世界各国获得承认，被用于入学、就业等各种用途。

学校和俄罗斯科学院西伯利亚分院的场地举办国际学术会议，鼓励科研—教育人员利用所有可用的沟通渠道加强国际合作，2014 年学校研究人员与国际学者在基本粒子物理领域联合发表了多篇具有影响力的研究论文，新西伯利亚国立大学还制定了在 2020 年之前学校通过国际合作研究方式提升学术影响力的详细规划。

高等经济学校（ВШЭ）努力与多个国际顶尖科研机构合作，参加国际领先研究项目，吸引那些能够积极发表高引用率科研文章的国际学者和研究人员，以他们的能力带动学校这一指标提升，提高学校的国际学术声誉。

3. 完善文献查阅的信息资源保障

建设和完善信息资源设施是提升学术能力的基础性措施，俄罗斯国家研究型大学也在努力为教职员工和学生查阅前沿信息、资料、文章提供便利的方式，鼓励教师、研究人员和学生多阅读文献。为提高学校科研论文的数量和引用率，首先需要对学术前沿问题保持敏感度，尤其是对那些蓬勃发展的新兴学科。例如，莫斯科国立鲍曼技术大学（МГТУ）不断更新的教学大纲，制定不同学科国际科学期刊的阅读列表、清单，并对阅读文献做出规划性的强制性要求，算作完成学科任务的必要条件。这一行动的目标是刺激学校中科研—教育人员形成阅读文献的积极性，确保每位教师和科研人员在一周之内至少阅读本领域内十篇以上高水平文章，并将汲取的最新内容用于教学和研究中，以此带动研究者本人和学生们发表研究论文的动力。

喀山技术大学（КГТУ）建立了灵活的科研、教育机制，促进跨学科的研究，在教师从事科学研究的工作任务同时，有效利用现代化的教学手段和设施、以及新教育模式，减少教师们的教学负担，在不降低教学质量的同时提高科研成果的数量和质量。学校制定相关措施，对科研信息进行分析和协调，提高对学术信息搜取渠道和方式的投资，促进教职员工关注国际权威的期刊杂志，尤其是引用率较高的期刊杂志，在此基础上制定编写推荐阅读的清单。学校还订阅了不同国际科研成果数据库，在大学设立现代化基础设施，以便教师和学生的查找、阅读。其阶段性的目标是使喀山技术大学的科学研究融入国际学术圈，以社会各界的力量支持大学的科学研究，提高喀山技术大学科学研究的国际影响力和竞争力。[28]

---

28 Организационно-экономические инструменты обеспечения конкурентоспособности высшей школы [EB/OL]. http://spbu.ru/science/expert.html. 2016.09.30

4. 与科学院、研究所共享科研项目资源

部分俄罗斯国家研究型大学在积极开展国际学术合作的同时，也积极与俄罗斯国内科研机构展开合作，这不仅能够节约成本，而且能利用已有资源结成科学研究共同体。在这方面表现突出的是新西伯利亚国立大学（НГУ），该学校与俄罗斯科学院西伯利亚分院保持密切的学术研究联系。

俄罗斯科学院西伯利亚分院是俄罗斯西伯利亚地区和远东地区的科研中心，拥有 59 个科研和技术设计研究所，拥有一系列俄罗斯最大的研究设备综合体，包括：电子对撞机，自由电子激光器，太阳射电望远镜和天文台，超级计算机中心等。俄罗斯科学院西伯利亚分院在地质勘探、生物技术和太空领域开发出的技术和设施在国际上处于先进地位，其冷喷涂和爆炸喷涂技术等一大批科研成果也居世界领先水平。俄罗斯科学院西伯利亚分院也造就出一大批具有世界学术水平的专家学者，他们许多人都是外国科学院和国际性科学协会的成员，有些还担任了这些国际协会的主席或副主席。

在吸引高引用学者方面，新西伯利亚国立大学积极与俄罗斯科学院西伯利亚分院的协同发展，建立开放性的大学，共享科研、教育、人才等资源。在人力资源的整合方面，新西伯利亚国立大学与俄罗斯科学院西伯利亚分院打破的人员流动障碍，学校将近 80%的教师和科研人员由俄罗斯科学院西伯利亚分院的员工兼任，学校的院系与科学中心的设置也互相交叉，科学中心各个学院同时也是学校的研究基地，低年级的本科生在这里学习，高年级的本科生和研究生在这里从事科学研究。通过与俄罗斯科学院西伯利亚分院的联合研究，二者形成了科研共同体，联合发表于国际权威期刊的学术成果呈现快速增长的趋势。

5. 创建新兴交叉学科，促进科研创新

新兴的交叉学科是科研成果产出比较集中的领域，部分俄罗斯国家研究型大学也将发展新兴交叉学科视为提升学术研究能力和竞争力的关键。例如，下诺夫哥罗德大学（НижГУ）在近些年创建了很多新的优先发展学科，尤其那些近年来前沿的、新的科学研究方向，包括基础医学、大数据分析、量子技术、神经科学、计算机科学、新材料和系统工程。其中医学和工程科学是优先并重点发展学科，这些学科对于提升学校的国际形象和竞争力至关重要。部分学科是下诺夫哥罗德大学的传统优势学科，也有一部分学科是学校通过大力吸引国际人才，通过重点投入建设起来的新学科。

下诺夫哥罗德大学还建立了一批跨学科研究中心和实验室。不仅在理工科方面，在人文学科也是如此，学校在人文学科也建立了一系列跨学科的研究机构，例如在心理学和神经科学的交叉领域，也力争邀请人文领域的国际学者和研究者为学校的发展做出贡献。同时，学校鼓励本校科研—教育人员参与跨国的联合研究项目，通过建立国际科研合作网络，将资源汇集到学校以及学校高水平教育工作人员的手中。在不断努力下，下诺夫哥罗德大学在新兴学科、交叉学科、跨学科领域的科研成果发表的数量和质量也整体得到提升。

在专注于提高俄罗斯大学国际竞争力的"5-100 计划"中，对参与学校的科研论文发表的数量和质量同样有着更高的目标。"5-100 计划"设置了"最低限度 200"这样一个指标，规定如果参与学校连续五年在国际权威期刊上论文发表少于 200 篇，就需要采取相应的干预性措施，帮助学校提高论文发表的数量，克服这一最低限度的数量规定。如果学校连续五年在国际权威期刊上发表的论文数多于 200 篇，那么相应的，就需要采取措施提高论文的引用频率，扩大论文的学术影响力。入选的"5-100 计划"的俄罗斯国家研究型大学同样需要承受这一要求。

如果说俄罗斯高校以前并不重视本校的科研成果是否发表与国际权威期刊是一种普遍现象，那么如今在提升国际竞争力的任务要求下，发表论文，尤其是发表于被 Web of Science 和 Scopus 收录的期刊上就成了目前俄罗斯国家研究型大学发展的重中之重，科研—教育工作者也感受日益感受到了这一压力。新西伯利亚国立大学（НГУ）是俄罗斯国家研究型大学中提升研究成果在国际权威期刊上发表的典型代表，其一系列措施效果明显，领跑于其他国家研究型大学。其余研究型大学在不同程度上也通过以上几个方面，依托学校的资源优势促进学校发表更多、更优质的研究文章，提高学校的国际学术声誉。这也代表着，俄罗斯这一曾经相对独立于世界的教育科研体系，正快速地融入国际科学体系。

三、提高科学研究成果的转化效率

俄罗斯拥有先进的科研技术基础，即便经历了苏联解体这一剧烈的政治社会动荡，却依然拥有技术素质优秀的劳动力和众多研究机构、高校。俄罗斯的战略性产业，如航空、核能、太空技术、新材料、激光等领域仍保持着

"优势"，一直以来俄罗斯也注重保护这些涉及国防、军事的成果产业链条。虽然科研成果军事工业化水平较高，但是科研成果的民用化效率较低，科技转化为生产力的水平远低于西方发达国家。甚至有学者直接指出"俄罗斯具有世界级的基础研究能力，但是俄罗斯出口产品却是原材料，当财富依赖知识水平的增长时，俄罗斯没有将科学能力转变为财富"。[29]这一方面是因为俄罗斯相关制度，例如知识产权保护和立法、司法制度的不完善，部门间分割严重、科技成果无法得到合理利用；另一方面是也是因为政府监管过度，行政高度干预市场，导致企业过度受限，不能直接利用研究机构的成果将技术转化为产品实现盈利。

为了改变这一状况，俄罗斯进行了一系列改革措施，以提高科研成果的转化效率，首先是引入了西方发达国家普遍采用基金资助模式，建立了俄罗斯基础研究基金和俄罗斯人文科学研究基金等；其次，完善国家法律体系对知识产权进行审核和保护，立法形式确保将国家知识产权转移给相关科研企业、投资商或其它商业主体；第三，完善投资环境，为改变经济结构、发展高新技术产业打下基础。

在俄罗斯整体研究机构之中，高等院校的科研力量虽然逐渐增强，但在俄罗斯全部创新主体中对整体的研究和发展贡献最小，这主要是由科研成果商业化渠道不畅以及缺乏必要的法律保障等原因造成的。为了转变这一局面，俄罗斯政府在高等教育框架内出台了一系列刺激政策和计划，主旨在于提高高校的科研创新能力，发展"教学—科研—创新"综合体，通过产—学—研一体化合作促进高校科研成果的转化率。

在 2011 年 12 月颁布的《俄罗斯联邦 2020 年创新发展战略》中提出鼓励高校和科研机构通过校企联合建立研发机构、开展科技人员交流、开放实验室、建设大学科技园等多种形式，对接企业和产业需求，为企业培训和企业工作人员职业进修提供机会；鼓励高等院校将科研、人才资源引入企业，推动推动高校科技成果落地产业化；鼓励高校科研人员创业，发展依附于高校的小型创新企业。在 2012 年 12 月颁布的《2013-2020 年国家科技发展计划》中又做出了进一步规定，俄罗斯科学院、其他国家级科学院、高校及国家科学中心将在基础研究中发挥主导作用。吸引高校积极实施该计划

---

29 科学统计：《科学研究与统计中心》[M]。莫斯科，2010 年，第 423 页。

有利于吸引有天赋的青年科学家投身科研，有助于前沿研发成果向经济部门广泛推广。

科研成果的产生并不是最终目的，将科研成果转化为市场需要的产品，直接带动俄罗斯地区经济发展才是政府希望达到的效果。俄罗斯国家研究型大学直接推动科研成果的发现和产生，同时也肩负着科研成果的转化和商业化。俄罗斯政府希望国家研究型大学能够依托本校的优势研究成果，与经济机构、工业和商业机构开展合作，建立高校与企业的联合体，参与技术转化平台和各种创新发展计划，建立不同级别的科技转化中心，开办属于大学的小型创新企业提高科研成果转化的转化效率。

在具体实践中，俄罗斯国家研究型大学依托强大的科研实力和专业优势开办工厂、生产分部、科技园区、销售中心、人才培训公司、商贸公司等机构，逐渐形成"教学-科研—生产联合体"。至 2015 年，以国家研究型大学为基础已创建 100 多个科技园、实验工厂和信息中心，2200 个隶属于高校的小型创新公司。国家为生产企业和国家研究型大学联合进行的项目提供专项经费支持，截至 2011 年类似的生产经营共同体已达 700 多个，且这类机构大多设置在高校周围。[30]这些举措极大提升了国家研究型大学科学研究创新的积极性。

俄罗斯国家研究型大学大部分是理工科类的高校，例如托木斯克理工大学、国家技术研究大学、莫斯科国立鲍曼技术大学、彼尔姆国立理工大学等。这类高校具有较强的实践性，科学研究和生产紧密结合也是这类高校的典型特点。因此俄罗斯国家研究型大学更加注重通过科研成果的转化和咨询类服务获取收益。在国家政策支持下，俄罗斯国家研究型大学通过科研创新活动增加学校收入，这些企业委托校内各院系研发项目经费增收直接推动了产学研有机结合。产学研一体化是俄罗斯国家研究型大学的重要营利点，学校也将所得收益用于大学发展再投入，与此相应的，俄罗斯国家研究型大学通过转移科技成果带来的收入也呈现逐年增长的趋势，如图 13 所示，其中表现最为突出的是国立鲍曼技术大学、高等经济学校、国家核能研究大学。

30 *Людмила Романович*：МАЛОЕ ИННОВАЦИОННОЕ ПРЕДПРИЯТИЕ НА БАЗЕ ВУЗА: ОТ ИДЕИ К БИЗНЕСУ [EB/OL]. http://mirtelecoma.ru/magazine/elektronnaya-versiya/1367/2017.01.01

图 13　俄罗斯各个国家研究型大学在 2010-2013 年通过科技成果转化
　　　带来的收入

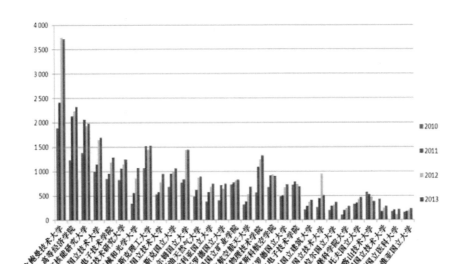

　　俄罗斯国家研究型大学还积极创办了很多依托于学校实验室或分支机构
的小型创新企业（Малые инновационные предприятия）。所谓小型创新企业
是指人数不超过 100 人，从创新型产品的生产和销售中获取最大利润的商业
性组织。国家研究型大学通过开办小型创新企业，可以消除教育、科学和市
场之间的隔阂，激励大学面向市场需求完善科研和教育活动。俄罗斯政府也
非常支持大学的小型创新企业发展，并率先与国家研究型大学签订了产品订
单，对这类小型创新企业给予税收优惠政策，同时鼓励社会企业注资这些小
型创新企业，助力学校成为产学研一体化的教育综合体。

　　在国家政策扶持下，俄罗斯国家研究型大学利用自身的科技和人才优势，
通过建立高科技企业。虽然俄罗斯国家研究型大学的小型创新企业数量不尽
相同，但近年来都以一定速度实现数量的增长，如图 14 所示。其中，喀山技
术大学（КГТУ）、莫斯科能源学院（МЭИ）、伊尔库茨克国立技术大学（ИрГТУ）
在 2014 年小型创新企业的数量增幅都比较大。研究型大学创办小型创新企业
一方面可以维持较高的收入，另一方面可以为科研工作者提供检验研究成果
的平台，为学生提供就业和实习机会。

对于研究型大学来说，小型创新创建企业的活动意义不仅在于增加办学经费，更重要的是大学中的研究者有机会在实践中检验并完善自己的研究成果，使研究更接近市场需求，并发现新的研究方向。同时，小型创新在完善自身产品质量过程中也为大学提出了新的研究和课题，利于发展研究型大学的持续创新能力。小型创新企业刺激了大学的科学和生产活动，也进一步推动了研究型大学教学-科研—产业一体化的实现，促进国家研究型大学成为创新的综合体，成为俄罗斯国家创新体系中活跃的因子。

图 14　俄罗斯各个国家研究型大学在 2014 年的小型创新企业数量

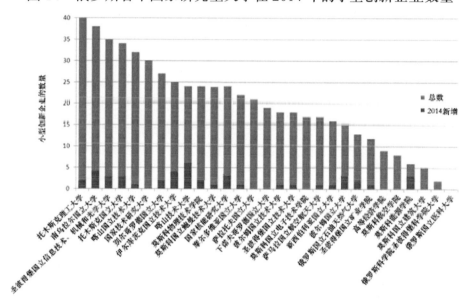

此外，俄罗斯国家研究型大学还积极参与"俄罗斯国家技术转化平台"（Участие в технологических платформах）。为支持创新领域的现代化发展，俄罗斯成立了 28 个技术平台，如图 15，其中包括未来医学、国家软件平台、国家高性能计算技术平台、国家空间技术平台、固体矿产资源技术平台等。这些国家技术转化平台带动了所在城市的转型和发展。最明显的是莫斯科国立鲍曼技术大学（МГТУ），该校参与了众多俄罗斯国家技术转化平台的研究项目，先后成立了一些技术成果区和科技园区，把学校的研究成果通过科技园区向所在城市周围地区扩散，并在信息技术、生物医疗技术、电力电子和仪器仪表领域寻找国际合作伙伴。

除了莫斯科国立鲍曼技术大学（МГТУ）以外，托木斯克理工大学（ТПУ）、高等经济学校（ВШЭ）、托木斯克国立大学（ТГУ）、摩尔多维亚国立大学

（МорГУ）、国家技术研究大学（МИСиС）基于学校专业优势在参与国家技术转化平台项目方面的表现也很突出。

图15　俄罗斯各个国家研究型大学在 2014 年参与国际技术转化平台的数量

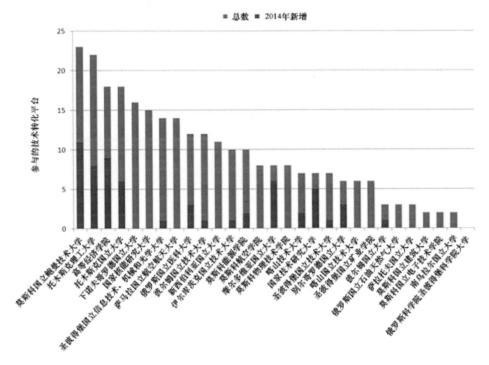

第三节　人才培养策略：创新人才培养方式

　　传统上，俄罗斯的大学是教育教学、人才培养的主要场所，本科阶段教育教学的主要特点是课时多，课程量大，自然学科占的比重大，考核、考查、考试每个学期的比重都很大。同时，某一专业的相关学科也是必修课，课程设置涉猎很广。学生能够顺利毕业并不容易，基本上每门课都要进行结业考试，并且考试都特别严格，每年部分学生因为考试不合格而拿不到毕业证的现象比较常见。也正是由于这样严格的培养方式，俄罗斯在基础科学、人文、艺术和传统理工科领域依旧在向世界持续输出高质量人才。

　　俄罗斯国家研究型大学更注意培养学生的科学研究能力、动手实践能力，更加尊重学生个性和特长，努力挖掘学生在各方面的创新能力。正如莫斯科国立鲍曼技术大学提出的，应该依据每个学生的爱好、兴趣和潜力挖掘其创新的可能性。创新型人才应该包括以下特点："具有对新知识的渴求，具备自我教育、不断深造、终身学习的意愿，具有灵活就业的能力；具有批判性思维；勇于尝试新挑战，具有好奇心、进取心，既能够善于独立工作又能够适应团队合作，且能够适应在高度竞争环境中突破自我；掌握一门外语，能够通过熟练的外语作为参与国际合作的交流工具，具有能够用通过英语进行日常交流、业务及职业交际能力；能够在自我实现的过程中，凭借自己的专长获取成功。"[31]可以说，俄罗斯国家研究型大学的人才培养既体现着俄罗斯选拔和支持天才，培养其成为创新型人才的传统特点，也体现顺应国际化的特点，即以国际普遍认可标准培养能够适应国际化、在国际空间获得发展取得成功的人才。

一. 坚持传统精英型人才的教育模式

俄罗斯国家研究型大学以及莫斯科国立大学、圣彼得堡国立大学等顶尖的大学，在培养创新型人才方面，很大程度上就是培养精英人才。俄罗斯的精英教育起源于彼得大帝时代，在前苏联时期得以强化，其独特的教育目标指向只有一个——培养真正的精英。

那么，在俄罗斯什么样的人可以被认为是精英呢？以俄罗斯最引以自豪的数学学科来说，俄罗斯学界普遍是这样界定数学精英的：首先，他应该在约 22 岁时解决一个重大科学问题，或证明一个重要的科学定理，并将成果公开发表；在 30-35 岁时，在解决实际问题的基础上建立自己的理论，并为同行接受；在 40-45 岁时，在国际学术界建立自己的学派，有相当数量的跟随者。[32]可见，俄罗斯精英人才培养是一个牵涉到中学、大学、科学院的一个连续的系统工程。

俄罗斯的精英教育始于初中阶段。还是以数学学科为例，在学生小学即将毕业时，他们可以从全国公开发行的一本数学物理科普杂志 *Quant*（КВАНТ）[33]中得到一份试题。学生可以把自己做好的试题答案寄往所在城

---

31 莫斯科国鲍曼技术大学官方网站 [EB/OL]. http://www.bmstu.ru/sveden/common/ 2016.09.19

32 Механизмы развития одаренности учащихся [EB/OL]. http://raexpert.ru/researches/ vuz/opros2016/2016.09.20

33 *Quant*（КВАНТ），俄罗斯以数学和物理为主要研究方向的著名科普杂志，1970 年创刊，其对象是对数学感兴趣的普通大众和学生。

市指定部门，经由专家评阅试卷，市级指定部门组织对通过笔试的同学进行口试。对学生进行口试的人员包括中学教师、大学教授及科学研究所的研究人员等。被选中的同学将进入"专业中学"（如果是数学，即数学中学），升入高中之前再将举办淘汰考试，成绩不佳者将转入普通高中。

基本上每一所俄罗斯国家研究型大学都有自己附属的天才少年中学。在这里，学生们接受普通中学教育，包括文化、艺术以及其它知识课程，掌握人生必备的基本知识，其余一半左右的时间用于数学学习。每周他们还要去城市少年宫，聆听俄罗斯的顶级数学大师，如 A．H 柯尔莫哥洛夫（Андрей Николаевич Колмогоров）、И．M 盖尔芬德（Израиль Моисеевич Гельфанд）、Ю．B 马蒂雅谢维奇（Юрий Владимирович Матиясевич）等为他们专门准备的数学课。这种补充性质课程一般都设计得深入浅出，往往与前沿数学研究中重大问题发展紧密相联。此外，学校聘请科学院和大学里数学系的学生和教师、科研人员作为中学生的助教，辅助他们的学习过程。

这些顶尖的数学大师把中学数学知识、奥林匹克性质的数学竞赛、大学各门数学课程的基本数学理念和前沿问题巧妙结合在一起，使得一部分学生从高中转入大学以后，立刻就能进入研究状态并开始实质意义的研究，攻克著名数学难题。因此，许多知名的俄罗斯数学家在上大学一年级时（或在此之前）就取得了重要的研究成果，并且将论文发表于国际顶级数学杂志上。进入大学以后，这些学生中只有少数人能剩下来，继续作为潜在的专业数学家被培养。

这些精英学生在选课和学习方式上有很大的自由度，学校不会强迫这类学生去学专业必修课、限制性选修课乃至公共课，而许多从事科研工作的数学学生甚至可以免掉大部分的课程，以保证他们在黄金创造期间不停地去深入研究学术。有许多俄罗斯顶尖数学家是在副博士毕业以后，在留校任教期间通过教书来学习普通大学生必须掌握的数学知识。

此外，精英学生还可以跨院、跨校开展学习，例如在莫斯科大学、圣彼得堡等城市的学生，可以去俄罗斯科学院的斯捷克洛夫（Стеклов）数学研究所学习，还可以去别的大学中修习本校没有开设的课程，甚至可以去别的学校或科研院所选择自己喜欢教师的课程等。他们也可以在一入大学，甚至在入大学之前，就跟从科学院中的科研人员从事科学研究。科研与教学相结合的模式是苏俄能够培养出大批非常年轻的科学家的重要原因之一。

　　精英学生在二年级下半学年（第二学期）将按要求在一个学期内完成他们的第一篇学术论文。对数学而言，这篇论文的结果必须是解决学科中的某个重要公开问题，论文成绩好坏也决定了该学生的学术前途。在俄罗斯数学精英教育进程中，要求学生必须在 22 岁左右公开发表论文正是由在二年级下半学年结束时写出论文决定的，这对老师、学生的能力都有相当高的要求。对于精英学生而言，二年级下半学年的论文选题是他们步入学术界的关键，他们为此已经作了多年的准备。大学二年级结束，大部分精英学生在学习过程中被淘汰，只有少数几名能剩下来，此时他们已证明了可以令其终生骄傲的定理。再经过研究生教育，取得副博士学位后，他们开始进入大学或研究所工作。若要要拿到相当于大学教授的高级职位，必须要再继续努力，通过科学博士论文的答辩。需要指出的是，俄罗斯的科学博士论文水平非常高，需要达到解决行业中的顶尖大问题程度。

　　俄罗斯的精英教育是首先将有天赋的学生集中起来，经过层层选拔，淘汰掉资质不足的学生，采取重点培养的方式，建立从中小学、本科到研究生进行不间断的精英教育。对于俄罗斯国家研究型大学而言，学校会定期组织比赛，将这些天赐聪颖的孩子筛选出来，进入学校附属的特殊学校重点培养，期间不断将其带入科学研究的道路上，将其培养为创新型精英人才。尤其是理工学科类的国家研究型大学，例如莫斯科物理技术学院、新西伯利亚国立大学、圣彼得堡国立信息技术、机械和光学大学（ИТМО）等，学校会在数学、物理、计算机、化学等学科举办奥林匹克竞赛，将具有天资的少年选拔出来，进行不间断的培养。

二、扩展国际教育合作的范围和深度

　　在学生培养方面，俄罗斯国家研究型大学注重与国际其他一流大学展开教育合作，制定国际化的专业培养方案便于国际学生适应本校的培养方式，提升学校课程与国际接轨的程度，扩大英语的普及范围。制定优惠政策，吸引国际生源。

（一）制定国际化的学生培养方案

　　为提升教育产品的国际竞争力，俄罗斯国家研究型大学目光锁定在制定国际化的专业培养方案，尤其是在本校优势专业领域，以英语编写国际培养方案。这一方面能够提升本校学生专业英语的运用能力，更重要的是能够提高学校优势专业的国际知名度，吸引更过的国际科研人员和学生。

例如，新西伯利亚国立大学（НГУ）在力学与数学学院、经济学院的设置了两个英语的硕士培养方案，分别是石油和天然气管理、定量经济学专业，目前有 45 名研究生就读，其中有一半是国际留学生。[34]新西伯利亚国立大学按照欧洲语言标准，对教师的英语水平进行国际认证。提高本科和研究生的英语水平，组织小班化英语教学课堂，在学校中营造英语环境。

下诺夫哥罗德大学（ННГУ），注重调整和优化培养大纲、培养方案，突出学校人才培养的优势，以优质的教育产品（课程）确保学校的国际竞争力。在课程方面，学校力促使培养方案符合国际质量标准，例如，制定的核心课程符合欧洲高等教育协会质量认证标准（ENQA），并根据该标准对教学质量进行监控；学校还进行广泛的英语学习和提升计划，目前学校在本科阶段的"基础科学和信息技术"和"国际关系"专业，硕士阶段的"基础科学和信息技术"和"数学与计算机科学"专业设置了英语培养大纲，不仅用于吸引国际学生，也提升本校课程与国际接轨的程度。学校扩大在英语在不同专业课程的普及范围，计划在 2020 年英语培养方案的数量达到 20 个。[35]

莫斯科物理技术学院（МФТИ）为了在开放的教育市场上更加活跃，不断提高，提高课程质量标准，在培养方案中考虑雇主需求。增加专业课程英语的培养方案，在本科阶段和研究生阶段开设专业英语相关课程，提高对国际学者和国际学生的吸引力。莫斯科物理技术学院积极发展远程网络教育系统，学校是俄罗斯国内第一所来到国际教育平台 iTunes University 上，开设开放课程的大学。目前学校在 iTunes University 上开设了 8 个在线课程，共有 8 万 7 千听众，在 Coursera 开设了 3 门课程，共有 3 万听众，2014 年，这两个平台听众的总和 12 万以上。[36]面向世界的在线网络课程用户数量的提升，在

34 ОТЧЕТ за 2015 ГОД о реализации Плана мероприятий по реализации программы повышения конкурентоспособности（«дорожной карты»）федерального государственного автономного образовательного учреждения высшего образования «Новосибирский национальный исследовательский государственный университет» на 2013-2020 годы [EB/OL]. http://www.nsu.ru/rs/mw/link/Media.2016.10.10

35 ФЕДЕРАЛЬНОЕ ГОСУДАРСТВЕННОЕ БЮДЖЕТНОЕ ОБРАЗОВАТЕЛЬНОЕ УЧРЕЖДЕНИЕ ВЫСШЕГО ПРОФЕССИОНАЛЬНОГО ОБРАЗОВАНИЯ "НИЖЕГОРОДСКИЙ ГОСУДАРСТВЕННЫЙ УНИВЕРСИТЕТ им. Н.И. ЛОБАЧЕВСКОГО" [EB/OL]. http://www.unn.ru/2016.10.11

36 ПЛАН МЕРОПРИЯТИЙ по реализации программы повышения конкурентоспособности（«Дорожная карта»）федерального государственного

很大程度上提高了学校的知名度。

圣彼得堡国立信息技术、机械和光学大学（ИТМО）在国际专家委员会的发起下，成立了独立的国际教育部，其职能之一是制定国际培养方案，不仅用于招收国际学生，也用于本校学生参与国际课程和国际学术科研活动。该部门为鼓励学生参与国际实验项目创造条件，对研究生参与高端科研项目的活动为其提供基金支持。为了进一步满足学生积极参与国际研究的需求，该部门还会专门指派合适的教师予以指导。

高等经济学校（ВШЭ）为使学生的培养方案更加国际化，积极制定了多个英语版本的培养方案。2015-2016 年制定了包括政治分析与公共政策、人口与发展、应用社会心理学、欧亚国际关系、比较社会研究等在内的 17 个专业的英语培养方案，目前共有 4151 名学生接受国际化的培养方案。其中有 568 名外籍学生，其余都是俄罗斯本国学生。在高等经济学校中，以英语编写的专业课程方案也实现了逐渐增多，2014-2015 学年此类专业的课程方案仅占 13%，2015-2016 学年英语编写的专业课程方案所占比例上升为 18%，其中本科阶段占 14%，研究生阶段占 27%。[37]学校规定在全校学生在本科生教育阶段，全英文授课的课程在二年级不得少于一门，在三年级和四年级不得少于两门。

（二）与国际大学开展多元化的教育合作

培养国际化的创新型人才是俄罗斯国家研究型大学在人才培养方面的重要趋势，与国际一流大学开展教育合作不仅能够促进学生流动，拓宽学生的国际视野，更能够在国际教育合作中提升俄罗斯国家研究型大学的国际知名度和影响力。

例如，下诺夫哥罗德大学（НижГУ）与世界一流大学开展不同形式的联合培养，合作办学、国际学生交流、攻读双学位等，分别于马里兰大学（美国）普渡大学（美国）、马斯特里赫特大学（荷兰）、乌普萨拉大学（瑞典）开

автономного образовательного учреждения высшего профессионального образования «Московский физико-технический институт（государственный университет）» на 2013-2020 годы. [EB/OL]. https://mipt.ru/upload/plan2.pdf. 2016.10.14

37 Отчет за 2015 год о реализации Плана мероприятий по реализации программы повышения конкурентоспособности（«дорожной карты»）Национального исследовательского университета «Высшая школа экономики» на 2013-2020 годы [EB/OL]. https://www.hse.ru/5-100_2015.pdf. 2016.10.15

展联合培养合作。高等经济学校的现代化课程模式，俄罗斯国家研究型大学之中，在国际合作方面处于领先地位，在提升国际竞争力计划的引领下，学校与众多世界一流高校开展本科和硕士阶段的双学位以及课程教学的合作，其中包括伦敦经济政治学院、伊拉斯姆斯大学、洪堡大学、英国华威大学、巴黎大学、巴黎第十大学。

不仅局限于世界一流的大学，一些理工、技术类的俄罗斯国家研究型大学也积极寻求与国际一流大型企业的合作。例如，圣彼得堡国立信息技术、机械和光学大学（ITMO）为提升国际竞争力，探索研究生教育的新模式，学校与多个跨国公司开展教育合作，学校在"专家学位文凭"培养领域与俄罗斯北方钢铁公司，欧洲化学公司和俄罗斯 SU-155 航空航天制造厂的企业展开合作，使之成为学生实习实践的基地。学校与欧洲以及独联体国家的大学在双学位联合培养方面也开展了广泛的合作，学校还在吉尔吉斯斯坦开设了分校，与越南开展联合办学。

高等经济学校（ВШЭ）为了进一步形成具有国际竞争力的教育产品，在2015-2016 学年内，与俄罗斯国内以及国际知名大学达成了 43 个联合培养的教育方案和 36 个双学位培养方案。[38]其中双学位培养方案包括与英国，奥地利，德国，荷兰，意大利，卢森堡，芬兰，美国和中国的大学，双学位的培养包括一个本科培养方案，一个博士研究生培养方案和 34 个硕士研究生培养方案。

三、制定优惠政策，吸引国际优质生源

在全球高等教育市场上，所有的国家都在积极争夺智力资源，邀请来自其他国家的留学生，为有才华的学生设立奖学金。世界其他国家也非常乐于接受俄罗斯学生，很少有名额的限制。每年从俄罗斯流出赴西方国家大学学习的俄罗斯学生有数万人，而且基本上是聪明的、具有较强学习能力的优等生。这种不平衡的人才流动降低了俄罗斯高等院校的实力和国际影响力。在一些权威的国际大学排行榜的指标中，留学生数量和所占比例是一项重要的评分指标，它反映了国际学生和家长对该国高等院校的认可

---

38 Отчет за 2015 год о реализации Плана мероприятий по реализации программы повышения конкурентоспособности （«дорожной карты»） Национального исследовательского университета «Высшая школа экономики» на 2013-2020 годы [EB/OL]. https://www.hse.ru/ 5-100_2015.pdf. 2016.10.16

程度。同时，国际学生带来的学费以及他们产生的生活性消费，不论是对高等教育收入提升还是对国家经济增长的促进都能够产生积极的带动作用。

　　因此，提高国际学生的数量被俄政府列为一项重要的计划，也被众多俄罗斯高等院校视为提升国际竞争力的重要措施。例如，在俄罗斯联邦政府于 2010 年颁布的《2020 年之前俄罗斯联邦社会—经济发展长期规划》（Концепции долгосрочного социально-экономического развития Российской Федерации на период до 2020 года）中就提出"创造条件吸引国际学生赴俄罗斯学习，这是俄罗斯教育与科学部和俄罗斯高等教育机构优先发展的方向之一，力争在 2020 年之前，在俄罗斯高等教育机构中学习的国际学生占全部学生的平均比例达到8%，并且国际学生的学费和培训收入占高等教育财政收入的不少于10%。这一目标是俄罗斯高等教育具有高水平国际竞争力的有力证明和衡量标准，也能够保证俄罗斯处于世界高等教育服务输出强国地位。"[39]

　　俄罗斯国家研究型大学在将大力吸引国际学生方面更加主动，尤其是在吸引国外优质研究生、博士生方面。但是整体上国家研究型大学吸引国际学生的范围还是受制于俄罗斯传统和现状的局限。苏联时期，留学生招收具有政策性倾斜，留学生主要来自于十五个苏维埃社会主义共和国，其中包括东欧地区、巴尔干地区、亚洲地区，如图 16。

---

39 Этот показатель утверждён в качестве одного из основных целевых ориентиров развития （модернизации） системы образования на ближайшие 10 лет.-См.: "Концепции долгосрочного социально-экономического развития Российской Федерации на период до 2020 года". Утверждена распоряжением Правительства Российской Федерации от 17 ноября 2008 г. №1662-р.

图 16　1950-1986 年苏联境内留学生来源国家、地区以及他们在全部
　　　　留学生中所占的比例

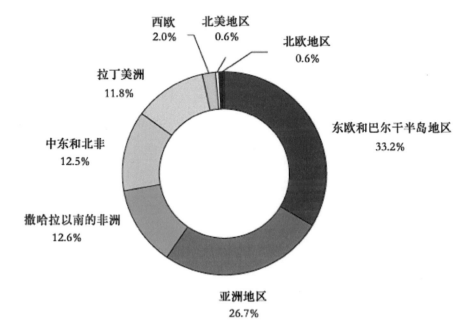

这一传统也延续到了今天，导致了目前俄罗斯留学生的国际来源过于狭窄，受到苏联遗留下来的传统习惯，赴俄留学的学生大多来自于白俄罗斯，哈萨克斯坦，乌兹别克斯坦等独联体国家，如图 17，而且这些国家属于俄罗斯特别照顾性的名额，招收的学生名额多且门槛相对较低。俄罗斯的学生出国留学的首选是德国，其次为法国，美国，英国。

2015-2016 学年，在俄罗斯留学的国际学生总数为 237538 人，占全部俄罗斯学生总数的 5%。从俄罗斯留学生国籍分布和比例来看，其中有 79%的留学生来自于前苏联国家，占据了全部留学生的绝大部分比例，其中哈萨克斯坦 36%，乌兹别克斯坦 11%，乌克兰 11%，土库曼斯坦 9%，白俄罗斯 8%。在来自于非前苏联组成国家的留学生中，有近 57%来自于亚洲，这其中有一半来自于中国；北非和中东占 19%，撒哈拉以南的非洲约占 16%。全球剩余其他地区的总和不足 10%，还包括在俄罗斯学习的 4958 名无国籍成员。[40]

40 Арефьев А. Л., Шереги Ф. Э. Иностранные студенты в российских вузах. Министерство образования и науки Российской Федерации. [M]. Центр социологических исследований, 2014: 229.

图 17　2015-2016 学年在俄罗斯境内的留学生国籍分布和比例

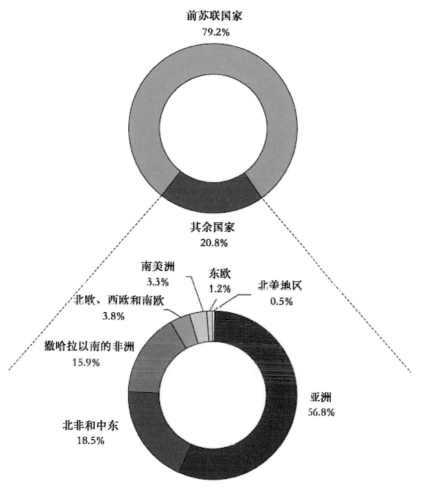

从留学生就学的机构类型来看，有 95% 的外籍学生分布在俄罗斯重点大学及其分支机构，但是这部分留学生在这些重点大学及其分支机构中的总比例仅占 20% 左右。[41]2015-2016 学年俄罗斯国内留学生人数排名前十的学校列表，如表 15 所示。其中有三所国家研究型大学进入了前十名，托木斯克理工大学（国家研究型大学）、别尔哥罗德国家研究型大学和国家技术研究型大学。联邦大学中留学生的平均比例为 4.2%，低于国家研究型大学的留学生比例（6.9%）。

41 Участники программы повышения международной конкурентоспособности российских вузов на апрель 2016г [EB/OL]. https://ioe.hse.ru/data/2016/07/13/111642 4276/%D0%A4%D0%9E7.pdf. 2016.09.23

表15 2015-2016 学年俄罗斯境内留学生人数排名前十的学校

排名	学 校 名 称	外国学生数
1	俄罗斯人民友谊大学	5139
2	托木斯克理工大学（国家研究型大学）	2337
3	莫斯科第一国立医科大学	1870
4	新西伯利亚国立技术大学	1826
5	库尔斯克国立医科大学	1737
6	莫斯科国立大学	1637
7	圣彼得堡理工大学	1501
8	别尔哥罗德大学（国家研究型大学）	1485
9	托木斯克国立大学（国家研究型大学）	1442
10	国家技术研究型大学（国家研究型大学）	1327

资料来源：https://ioe.hse.ru/data/2016/07/13/1116424276/%D0%A4%D0%9E7.pdf。

俄罗斯人民友谊大学成为了 2015-2016 学年留学生人数最多的学校。在前五所学校，包括人民友谊大学的国际留学生几乎占了全俄留学生的四分之一。国际化程度最高的是排名第二的托木斯克理工大学（国家研究型大学），其留学生占学校全部学生的 21%，国际化程度最低的是圣彼得堡科学院大学（无国际学生），东北联邦大学（国际学生的比例不足 1%）。

从留学生就读的专业来看，在卫生和医疗科学、数学和自然科学、艺术和文化等专业的留学生比例较高，也是国外留学生选择俄罗斯高校的热门专业。同时，法学也是留学热门专业，尽管不同国家的法律体系有着显著的差异，但是学习法律对于留学生未来的生活和工作有着更多的益处，例如从事与俄罗斯相关的经济、商业 2015 年留学生最集中的专业如表 16 所示。

表16 2015 年俄罗斯境内外籍学生最集中的专业和方向

专 业 和 方 向	留学生的比例（%）
卫生和医疗科学	8.0
数学和自然科学	7.6
艺术和文化	5.1
人文学科	4.2
农业和农业科学	3.8
跨学科专业	3.6

社会科学	3.5
教育和师范教育	3.3
工程，技术和技术科学	3.3

资料来源：https://ioe.hse.ru/data/2016/07/13/1116424276/%D0%A4%D0%9E7.pdf。

　　从在俄罗斯留学生学位层次方面来看，如表 17 所示，本科层次的留学生比例增幅明显，专家文凭的留学生比例明显下降，俄教育与科学部有意调节不同层次的留学生，增加硕士、副博士和博士阶段的具有较高科研能力的高水平留学生，但是十年来这种引导措施的效果也不太明显，副博士的比例反而下降。

表 17　2004-2005 学年与 2014-2015 学年俄罗斯境内外籍学生的学位结构对比

学位名称	2004-2005 年留学生人数及在全体学生中的比例（%）		2014-2015 年留学生人数及在全体学生中的比例（%）		发展趋势
	人数	比例	人数	比例	
预科	9571	11	11342	9.6	-1.4
进修	11598	13.4	16675	14.0	+0.6
本科	14035	16.2	21831	18.4	+2.2
专家文凭（5 年）	43176	49.7	56168	47.3	-2.4
硕士	4259	4.9	6963	5.9	+0.1
副博士	3161	3.6	3992	3.4	-0.2
博士	82	0.1	83	0.1	0.0

资料来源：https://ioe.hse.ru/data/2016/07/13/1116424276/%D0%A4%D0%9E7.pdf。

　　总之，近十年，赴俄留学的外籍学生人数呈增长趋势，同时，随着俄罗斯本国学生数量的下降，留学生在全部学生中的比例持续上升。大多数留学生依然来自于前苏联国家，且留学生基本是自费学习，公费学习留学生名额也是照顾性的向前苏联国家倾斜。留学生基本上进行的是全日制的学习方式，函授或者混合式学习方式只有前苏联国家的留学生会选择。留学生的比例与大学在国家入学统一考试 ЕГЭ 的平均成绩成正相关，平均成绩较高的学校，留学生的比例也会较高。就地域来看，将近三分之一的留学生集中在莫斯科和圣彼得堡。[42]

---

42 Арефьев А. Л., Шереги Ф.Э.Статистика на 2013/2014 учебный год рассчитана на

在已有基础上，进一步吸引国际留学生也成为了俄罗斯国家研究型大学未来阶段提升国际竞争力的重要措施。但是，声誉并不总是与教育质量成正相关状态。诚然，大学生是真正的职业教育需求者，他们有大量的信息并精心挑选心意的大学。并不是只有学术声誉影响着他们的选择，其他的方面，例如就业机会、校园环境和设施、学生和生活的安全性、物质和技术条件等众多因素都是国际学生选择大学的重要参考。因此，俄罗斯国家研究型大学，向潜在的国际学生展示学校多方面的有利竞争优势，比如学校毕业生的就业率（在俄罗斯国内精英大学毕业生的就业率达94%），网络及媒体对学校师资力量、教学和科研水平、生活设施、奖学金信息的宣传和报道等。

随着国家研究型大学在招收国际学生方面的各种优惠政策不断推行，在国家研究型大学内学习的国际学生数量也实现了一定程度的增长，由这些国外留学生带来的收入也相应呈现了增长的趋势。如图18所示，我们可以发现那些地理位置优越，位于大型城市，居住和生活环境优良的国家研究型大学往往更能够吸引国际学生就读，例如高等经济学校、托木斯克理工大学等。

图18　2010-2013年俄罗斯国家研究型大学通过招收国际学生获得的
　　　资金收入

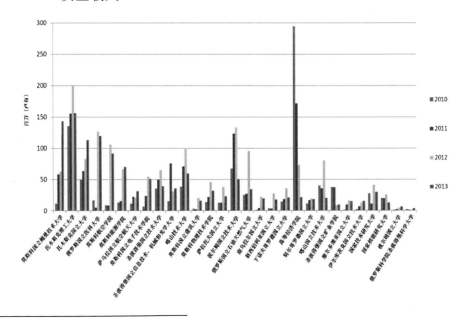

основе данных сборника Обучение иностранных граждан в высших учебных заведениях Российской Федерации:Статистический сборник.[M].Выпуск. 2015: 120.

正如俄罗斯高等经济学校分管国际事务的副校长古采明诺夫（Я. Кузьминов）所言，一些其他因素也是吸引学生的一个非常重要的条件，例如居住环境、生活条件、安全状况、在该地的旅行和就业机会、学校奖学金、政府政策、汇率变化、当地的英语使用情况、学校的英语授课水平，甚至当地的新闻信息等状况。学校能否吸引更多优秀的国际学生取决于能否为他们提供更具吸引力的条件。[43]苏联时期，很多亚洲，非洲和拉丁美洲国家的学生在苏联学习医学，在这些国家有大量的俄罗斯大学医学系的毕业生，这一传统至今也有所保留。今天的在俄罗斯国立医科大学，外国学生的比例也比较高，留学生数量是俄罗斯高校平均水平的 3.5 倍。

此外，一些具有多年招收留学生经验、较早进入国际市场的学校，外籍学生比例也维持在较高水平，例如：莫斯科国立鲍曼技术大学、莫斯科航空学院、国家核能研究大学、国家技术研究大学、托木斯克国立大学、托木斯克理工大学等。相反，那些历来以国家防御专业为优势学科，培养国家国防人才的学校，考虑到保密性的问题，国际留学生的比例相对较低，这些学校所在的城市甚至禁止外国人进入。

一些学校对国际学生的吸引力较低的重要因素是地理环境因素，例如南乌拉尔国立大学、萨马拉国立航空航天大学、彼尔姆国立大学、彼尔姆国立技术大学、喀山国立技术大学、摩尔多维亚国立大学。这些大学大多位于在伏尔加河地区的地区，乌拉尔和西伯利亚地区，所在区域地理位置偏僻、远离中心，恶劣的气候条件，基础设施的现代化程度较低。但是，在这种不利条件下，也有学校采取更有力的吸引措施，吸引留学生，例如彼尔姆理工大学和托木斯克国立大学依然维持着较高的国际留学生的比例。

以托木斯克国立大学吸引国际学生的措施为例分析，该校依托自身学科优势，制定和研发多样化的教育课程，尤其是英语课程和英语培养计划（纲要），建设卓越研究中心，以优质的教育产品吸引更多国际学生。发挥地理优势，在招收国际学生时，主要集中于邻近国家譬如中国、蒙古、越南、马来西亚、印度尼西亚等亚洲国家。这些相邻区域的国家学生衡量各方面的因素，更容易被吸引。

此外，下诺夫哥罗德大学更加注重以扩大信息的国际传播，学校的国外

---

43 Составлено по: Обучение иностранных граждан в высших учебных заведениях Российской Федерации. [M]. Выпуск 2015: 16-17.

宣传为方式，提高国际知名度，完善营销策略，吸引国际学生。包括与国际和国内招聘机构的合作，制定奖学金投入计划，建立外籍学生管理系统，建设学校留学信息的引文网站，新的信息平台能够保证外国学生及家长全面了解赴下诺夫哥罗德大学留学的途径，使用渐进式检索方法逐步定位相应的高校、专业、申请材料清单、公费生名额、奥林匹克竞赛活动等信息。提供综合性、一站式留学服务的新网站汇聚了 2800 多个高等教育、继续教育等领域的人才培养方案，网站的"生活指南"则列举了住宿、交通、医疗、饮食、休闲娱乐、气候等内容，学校的留学服务平台使更多的外国青年学生了解下诺夫哥罗德大学的优势和竞争力。

第四节　师资建设策略：打造世界一流水平的师资队伍

苏联在二战之后能成为与美国抗衡的国家得益于其拥有高水平的知识分子队伍，借助他们的研究及影响力，苏联在科技、军事、工业等方面取得了举世瞩目的成就。然而苏联解体后，继续恶化的经济和社会状况导致俄罗斯的科学研究人员大量流失。据俄罗斯官方统计，从 1990-2005 年，从事科学研究的人数缩减了 58%，在绝对数字上减少了 100 多万人。[44]政府财政投入的急剧缩减导致科研条件和人员待遇大大落后，科研经费不足进而导致研究设备陈旧、实验材料的短缺，研究人员的工资骤减。1992-1998 年是俄罗斯人才流失的高峰期，1994 年俄罗斯国内研究人员的数量比 1991 年减少了 40%。[45]

在这种情况下，科研人才迫于生计大量兼职，甚至一部分人员直接转移到其他经济部门，如银行、电信等薪酬待遇较高的部门。此外，一些发达国家为争夺俄罗斯高水平科研人员，为其提供优厚的科研和生活条件，很多科研人员出走国家移民海外。据俄罗斯国家信息技术创新协会的统计数据显示，有超过 9 万名俄罗斯青年学者和专家长期在美国工作，4 万人在德国，2 万人在英国，4000 人在日本。[46]俄罗斯移居国外的学者和科研人员多从事的是高

---

44 Профессиональные и личностные качества преподавателя [EB/OL] https://uchebniki online.com/pedagogika/pedagogika_vischoyi_shkoli_-_turkot_ti/profesiyni_osobistisni_ yakosti_vikladacha.htm.2016.09.15

45 Модель профессиональных качеств преподавателя вуза [EB/OL] http://studopedia. ru/8_59829_model-professionalnih-kachestv-prepodavatelya-vuza.html.2016.09.19

46 Национальная Ассоциация Инноваций и Развития Информационных Технологий

水平行业，20 世纪 90 年代，"智力外流"主要是数学、物理学、生物学、化学等专业的科研人才。而进入 21 世纪主要是从事计算机科学、信息通讯技术和生物制药等方面的高科技人才，这些行业恰恰是当下国家科技进步和经济发展所依托的重要行业。特别是 2002 年以后，俄罗斯"智力外流"呈现年轻化的趋势，在新一轮的人才流失大军中，35 岁以下的青年学者比重有较大增长。俄罗斯政府称之为"创造型人才正在严重萎缩"，这些年富力强，正值科学研究高峰期，极具创新精神的科学人才的流失，对国家科技创新和经济发展的造成的损失是无法估量的。

科技人才在短时期内的大量流失造成的直接后果便是俄罗斯科研队伍年龄结构失衡、老化，科学发展的代际传承遭到破坏。据统计，截至 2008 年，俄罗斯科研人员的平均年龄为 49 岁，其中具有副博士学位的研究者平均年龄为 53 岁，据欧博士学位的研究者平均年龄为 61 岁。[47]科研人员流失大大降低了俄罗斯科学研究发展的未来潜力，降低了俄罗斯科学研究的整体水平。

俄罗斯高科技人才的流失早已引起了政府的不安与担忧，高科技人才的流失不仅整体降低国家的研发能力、技术进步的水平，加剧了俄罗斯人口负增长的危机，对国家科技和经济安全构成直接威胁。正如，俄罗斯国家信息技术创新与开发协会所警示的，依照当前专业技术人才移民速度，到 2018 年，俄罗斯创新型人才层将可能完全消失，国家的自主创新体系建设将无从谈起，又一次成为技术上依赖西方的国家，人才饥荒也会成为限制俄罗斯经济发展的严重掣肘。

在这种严峻的情况下，国家出台了一系列政府干预政策，努力扶持青年研究者，全方位提高俄罗斯科研人员的工作和生活条件，同时鼓励侨居海外的俄罗斯学者回国，创造条件吸引国际顶尖科学家。研究型大学是这些政策的重点支持对象，国家研究型大学在国家和区域的支持下，采取一系列措施不遗余力的提高师资队伍水平，为大学的科学研究提供充足、优质的人力资源保障。

（НАИРИТ）[EB/OL] http://www.nair-it.ru/2016.09.09

47 В высших учебных заведениях предусматриваются должности научно-педагогического（профессорско-преподавательский состав, научные работники）, инженерно-технического, административно-хозяйственного, производственного, учебно-вспомогательного и иного персонала. [EB/OL] https://www.zonazakona.ru/law/comments/art/29332/2016.09.16

一、优化教育—科研人员的学历和年龄结构

（一）政府期望在 2020 年之前实现的目标

面对科学研究领域遭受的大量人才危机，俄罗斯政府不惜重金运用多种激励机制吸引人才，特别是年轻人才投入科学研究工作，以改善高等教育整体师资结构。青年研究人才是俄罗斯着力培养和优先扶持的对象，为保障青年科学研究的队伍的成长，俄罗斯不遗余力地构建政策、信息和物质资源等多方位的支持措施。

2013 年 5 月俄罗斯联邦政府颁布了专项计划"2014-2020 年创新俄罗斯科学和科教人才计划"（Научные и научно-педагогические кадры инновационной России" на 2014-2020 годы）。该计划规定了 2020 年之前俄罗斯在科学研究人才培养方面的重要目标，不仅仅将整体提高研究人员的科研水平，而是力争在激烈的全球教育竞争中提高科研人员国际竞争力，纲要任务是发展体系机制扩大数量和提高质量科学和科教人才；提高科学和科教人才的创新积极性和研究成果转化率；发展俄罗斯内部以及国际科学科教人才的学术流动性；发展国家研究型大学网络。

最新颁布的《2014-2020 年科研科教人才发展计划》中表明，加强和发展科学和科学教学人员是俄罗斯联邦创新型经济发展和国家制度竞争力的必要条件，要进一步促进俄罗斯人才管理机制的现代化发展，吸引并留住青年科研—教育人员从事各种创新型活动；完善个人津贴制度，促进其开展职业生涯规划，为卓越青年科学家和研究人员的科研项目提供贷款和风险融资支持，促进科研人员的研究成果转化；增加对年轻研究人员的培训，促使青年研究人员领先的俄罗斯或者国外研究机构和大学以进修生的身份进行深入学习。

该计划预计在 2020 年之前达到：科研人员的平均年龄达到 43 岁；39 岁以下的科研人员要占到总数的 35%；39 岁以下的获得副博士和博士学位的高水平研究生占到 17%-17.5%；科学—教育工作者通过国际和国内学术流动，在领先的科研和教育中心以进修的方式进行提高职业能力的培训和再教育的比例达到 9%。[48]

---

48 Исследования и разработки по приоритетным направлениям развития научно-технологического комплекса России на 2014-2020 годы [EB/OL]. http://docs.cntd.ru/document/499022223.2016.09.19

　　为了达到以上目标，计划中规定在以下几个方面实施优先措施：优化高校科研—教育工作人员的学历和年龄结构，提高科研—教育人员的工作效率和生产率，提高基础研究的水平和师资条件，为吸引更多的优秀青年从事科学研究创造有利条件和激励机制，为国内外优秀的科学家和有才华的青年科研人员提供永久居留的权利，以及减少行政障碍，自由出境的保障性措施，保持研究人员的流动性；基于本国传统和世界其他国家的经验，制定和实施新的研究生培养机制。

（二）俄罗斯国家研究型大学采取的相关措施

　　就目前俄罗斯国家研究型大学的师资状况而言，从科学教育人员以及工程技术人员的年龄结构的变化上来看，49 岁以下科研人员所占比例较大，国家核能研究大学，圣彼得堡国立技术大学学校中这一群体（49 岁以下科研人员）的比例为 36%，别尔哥罗德国立大学，摩尔多维亚国立大学中这一群体的比例为 66%，而在全部国家研究型大学中这一平均比例为 44%。[49]值得注意的是，有一些院校的，尤其是工程类院校 49 岁以下人员的比例低于平均值，包括莫斯科国立鲍曼技术大学，圣彼得堡国立技术大学，国家核能研究大学，莫斯科航空学院，莫斯科能源学院，莫斯科国立建筑大学，莫斯科国立电子技术学院，及最古老的技术大学位于西伯利亚的托木斯克理工大学。

　　可以说，学校教育—科研人员的年龄构成与学校研究成培养的效率密切相关，例如，莫斯科国立鲍曼技术大学、圣彼得堡国立技术大学、国家核能研究大学、莫斯科航空学院、国家技术研究大学、莫斯科能源学院、莫斯科国立建筑大学、莫斯科国立电子技术学院、俄罗斯国立石油天然气大学等，这些学校的研究生培养率低于平均水平（36%）的学校，其 49 岁以下的科研教育人员比例相应的也就比较低，而别尔哥罗德国立大学，摩尔多维亚国立大学，喀山国立技术大学，圣彼得堡矿业大学，这类研究生培养效率较高的学校，其 49 岁以下的科研教育人员比例就更高，整个师资队伍也更加年轻化。

　　以别尔哥罗德大学（БелГУ）和托木斯克理工大学大学（ТПУ）为对比案例。别尔哥罗德国家研究型大学建立于 1876 年，是俄罗斯最古老的大学之

---

49 Особенности возникновения и прекращения трудовых отношений с работниками в системе высшего образования [EB/OL]. http://old.moluch.ru/archive/117/31877/ 2016.09.20

一，目前是别尔哥罗德州高等教育、科研和文化的中心。截至 2015 年 8 月，全校共有 1707 名教育—科研工作者，其中拥有博士学位的人员比例为 16.3%（279 人），具有副博士学位比例为 56.2%（960 人），还包括 11 名俄罗斯科学院院士。2010-2015 年，学校共培养了 41 名博士和 33 名副博士。该校教授，教育工作者的平均年龄是 45 岁，而 60 岁以上的科研—教育工作者所占比例为 15.7%。[50]

别尔哥罗德大学最强有力的人力资源发展措施是密切与俄罗斯俄罗斯学术机构，特别是科学院的合作。2013 年，学校引入了 11 位俄罗斯科学院院士，通过这些俄罗斯顶尖的科学家的影响力，将学校的科研实力获得了空前的提升。不断提升教师和科研人员的质量构成反而促进了学校能够吸引更多的国内和国际人才。学校 49 岁以下的科研教育人员比例逐渐提高，整个师资队伍也更加年轻化。这主要归功于，学校副博士和博士的培养率较高，从 2010 年的 51% 上升为 2014 年的 72%。

根据学校的人才发展计划，别尔哥罗德大学还特别注意提高科研—教育工作者的语言能力，根据已有条件，学校计划 2019 年之前达到不少于 60% 的科研—教育工作者有能力以英语讲授专业课程，45 岁以下的中等、高等管理人员熟练应用英语的比例达到 75%。[51]目前，学校对优先发展领域专业方向上，如在药理学、生物技术、材料科学、放射物理学、矿业、牙科、信息和通信技术投入更大的力度，吸引更多人才。其中包括科研教育人才和行政管理人才，尤其是那些在国外一流高校中具有工作经验的管理人才，以及具有在国际一流高校中进修的科研人员，未来几年学校规划这类人才的比例占 30%-40%。

相对而言，托木斯克理工大学属于 49 岁以下人员的比例低于平均值

50 ОТЧЕТ О РЕАЛИЗАЦИИ ПРОГРАММЫ РАЗВИТИЯ ФЕДЕРАЛЬНОГО ГОСУДАРСТВЕННОГО АВТОНОМНОГО ОБРАЗОВАТЕЛЬНОГО УЧРЕЖДЕНИЯ ВЫСШЕГО ПРОФЕССИОНАЛЬНОГО ОБРАЗОВАНИЯ «БЕЛГОРОДСКИЙ ГОСУДАРСТВЕННЫЙ НАЦИОНАЛЬНЫЙЬ ИССЛЕДОВАТЕЛЬСКИЙ УНИВЕРСИТЕТ» НА 2010-2019 гг [EB/OL] http://www.bsu.edu.ru/upload/iblock/0a6/ Otchet_NIU%20BelGU[1].pdf. 2016.10.21

51 ОТЧЕТ О РЕАЛИЗАЦИИ ПРОГРАММЫ РАЗВИТИЯ ФЕДЕРАЛЬНОГО ГОСУДАРСТВЕННОГО АВТОНОМНОГО ОБРАЗОВАТЕЛЬНОГО УЧРЕЖДЕНИЯ ВЫСШЕГО ПРОФЕССИОНАЛЬНОГО ОБРАЗОВАНИЯ «БЕЛГОРОДСКИЙ ГОСУДАРСТВЕННЫЙ НАЦИОНАЛЬНЫЙЬ ИССЛЕДОВАТЕЛЬСКИЙ УНИВЕРСИТЕТ» НА 2010-2019 гг [EB/OL] http://www.bsu.edu.ru/upload/iblock/0a6/ Otchet_NIU%20BelGU[1].pdf.2016.10.22

（44%）的行列。在 2020 年之前学校的发展规划中规定，托木斯克理工大学
作为领先的科研教育机构，对于那些充满活力、具有创新精神的研究者，需
要形成充分发挥智力潜能的创造性环境，提供充足的物质－技术资源，提供
竞争性的薪资和福利，使学校成为具有吸引力的工作场所。目前，托木斯克
理工大学的科研—教育人员共 1771 人，其中包括 22 名俄罗斯科学院院士，
371 名博士和 1218 名副博士，科研—教育工作者的平均年龄是 49 岁。[52]

整体来说，学校具有足够的科学研究和教育实力，在过去五年内，学校
的重要指标都实现了翻倍的增长，例如科研成果发表、科研经费、培养的副
博士和博士的数量、外籍留学生的数量等。然而，在人力资源方面，有许多
的系统性问题困扰着学校国际竞争力的提升，主要包括：具有高水平的英语
能力的员工数量不足，现代研究能力较弱，融入国际学术界的速度缓慢，教
学和科研人员的老龄化程度较高等。学校近些年也推行了一系列措施改力图
进这一情况。

从托木斯克理工大学对科研—教育工作者和领导团队的要求中，我们可
以发现学校未来人力资源的发展倾向，对人才的要求包括：在领先的俄罗斯
和外国的大学获得博士学位的科研 教育人员；在世界领先的科学和教育中
心和高科技公司具有工作经验的人员；在国际 Scopus 和 Web of Science 数据
库收录的期刊上发表高水平的科研成果，且达到一定数量；熟练掌握英语并
能够自由与国外专家交流实现科学和教育方案，在国外期刊杂志发表文章或
摘要，传授外国学生；除此以外，管理职位的申请人应具备成功实施大型项
目的经验，并在竞争的基础上选举产生。[53]学校也努力在教育和科研人员的比
例方面保持平衡，吸引能够产生新想法、研发先进教育技术、积极从事科学
研究的人才，促进教职员工和学生的全面发展。

---

52 Изменения в План мероприятий по реализации программы повышения
конкурентоспособности （«дорожную карту»） федерального государственного
автономного образовательного учреждения высшего образования «Национальный
исследовательский Томский политехнический университет» на 2013-2020 годы （2-й
этап-2015-2016 годы） [EB/OL]. https://tpu.ru/download/document?id=228. 2016.10.20

53 Изменения в План мероприятий по реализации программы повышения
конкурентоспособности （«дорожную карту»） федерального государственного
автономного образовательного учреждения высшего образования «Национальный
исследовательский Томский политехнический университет» на 2013-2020 годы （2-й
этап-2015-2016 годы） [EB/OL]. http://vdonskrsu.narod.ru/articles/mngrf/volginasv01.pdf.
2016.10.11

人力资源发展方面，未来学校期望达到的目标是增强学校职位的吸引力，促进学校的教育和科学活动的国际化水平快速提高，拥有一大批高水平、高素质人才。在 2020 年之前，托木斯克理工大学理想状态是：国外教授、教师、科研人员，包括具有国外一流大学博士学位的俄罗斯学者比例不低于 10%；在 Web of Science и Scopus 收录期刊上发表文章的科研—教育工作者比例不低于90%；科研教育工作者的平均年龄不高于 45 岁；组织以提升科研—教育人员的技能为目标的培训（在国际领先的高科技公司，科研组织和高校中），3 年内不少于 2 次；不少于 75%的骨干人员在学校进行全职工作；提高学校工作人员对学校事务的参与程度，不少与 30%的人员在积极参与大学发展，了解变革必要性，理解和支持大学发展规划。[54]

为了实现以上目标，保证师资队伍达到以上要求，托木斯克理工大学积极制定灵活的人事政策，重视和奖励每位员工的贡献，注重公平，对不同性别、宗教和意识形态信念、种族的员工一视同仁，营造共同成长、共同实现学校战略发展目标的整体环境。2014 年学校建立了内部聘用和合同体系，包括为提高科研—教育人员的工作效率而开展一系列的激励性措施，例如奖金、补助，在境外一年的时间以"带薪休假"的方式从事研究活动，提供由阶段性合同转换为终身合同的机会。2014 年，学校采取有效措施促进人事管理政策从以前不规范的聘用形式过渡为统一与科研、教学人员和管理团队签订固定期限的劳动合同形式。有效合同是一个全新的聘用方式，它极大系促进了学校骨干员工的素质发展，确保建立学校内部透明竞争环境。

学校还实施了新的科研—教育人员招聘制度：以前学校招聘是按照以学校各机构（院、系、实验室）中职位空缺为准，有职位空缺才会招聘相应人员作为补充，这不仅不利于教师流动，也不利于学术研究突破。因此，学校对这一思路做出了改变，未来学校招聘科研—教育人员将在人才发展委员会的参与下，在全球范围内选拔著名科学家和商业领袖。

最后，组建学校的猎头团队，在国际劳动力市场上寻找和吸引那些掌握英语且具有双语授课技能的高水平专家、包括优秀博士毕业生、在国际领先

---

54 Изменения в План мероприятий по реализации программы повышения конкурентоспособности («дорожную карту») федерального государственного автономного образовательного учреждения высшего образования «Национальный исследовательский Томский политехнический университет» на 2013-2020 годы（2-й этап-2015-2016 годы）[EB/OL]. https://tpu.ru/download/document?id=228.2016.10.03

科研—教育中心具有工作经验的人员。邀请来自国际一流大学大学和科研机构的专家学者团体，共同建设科学计划和项目网络。提高大学的骨干人员，尤其是学术骨干和中高层管理人员的英语水平，在大学中形成双语交流的学术和生活环境。实施长期的培训计划，将科研—教育人员送往国际以及俄罗斯国内领先的大学、研究机构、企业中，参与前沿科研项目，与国际学者建立联系，以及学习先进的管理经验，为科研教育人员的潜能和创造性的发挥提供更多有利条件。

二、大力引入海外顶尖科学家和研究人员

在培养科研人才队伍上，俄罗斯一方面注重改善师资结构，扶持青年科研工作者，一方面鼓励侨居海外的俄裔学者回国，促进人才回流。首先，俄罗斯政府颁布政策法规，旨在简化国外顶尖人才入境工作和生活的手续。例如，在移民政策上，2010 年以前，尽管俄罗斯成为了继美国和德国之后世界第三大移民国，但是当时的移民政策过于保守，在移民选择上首先考虑从邻国尤其是独联体国家吸纳更多的俄罗斯族人，以确保俄罗斯族在总体人口中的比例不至于下降过快，其次才是吸纳有专业技能、受过良好教育的其他民族和国家的人口。但是对于高素质人才入境的审批手续过于繁琐复杂，且等待的时间很长，严重阻碍的人才引进。为了改善这一情况，吸引更多国外高水平科研工作者赴俄高校承担教学和研究工作，俄罗斯政府首先从宏观政策上做出一系列规划。

在俄罗斯政府颁布的"2014-2020 年创新俄罗斯科学和科教人才计划"中，也特别对吸引外籍教师和国际顶尖学者做出规划，规定在 2014-2020 年之间基于竞争的基础上选择 600 余个教育项目，以支持和吸引国外教师和研究人员，并指出国外专家在俄境内工作一年中不能少于 2 个月，研究团队不得少于 5 个人，不能少于 1 名 35 岁以下的副博士、硕士或本科生。[55]

（一）通过 P220"引智计划"争取国际顶尖科学家

"220 工程"是立足于俄罗斯目前的实际国情，以短期引进为主要方法，该计划之下设立众多科研实验室，研究者通过公开竞争获得研究权，申请人

55 ФЕДЕРАЛЬНАЯ ЦЕЛЕВАЯ ПРОГРАММА "Научные и научно-педагогические кадры инновационной России" на 2014-2020 годы [EB/OL.] http://xn--80abucjiibhv9a.xn--p1ai/.pdf.2016.09.19

不受国籍的限制，包括一些在美国、德国和英国顶尖大学和研究中心从事科研工作的俄罗斯侨民，也包括俄罗斯本国和国外顶尖科学家和著名学者。从2010年至2016年，"220工程"共进行了五轮选拔，共有将近200名学者入选被引入俄罗斯大学的国际顶尖科学家，包括：1998年诺贝尔医学生理学奖得主费里德．穆拉德，2006年诺贝尔物理学奖得主乔治．斯穆特，2002年的诺贝尔化学奖得主田中耕一，2010年菲尔兹奖得主、现任日内瓦大学教授的俄裔数学家斯坦尼斯拉夫．斯米尔诺夫，澳大利亚俄裔物理学家基辅沙尔，瑞典俄裔生物医学家日瓦托夫斯基，美国俄裔化学家库班诺夫等。[56]

引入200位国际学者不论是从规模还是速度上来看，俄罗斯的"P220工程"海外引智活动整体上是比较慎重，对于顶尖科学家的选择也比较严谨，但是对于提升俄罗斯大学的科学研究国际地位具有十分重要的意义，不仅是建立高水平的科学研究实验室，实现学科的跨越式发展，而且能够建立国内外学者的经常性互动，带回外国领先学校的科研风气和理念，拓展俄罗斯学术视野，在培养高校的研究生和青年人才方面也能起到积极的推动作用，也有助于将俄罗斯的科学研究提升至国际领先水平。正如俄罗斯前教育与科学部部长所言："重要的不仅是建立高水平实验室，而是这项计划能够催生世界水平科研成果，这将给俄罗斯的大学带来活力，给地方和整个国家的学术氛围带来重要的现代化影响。"[57]

但是这个工程在运行中也存在一些问题，比如吸引的人才领域过于狭窄，或者说引入的国际专家基本全部为理工科、生物、医学、物理、信息技术等方面，很少涉及人文学科，六年来近200名专家这一数量本身就不多，但是在这之中只有不到5名是人文学科领域的专家，这在一定程度上不利于俄罗斯与世界文化的接轨。

尽管政策并不完美，但是这在政府强有力的海外引智政策支持下，俄罗斯国家研究型大学也积极吸引各个学科的国际顶尖专家学者，尤其是自身的优先发展领域。在这一方面，俄罗斯国家研究型大学进行了多方面探索，除

---

56 Список победителей первого конкурса на получение грантов Правительства Российской Федерации для государственной поддержки научных исследований, проводимых под руководством ведущих ученых в российских вузах [EB/OL]. http://www.p220.ru/home/contest.2016.09.20

57 №220 Основные задачи постановления [EB/OL]. http://www.p220.ru/home/new-faq#1-оформление-и-подача-заявок. 2016.09.20

了以优厚的待遇吸引国外专家以外，在研究设施、职位待遇和生活服务方面提供多方面的支持。其中最突出的是高等经济学校（ВШЭ）和莫斯科物理技术学院（МФТИ）。2013-2014年，这两所大学外籍教师的平均比例为4.2%，成为了俄罗斯所有大学中的领头羊，而两所大学同时也都是国家研究型大学。

俄罗斯对于吸引国际专家方面还面临着一系列障碍，首先是语言问题，很少有外籍教师能够用俄语领导高度专业化的科研工作，除了外籍俄裔专家以外，俄罗斯学生当中能够用熟练使用英语进行科学研究的比例也不高，经验丰富的口译人员也不能够完全理解科学研究的全部内容，也只能在部分程度上消除这种隔阂和障碍。其次是研究资源的有限性，对于国外专家来说，在硬件方面俄罗斯的研究条件，实验设备等方面与国际领先水平相比还是有着很大的差距，在软件方面学生的科学素质，学校管理体制等方面也有待提高。此外，在涉及个人生活的薪酬待遇、医疗保险、子女入学、居住环境、社会保障、税收制度、文化差异等方面，俄罗斯高校和政府能否提供更具有吸引力的条件，能否提供更多的服务和支持都是影响国际专家积极性的重要因素。

（二）创新物色人才和吸引人才的机制

目前，俄罗斯研究型大学中外籍教师比例最高的两所学校是莫斯科物理技术学院和俄罗斯高等经济学校。这两所研究型大学都依托于自身的优势吸引更多的高水平外籍教师，形成了独有的特点，我们也可以加以分析。

例如，莫斯科物理技术学院（МФТИ）非常注重从以下几个方面注意外籍教师的动向：（1）研究改变世界高等教育劳动力市场上，大学从什么国家邀请专家，比如美国经济危机以后，缩减了对大学的科研投入，英国签证政策改变以后对外籍专家赴英教学的签证政策更加保守和严格，从侧面来说这些有利于促进外籍专家向俄罗斯的流动。（2）成立国际咨询委员会，吸纳了那些了解国际教育和科学机制的工作人员，他们可以促进学校教师在国际舞台上产生更大的影响，也能利用私人关系邀请具有国际影响力的学者。（3）对于没有邀请到国际顶尖科学家的领域，会邀请相应学科的优秀外籍博士研究生，签订10-15年的工作合同，年轻的博士研究生更能容易从一开始适应俄罗斯学校的生活。[58]

58 ПЛАН　МЕРОПРИЯТИЙ　по　реализации　программы　повышения конкурентоспособности（《Дорожная карта》）федерального государственного автономного　образовательного　учреждения　высшего　профессионального

基于自身学科发展的考虑,学校吸引生物和物理方面的专家要更多一些,相对于信息技术等热门的领域。因为生物学家需要更多的资金、设备、高水平的实验室用以支持研究。近些年在国外,这部分的资金投入缩减很多,对于这一领域的国外专家寻找更充足的研究资金提供了更多自由。

莫斯科物理技术学院也在为外籍教师提供更加完善服务方面做足了功夫,为外籍教师提供生活服务,协助其尽快适应学校生活,向外籍专家提供英文服务手册,尤其是学校周边的环境,包括银行、医院等服务型机构的信息,为外籍专家提供更多参观和游览的机会,为有意愿学习俄语的专家提供相应的俄语课程学习支持等。莫斯科物理技术学院经济系主任马克西姆(Б.ВМаксим)谈论如何吸引国外专家的问题时也指出:"邀请外籍专家在大学中工作,非常重要的一点是要他们适应学校,甚至是这个区域内的日常生活,尤其在我们这样一个日常不讲英语的国家,在生活服务、日常通讯等发面的照顾是非常必要的。"[59]

但是实际上,莫斯科物理技术学院聘请的外籍教师大多以在境外的俄裔教师为主。这是一种最为简便的方式。莫斯科物理技术学院早年的优秀毕业生如今在海外都成为了优秀的科研工作者或者教授,他们回归学校不仅处于对金钱的追求,更重要的是同胞情谊和爱国之心,他们是最有可能缔结长期合同的国际学者群体。

莫斯科物理技术学院的国际专家招聘工作在选择范围上更加保守,也更具有学科和国籍的倾向性。不仅是莫斯科物理技术学院,大多数研究型大学在选择国际顶尖科学家时,首先会选择俄裔学者。例如,在"P220计划"引入的近 200 名外籍学者中,有近 90%是国外的俄裔学者。[60]对于学校来说,首先目前在境外俄裔学者大多是苏联解体后流失出去的高水平科技人才,其

образования «Московский физико-технический институт (государственный университет) » на 2013–2020 годы [EB/OL]. https://mipt.ru/upload/plan2.pdf. 2016.09.20

59 ПЛАН МЕРОПРИЯТИЙ по реализации программы повышения конкурентоспособности («Дорожная карта») федерального государственного автономного образовательного учреждения высшего профессионального образования «Московский физико-технический институт (государственный университет) » на 2013–2020 годы [EB/OL]. https://mipt.ru/upload/plan2.pdf. 2016.09.20

60 Объявление о проведении семинара [EB/OL] http://p220.ru/home/news/item/76-announce-provedenie-seminara. 2016.09.21

中不乏获得诺贝尔奖等国际奖项的顶尖人才；其次俄裔学者在领导科学研究工作时不存在语言障碍，更能够适应俄罗斯国内的情况和高校的研究和生活，因此也更加稳定。

俄罗斯高等经济学校（ВШЭ）则实施更为积极的全球人才招聘策略，聘请外籍教授、外国科学家、研究人员。高等经济学校不断完善规范的国际招聘程序，组织独立的国际招聘委员会，在竞争的基础上选择招聘的国际专家。委员会的组成人员包括学校领导、教师、科研工作者代表等，对拟引进的国际学者开展独立的鉴定和评审工作。

更具特色的是，俄罗斯高等经济学校成立了一个专门聘请外籍教师以及处理外籍教师在学校工作、生活、待遇等方面的团队。在一定程度上说，这个团队是学校的国际科学家"猎头团队"。团队的组成人员熟悉国际劳动和移民的政策和程序，能够熟练的使用英语，有在世界其他大学的工作经验，能够在全世界国际劳务市场内寻找有意向赴俄工作的领先学者和科研工作者。这个团队主要有两个领导者，一位负责法务，一位负责移民事务。这种对国际高等教育劳动市场的敏锐和专注，也是俄罗斯高等经济学校能够保持高水平外籍教师比例的重要因素。

另外，俄罗斯高等经济学校在吸引国际专家和科研工作者的过程中有一个独特"三级阶段"：第一阶段——短期活动，邀请国外专家赴学校进行为期一周的讲学，主要目的是熟悉学校环境和相关研究团队；第二阶段——中期活动，有 10 个国际教育项目是专门用于邀请国际教师进行为期 1-6 个月进行的（在竞争的基础上获批）。同时，在这一阶段与国家专家建立更密切的联系，吸引其在该领域进行更深入的合作；第三阶段——长期活动，在签订长期劳动合同的基础上建立有国际专家领导的先进实验室（2-3 年）。[61]从结果来看，大多数国外专家都选择为期一周的短期授课，较少学者能够选择一个月以上的中期活动，能够选择两年的长期活动的国际学者更少。高等经济学校近些年发表与国际权威期刊上的科研成果能够呈现快速增长的趋势，与这一国际人才引进政策密切相关，学校新建了 16 个由国际知名学者领导的科学实验室，它在俄罗斯国际研究型大学中属于国际实验室数量较多的学校。

---

61 Отчет за 2015 год о реализации Плана мероприятий по реализации программы повышения конкурентоспособности （«дорожной карты»） Национального исследовательского университета «Высшая школа экономики» на 2013-2020 годы （2 этап – 2015-2016 годы） [EB/OL] https://mipt.ru/upload/plan2.pdf. 2016.09.22

很多国际学者有意参与俄罗斯高校的科研工作，但是碍于生活习惯，对赴俄工作的各种障碍等问题而犹豫不决，最终不了了之。对于这种情况，俄罗斯国家研究型大学也制定了更加灵活的聘用策略。目前，俄罗斯高等经济学校开展了远程招聘工作，即与国外科研学者签订远程教育的劳动合同，即外国学者通过在线课程等远程网络授课形式开展教育工作，因此学者并不是学校正式雇员，也不占用学校教师名额。这种方式也有助于学生在最大范围内聆听世界著名科学家和学者授课。

第五节　管理完善策略：扩大管理自主权

苏联时期的教育管理体制被普遍认为是高度集权的典型，表现为国家权力笼罩了高等教育的一切领域，市场、社会和学术权威的力量有限。苏联解体后，俄罗斯政治体制的民主化、经济体制的市场化和意识形态的多元化，从根本上瓦解了高度集权的教育管理体制赖以存在的政治、经济和思想基础，以中央政府为唯一权力中心的格局被逐渐打破。正如 2000 年颁布的《俄罗斯联邦教育白皮书》中所述，促进高等教育权利的重新分配是未来俄罗斯教育管理领域的基本趋势之一。这种转变与俄罗斯的政治、经济和意识形态的变革一样，是一种根本性的制度变革。无论是在中央政府和地方政府之间，还是在政府和社会之间，以及政府和学校之间都发生了迥异于苏联时期的教育权利变迁。

俄罗斯国家研究型大学管理体制的变革正是在这样的大背景下得以变化和发展的。作为新型大学，俄罗斯国家研究型大学管理体制更加现代化，大学的自治范围也更加宽泛，国家也赋予了学校更多的权力。当然，这是经过苏联解体以来，中央政府、地方政府、社会、市场和学校之间的教育权力进行分化与转移的结果。

在《俄罗斯联邦高等和大学后职业教育法》的第三条专门对高等学校的自治和学术自由做出明文规定"所谓大学自治，是指高等院校根据法律和依法制定的高校章程在认识、教学、科研、财政、经营活动及其他方面的活动中享有自主权"。第一条第 2 款规定了大学的责任"高等院校以自己的活动对个人、社会和国家承担责任。由高校的创办者或者国家教育管理部门监督学校的活动是否符合章程。"在第三条的第 3 款规定了学术自由和学术责任"教授—教师群体中的教育工作者、科研工作者和大学生享有学术自由，包括教学工作者根据自己的理解教授教学科目，选择科研主题并按照自己的方式从事科学研究活动的自由。"[62]以上这些法律使俄罗斯高等院校的法律地位发生明显的变化，相比于苏联时期，俄罗斯大学享有了更多的自主权。

表 18　国立大学在苏联与俄罗斯时期的自治权利的对比

苏联集权模式	21 世纪初期的俄罗斯模式
领导层、管理模式、教师地位	
校长由国家政府部门认定	校长由教职工代表和学生代表选举产生
政府自上而下管理高校；权力掌握在校长和政党领导人手中	由选举产生的大学评议会是主要的管理机构，校长担任大学评议会的主席，其他管理机制由学校章程确定
教师的聘用实行终身制	教师的聘用实行合同制
大学经费的划拨	
国家确定教师的工资数目	国家规定工资数目，劳动部门保障基本工资和基本工作量；大学自筹资金作为工资的补充
国家规定支出项目预算，以每单位的平均支出比率为准；再次拨款的权力有限；没有财政年度亏损预报措施	实施整数预算，拥有给大学再次拨款的权力，但是对工资、学生生活等津贴不进行再次拨款
一切经费来自政府	非政府资金来自：学费，学校企业收入，社会捐赠，对外培训和研究服务收入，出售或出租学校资产等
课程设置	
每门课程的内容和学时都由国家规定	已经获批的课程有教师确定课程内容，国际进行评审和鉴定，并确认是否符合标准
入学标准和学生数	
每所高校的每个专业入学条件和招生人数由国家规定	学校公费生（获得国家补助金和生活津贴的学生）招生数由国家规定，自费生的招生数则由大学根据国家配额自主招收

资料来源：于刘淑华：《走向治理：俄罗斯高等教育内部管理体制变革取向》[J]，比较教育研究，2015 年（2），第 21-24 页。

---

62 Федеральный закон от 22.08.1996 N125-ФЗ О высшем и послевузовском профессиональном образовании [EB/OL]. http://zakonrf.net/o_vysshem_i_poslevu zovskom_professionalnom_obrazovanii/tekst.htm. 2016.09.25

可以说当今俄罗斯国立大学的管理权相较于苏联时期要更自由，更自主。但是大学的实际运行上，每个国家研究型大学的管理制度都不尽相同，还有一部分国家研究型大学始终坚持集权制的管理思路，以保持管理层的稳定性，例如高等经济学校。在这一基础上，俄罗斯国家研究型大学的管理和自治也各具特色。

一、以组建国际专家委员会为契机优化组织结构

在大学中建立简化、优化、高校的组织结构，是有效利用已有资源，提高工作效率的关键。一部分俄罗斯国家研究型大学在优化组织结构上做出了创新性的行动，尤其在结构调整理念上具备项目管理的意识，设置了专门的项目管理中心等机构。例如莫斯科物理技术学院（МФТИ），该校在优化组织结构的同时，新增设了项目管理中心。学校为了优化组织结构，以形成现代化的管理模式为目标，以绩效管理为理念，重组了学校院系和管理部门的整体结构，如图 19 所示，其思路是实现建立清晰的单位模块，形成独立的部门和单元，明确各个部门的权利和责任，实行负责人制度，制定各个部门的绩效指标，实行扁平化的管理模式，提升管理效率，使各个部门能够快速适应新环境、新变化，具备创新的敏感性和魄力。莫斯科物理技术学院的项目管理中心（Центр управления Программой）直接对校长负责，对正在进行中的和计划开展的项目实施全面评估和监督，同时还负责与俄罗斯科学和教育部直接互动和沟通，能够第一时间得到最新的科研项目信息。

除了莫斯科物理技术学院以外，俄罗斯高等经济学校（ВШЭ）将学校中的院系和管理机构重组，学校以科研和教育一体化为原则，将原来的 21 个院系合并为 10 个大型院系，减少行政分离，将管理人员充分利用，以大型院系确保相关学科领域的交叉和互动，促进基础研究和应用研究创新活动。又如下诺夫哥罗德大学（ННГУ），该校为了进一步提升学校的国际竞争力，在项目管理方面进行了积极的创新型改革。学校在打造"教育—科技创新综合体"原则下，成立了专门的项目管理部门，也成立了国际专家咨询委员会，并作为项目管理部门的专业评审机构，将该机构视为提升国际竞争力计划实施的有力监督。圣彼得堡国立信息技术、机械和光学大学（ITMO）也设立了提升国际竞争力的专项管理部门，统一协调资源为保障提升竞争力的各项活动。学校重新将院系和管理机构重组，通过合并将优势资源进一步集中，创建了

国际咨询委员会。

图 19　莫斯科物理技术学院组织管理结构

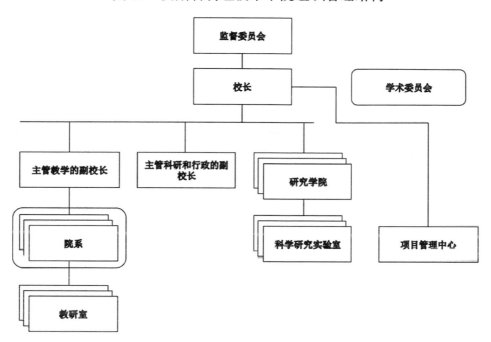

此外，具有国际化意识到国家研究型大学纷纷组建了国际专家委员会，例如，国家技术研究大学（МИСиС），该校在完善大学管理体系方面最大的特点是吸引国际专家进入学校的管理机构作为兼职咨询专家。学校在 2013 年建立了国际科学委员会（МНС），作为学习和借鉴国外一流高校管理经验的常设咨询机构，为国家技术研究大学的战略发展、教育研究创新活动提供科学分析。

国际科学委员会的成员基本是各个科学领域的世界顶尖科学家，他们通过高水平的专业能力和精准的科学预见性，为学校提供科学研究方面的指导，譬如为学校确定 2030 年之前教育和研究的优先发展方向，即纳米材料、冶金、采矿、生物医药、信息技术五个方面，公开评选校内科研项目的竞争者以使科研活动的管理和监督公开化、透明化。

随着国际科学委员会对学校事务介入的逐步深入，委员会极大促进了学校管理活动的现代化发展，国际科学委员会为学校发展"蓝图"的计划提出意见，并监督其实现进程。国际科学委员会给提出了优化人力资源结构的意见，尤其在人员配备以及薪酬管理制度方面，提出了教师科研人员岗位和编制、待遇的计算新方法，保证了福利待遇激励的质量和效果。

二、贯彻绩效管理理念，提高行政效率

国家技术研究大学（МИСиС）在管理方面的另一个特征是强化了"绩效管理"的意识和机制，学校首先和员工签订权责明确、合法有效的劳动合同，制定部门负责人规定时间内需要完成的关键绩效指标。其次学校还创建了一个项目管理办公室，制定和调整学校每个部门需要完成的项目指标体系，并对项目的实施进行监督。在项目的运行上采取透明的程序管理，从项目的计划、竞争、KPI 的设定都是在公开讨论的基础上，项目的阶段性成果 KPI 的报告也需要项目管理办公室的定期评审。这使得完成绩效的意识深入人心，也让项目的实施保持可控的进度，提升的管理的效率。此外，学校开设了"一站式"管理的制度模式，为解决科研教育人员的人事，法律和财务问题省去了繁琐程序，便于人员流动。管理制度的完善，优化了管理人员的结构，提升了国家技术研究大学的管理效率。

高等经济学校（ВШЭ）为将学校的权利和资源向下转移，实现院系自主管理，高等经济学校制定了几条基本原则，其中包括，院系自主设立财务和学术绩效目标，并设立教师发展计划；将院系的财政预算与学校的财政预算视为一体；制定院系发展的各方面绩效目标（KPI）；保留一般性的管理原则，包括合议原则，以及在竞争的基础上开展科研项目招标的原则等。为了进一步简化行政流程，完善行政程序，高等经济学校还专门开通了行政一站式服务网站（http://handbook.hse.ru/），所有行政工作和流程在网站上进行分类，学校努力实现行政办公网络化，以简化行政手续，节省人力资源，提高行政效率。用户还可以对网络行政服务质量进行评价，评价的结果成为优化行政部门服务质量的监测数据。

为了进一步提升国际竞争力，圣彼得堡国立信息技术、机械和光学大学（ITMO）依照创业型大学的发展原则，促进学校管理体制的现代化，建立风险管理机制，进行管理问题诊断，提供有效的解决方案，提高行政管理效率，其改革重点原则是将科学-教育部门从行政职能中解放出来，一方面减轻科研工作者的业务，另一方面促进专业管理团队的业务能力。因此，学校更加注重管理体制的全面改革，向院系下方管理权力，简化行政手续和流程，组建学校的项目管理体系，形成大学现代化信息管理系统。

部分俄罗斯国家研究型大学将财务管理自主权赋予院系，同时建立透明、公开的财务管理制度，在赋予自主权的同时对院系的财务状况进行监督。例如，高等经济学校注重形成以市场为导向的管理体系，促进财务管理系统现代化，向院系引入财务权利自主管理制度，实行院系综合财务计划的模式，明确建立院系的财政权力负责人制度，同时制定符合国际财务标准的财务报告制度，学校自 2015 年开始，各个院系需要向学校提交年度财务报告，报告的内容包括：

（1）反映院系特征的真实数据，包括公费生和自费生的学生名额、师生比、教辅人员的数量、行政人员数量、科研—教育工作者的数量；

（2）有关院系工作效率的相关数据，包括平均一个教研室工作人员带的学生数量、专职教师的平均工资、教辅人员和行政人员的待遇支出等；

（3）表征学院的财务状况的数据，包括院系年度所有收入和支出的情况，在学年初和年末学院的资金流动和结余情况；

自 2015 年以来，高等经济学校采取系列措施将财政发展方案和学术发展计划的权利转移给院系，并建立旨在支持学术发展的基金，院系自主使用和管理这一基金，学校对其进行监督。同时，对于学校实施的集中、专项发展资金，院系要在竞争的基础上获得。2016 年，高等经济学校院系的学术发展基金平均补充 60% 的资金用于支持教师和科研人员的国际学术交流活动。

三、扩大学校自治权利，促进实现民主管理

学校的自治权力体现在很多方面，例如校长的选举，学位的授予，自主审定学术、科研及教学人才等。目前俄罗斯联邦政府在这些权利上还是集中于俄罗斯联邦政府的手中，目前，仅有被列入"顶级大学"的大学，例如莫斯科国立大学、圣彼得堡国立大学拥有这些权力。这在很大程度上限制了大学的自治权利和自主发展，俄罗斯教科部部长利瓦诺夫也表示："不应使这两所大学独享该项自主权，要在全国范围内对这一机制进行试点，这是符合世界趋势的发展方向，我们会沿着这一方向坚定地走下去。"俄罗斯总理梅德韦杰夫也曾表示，他不支持大学校长实行任命制，建议在高校尝试新的大学管理模式，即实行高校行政首脑委任制和大学校长选举制（由学术委员会选举），由两个人分别担任两个职务，代替现行的校长既管学术又管行政的管理模式。他指出："实际上很多国家的高校都是这种模式，因为一个人既管

行政又管学术，到头来什么也做不好，反而会阻碍学校的学术自由。"

尽管现在俄罗斯国家研究型大学也并为获得实质性的自治权利，但是从俄罗斯大学自治权力的发展趋势上来看，可以预测未来俄罗斯国家研究型大学会在学生入学、教师聘任、课程设置和学位授予等方面获得更多的自治权利。

提升教师和学者在学校决策和治理中的影响也是管理现代化的重要表征，理想的现代大学应实现共同治理，学术群体掌握基本的学术决定权，而行政和管理人员则负责资源、设施和其他行政事务。圣彼得堡国立信息技术、机械和光学大学（ITMO）就更加注重利用民主原则，充分听取教师、科研人员、管理人员等不同员工的意见，建立集体与个人的沟通机制，完善信息反馈机制，调动员工积极性为学校的发展建言献策。

第六节　宣传策略：在全球范围内推行积极的市场营销活动

教育质量为大学品牌和口碑奠定基础，大学的营销效率也在很大程度上影响着大学的国际知名度。合理的营销策略是大学公共关系维护、招聘招生、经营和管理等活动的基础，也是影响着学校的教育教学、科学研究、师资力量和学生生源的重要因素。成功的营销活动不仅提升高校国内影响力，更能够将大学的信息传播于国际舞台，提升学校国际竞争力。

市场营销对于俄罗斯大学来说完全是新鲜事物。因为在苏联时期，上大学是公民福利，对于在国家行政计划领导下的免费大学教育来说，通过营销获取更大影响力似乎根本没有存在必要。以学校知名度来说，目前有关俄罗斯大学信息在国外传播范围非常有限。提到俄罗斯的大学，大家似乎只知道莫斯科国立大学和圣彼得堡国立大学，对于其他学校知之甚少。但是在当今社会，无论是国内还是国际高等教育市场，竞争愈演愈烈，被动的、僵化的旧有宣传模式无法为国家研究型大学带来更大影响力。

俄罗斯在自然科学、技术和工程领域的科研和教学实力依然很强，教师、知识的投资水平很高，俄罗斯很多高校包括国家研究型大学都有着良好的教育质量，这些可以成为俄罗斯高校市场营销中的闪光点，加以适当的宣传和包装便可以成为国际社会了解俄罗斯高等院校的窗口。

正如"5-100 计划"执行副主任伊莲娜（Елена ЧЕРНЫШКОВА）教授所指出的："在当今信息渠道十分发达的社会环境中，信息通过互联网在全世界范围内迅速传播，当一位国际知名科学家决定是否赴俄工作时，他最有可能首先通过学校的网站了解俄罗斯高校的具体情况。遗憾的是，在相当长时间内，大部分俄罗斯高校网站只有俄文版，没有英文版，或是提供的英文信息十分简略，这无疑成为世界了解俄罗斯高校的阻隔和屏障。因此，高校网站能否提供详尽的英文信息，其中包括学校概况、教学、课程、科研、管理、教师待遇、办事流程等信息非常重要，这也是当今时代最基本的市场营销手段。"[63]

俄罗斯通信公司的总干事阿列克谢（Алексей ГЛАЗЫРИН）更加直接地指出俄罗斯高校在海外市场营销方面的欠缺和不足之处。他认为，俄罗斯高校在国际市场上的知名度比较低，由于不具备相关经验，俄罗斯海外营销和发展公共关系活动没有发挥出更突出的实效，因为俄罗斯高等教育机构以前并不重视这方面工作，也基本上未曾在海外公关发展方面进行专门投资。但是，西方的大学恰恰具有丰富的海外营销经验，并以此为重要战略之一，抢占国际高等教育服务市场更多份额。[64]

阿列克谢还指出，通常俄罗斯的大学会依据自己的优势学科和领域制定学校的发展战略模型，但在自己并不擅长的领域显得比较被动，甚至选择回避。这是一个短视的做法。例如，海外的潜在目标受众在选择学习或工作机构时往往根据自己的兴趣和喜好，海外学生更倾向于选择区域人文学科，语言、文化和经济管理等，而不是基于俄罗斯习以为常的模型。如果不能抓住市场的敏感点，不能理解国外潜在受众群体的需求，俄罗斯高等院校便不能制定发展型的营销策略。

俄罗斯高校开展信息传播的方式和途径也比较低效，信息传播的渠道选择非常重要，当今最有效的信息传播渠道是互联网，英文网站的建设是进行海外推广的基础，通过使用率较高的全球社交网站，在线教育网站等，以及通过各种非正式对话，从而实现与潜在目标受众的互动和交流，达到搜集市

---

63 Интервью зам. исполнительного директора Проектного офиса 5-100 Е. Чернышковой программе "Гамбургский счет", телеканал ОТР [EB/OL] http://5top 100.ru/about/mass-media/13039. 2016.09.01

64 Эффективные коммуникации: в Петербурге завершился тренинг Проекта 5-100 [EB/OL]. http://news.ifmo.ru/ru/archive/news/5131/2016.09.22

场信息和需求趋势的目的。线下的渠道也有待进一步扩展，例如国际教育展览会、国际科学和教育机构的深入合作，为学校加入国际学术网络提供更好的机会和平台。

一、重视市场营销，拓宽宣传渠道

俄罗斯国家研究型大学在"5-100计划"的刺激中，也开始意识到在市场营销，尤其是海外营销方面的不足，依托学校的特点和优势，从细节上制定、完善海外营销策略，主要体现在以下方面。

第一，成立专门的市场营销部门

俄罗斯国家研究型大学尝试成立专门的市场营销部门，全面统筹和规划学校的市场营销策略和行动，并将这一团队与置于与学校的招生部门、国际办公室、学院／系及其他机构同等重要的地位。这类机构在欧美大学已经普遍存在，例如加州大学大学伯克利分校（美国），墨尔本大学（澳大利亚）的市场营销部门。高校的市场营销毕竟不同于公司的营销，营销的侧重点也不在销售方面，而集中在宣传，提高学校的知名度和声誉。

莫斯科物理技术学院就是一个典型的例子。该校拥有良好的科研团队，师资队伍和专业的管理队伍，在俄罗斯国内排名也很靠前，但是在国际舞台上却没有广泛的认可。树立学校在国际教育、科学和研究中的品牌和声誉，是学校提升国际竞争力的关键步骤。在2014年，莫斯科物理技术学院（МФТИ）成立了市场营销和沟通部，领导该机构的是具有加州大学洛杉矶分校工商管理博士学位的莎莉涅瓦（Шальнева Юлия Анатольевна），该部门的职能是制定品牌发展，市场营销和对外交流的策略，吸引世界各区域的潜在目标对学校的关注和兴趣，提高学校的国际声誉和品牌知名度。

该机构还承担了市场分析的职能，包括敏锐地发现和把握潜在入学申请者、国际专家和研究者、国际合作伙伴、政府机构等不同群体的变化；维护公共关系，对国际高等教育市场发展趋势做出预测，采取相应的应对措施；经营学校的网络社交账户与新闻网站，制作学校的宣传影视资料等方面。

第二、拓宽社会沟通渠道

在开放的信息环境中，大学的发展需要保持向社会传递信息的多种渠道，以便于促进学校在国内和国际的品牌树立。在国际舞台上，大学信息的传播渠道主要包括，全英文网站、海外教育展、推介会、宣讲会、社交网络等。通过与各种媒体的互动，与国际杂志、报刊建立密切联系，可以与学生、家长、教育科研精英，青年科学家世界的代表，雇主等群体进行交流，确保学校各项决策的正确性。

举例来说，彼尔姆理工大学（ТПУ）希望将学校打造成世界优秀理工大学的品牌，在国际科研、教育和社会环境中形成公认的影响力和竞争力。为此，制定了营销和市场推广策略，将学校与社会的沟通渠道分为三种类型：

在线：完善学校的英文版、俄文版和中文版的官方网站，制作可视化的图片和视频资料，使目标受众直观了解和查找学校信息；在网络媒体空间增加学校广告的投放力度，在 YouTube、Twitter、Instagram、LinkedIn，Facebook 等全球化社交平台上创建学校的账户，实现与潜在目标受众的线上交流。

离线：通过国际高等院校展览、校园开放日、发放学校印刷制品（宣传册）、销售纪念品等方式实施信息传播。

在线＋离线：通过发起网络活动与实体活动相结合的活动，最常用的是利用国际社交平台"Facebook"和国内社交平台"В контакте"发展项目和人员召集活动。

学校还成立了"新闻和信息发展办公室"，2014-2015 年举行了多次新闻制作培训活动，活动定位于分析国际一流大学信息和新闻的发展特点，向全球受众提供及时、真实的、具有国家民族特色的学校信息，以良好的新闻服务让学校在国际市场上更具特色。新闻培训的内容包括新闻的制作，大学网站和社交网络账户的运营与维护，自媒体、记者、采编人员的技能，学校重大事件的新闻报道、简讯、侧写等。彼尔姆理工大学对社会沟通渠道的重视也快速提高了学校在国际高等教育市场中影响力，引起了科研工作和学生对学校的兴趣，也进一步提高了学校的国际竞争力。

二、制定和实施国际市场营销策略

高等经济学校 2020 年发展战略规划中明确规定整合学校各个部门的活动、相互协同，基于优先发展领域，实施积极有效的品牌管理行动，包括扩大国际合作领域，在全球范围内推广本校的优质课程，通过提高学校在国际权威期刊上发表学术论文的数量和质量，提高学校在教育和科学研究领域的知名度，提高全球媒体中的曝光率等。这一策略和措施具体包括以下三个方面：

（一）加强与全球在线教育平台合作，提高学校课程及教师的国际认可度

当今社会，面向全球开放的在线课程在高等教育中发挥越来越重要的作用，大学不仅需要提供常规的教育产品，开放性的教育资源成为了新的发展方向。例如慕课（MOOCs），它作为一种开放性的教育方式，受教育者可以不受地理、时间和社会地位的限制，每个人随时随地都可以享受这种资源，并且这类课程可以达到成百上千人同时使用的状态。目前许多世界领先的高校向社会提供的慕课课程都是由各个领域专家和最优秀的研究人员讲授的，这是一种提高学校知名度，树立学校形象的有效方式。

2013 年，高等经济学校与国际知名在线教育平台 Coursera 展开深入合作，Coursera 是目前比较流行的在线教育国际平台，已经与世界众多高校合作，其注册用户达到 2170 万人，其中俄语用户的数量也比较多，可以排在全部用户的前十位。[65]截至目前，高等经济学校在该平台上已经发布独立 36 个专业课程资源，包括经济学基础，应用数学，心理学和社会学基础等领域，这些课程都是由学校著名教授和研究员讲授，有 5 门课程是英语授课。访问这些课程资源的俄语用户数量稳步增长。同时，来自于世界各地，包括美国、印度、中国、英国、加拿大、德国、巴西、西班牙、法国、乌克兰等利用英语课程资源的用户数量也与日俱增。

2015 年，高等经济学校还牵头与俄罗斯国内众多一流高校建立了协会"国家开放教育平台（НПОО）"，包含了 16 万个课程资源，这是一个主要面向俄语受众的在线课程资源库。它为使用者免费提供俄罗斯一流高校的优质课程资源，并利于在东欧国家、独联体国家中树立俄罗斯高校的品牌和口碑。2015 年学校成立了专门录制在线教育视频课程的录影工作室，并以竞标的形式筛选录制的课程和教师，择优选择了"大众经济学"、"博弈论"两门课程，以与授课教师签订相应的合同，进一步规范了在线课程资源的制作和扩展。

一方面，通过网络在线课程，学生可以在国际范围内对学校的教育资源进行比较和选择，高等经济学校充分发挥经济学、社会学的专业优势，以一流教师的优质课程吸引潜在的目标群体，增强对学校教育和课程的认可，进一步提

---

65 Отчет за 2015 год о реализации Плана мероприятий по реализации программы повышения конкурентоспособности （«дорожной карты»）Национального исследовательского университета «Высшая школа экономики» на 2013-2020 годы [EB/OL.]. https://www.hse.ru/data/2016/03/24/1127920114 _5-100_2015.pdf. 2016.09.24

高学校在全球范围的竞争力。另一方面，学校的在线课程的推广在一定程度上扩大了俄罗斯科学教育在国际高等教育中的影响力，提高了俄罗斯学者在国际学术界的知名度，也促进了俄语在国际学术语言中使用范围的扩展。

（二）通过国际合作提高学校与国际不同组织的沟通协作能力

走入国际舞台，高等经济学校力争合作伙伴的多元化发展，不仅包括其他世界一流高校，教育机构，还包括直接关系大学排名的国际组织，例如 QS、THE、U-Multirank、ARWU、U.S.News& World Report 等世界大学排名组织，这是学校以前未曾开拓的合作伙伴。与这些评级机构的合作能够为评价学校提供详尽的材料和报告，提出更多符合学校实际情况的意见，正确评价学校具有发展潜力的领域，发现提高学校国际排名的路径。2015 年，高等经济学校在与 QS 的互动中修正了关于学校的调查问卷，分析学校各项评比数据的基础上，确定学校未来发展潜力领域和优先方向，QS 机构也为学校发展提出了不同的建议。

与国际机构发展伙伴关系不仅能够在国际知名的教育协会中成为新的成员，加速、深化国际化的进程，更能够不断创新行政管理与学科建设的机制，提高学校的国际知名度。不仅限于国际机构，为了形成良好的国际声誉，学校积极与国内和国际的大型公司、雇主代表、校友以及世界其他高等院校的合作。2015 年，高等经济学校与亚洲和拉丁美洲的 15 所学校签订了 22 项有关学术合作、学生交流、课程合作、师资培训等方面的协议。

（三）发展全方位的社会沟通渠道

以高等经济学校为例，保持畅通的、多元化的社会沟通渠道，提高学校的曝光率，确保学校在国际教育展览、论坛、会议、网络媒体和各种社交媒体中的存在感，在国际市场中扩大学校信息的传播路径等方式是学校市场营销的重要手段。2015 年 3 月学校启动实施了网络公共关系发展措施，拓展学校的国际信息空间，参与国际高等院校展览，拍摄广告，完善英语门户网站，在网络信息平台上投放更多关于学校的信息等行动，增加有关学校新闻的网络链接数量，以提高国际社会对俄罗斯高等经济学校的认识。

2015 年 2 月，学校制作了第一支英语宣传视频，全方位介绍了学校的科研、教学、校园环境等信息，并在相关网络媒体上进行广泛投放。为此学校也积极与国外的政治、商务、科普教育等媒体展开接触，参与国际教育展览和会议。除了学校的官方网站以外，学校也积极开拓其他形式的信息载体。2015 年，共有 85212 个公开发行或发布的出版物记录中提到了俄罗斯高等经济学校，其中有 7840 条资讯是国外媒体发布的，有 28088 条信息直接或间接引用了学校代表的讲话内容，相对于 2014 年，2015 年全球有关高等经济学校的信息和资讯增长了 12000 条。[66]

2015 年，高等经济学校在全球社交网络账户的访问量也实现了 43.8% 的增长，这主要包括 Linkedin、YouTube、Twitter、LinkedIn、Facebook 等拥有庞大用户的全球性社交媒体。于 2015 年年初在 Instagram 创建的学校账号，实现了应用用户量 65% 的增长。为了吸引更多潜在入学申请人的关注，网络社交账号上不仅用于宣传学校的各种信息，包括讲座、研讨会、俱乐部、学生团体、创业信息等，社交媒体还能够用于与用户的互动，例如学校发布的互动主题中反馈最活跃的是"录取常见问题解答"、"儿童 VS 父母"、"人工智能与未来生活"等方面。2015 年高等降级学院社交媒体账号的访问用户数量比 2014 年增长了 13%，在俄罗斯国内对全部高校社交账户活跃程度的评比中，高等经济学校位于第二位。[67]

俄罗斯国家研究型大学纷纷制定并实施符合学校特点的、全面而细致的市场营销行动。积极的营销和宣传活动不仅改善了俄罗斯高校在国际高等教育市场的被动地位，提高了俄罗斯高校的国际存在感，让潜在国际学生和家长群体对俄罗斯国家研究型大学有了更深刻的了解和认识，进一步提高了俄罗斯国家研究型大学的知名度和竞争力。

本章小结

依照制度变迁的理论，一种新的制度一旦确立，在新框架体系下多数成员会通过学习效应不断适应新制度。另一方面，适应新制度而产生的组织会

---

66 Отчет за 2015 год о реализации Плана мероприятий по реализации программы повышения конкурентоспособности （«дорожной карты»） Национального исследовательского университета «Высшая школа экономики» на 2013-2020 годы [EB/OL.]. https://www.hse.ru/data/2016/03/24/1127920114 _5-100_2015.pdf. 2016.09.24

67 Отчет за 2015 год о реализации Плана мероприятий по реализации программы повышения конкурентоспособности （«дорожной карты»） Национального исследовательского университета «Высшая школа экономики» на 2013-2020 годы [EB/OL.].https://www.hse.ru/data/2016/03/24/1127920114 _5-100_2015.pdf. 2016.09.25

通过积极的行动，利用新制度提供的条件和环境抓住制度框架提供的获利机会，以获取更大的利益和适应发展与生存的需要。俄罗斯研究型大学这一新学校类型确立下来，入选的 29 所大学中，有一些学校能够充分抓住新制度提供资源和条件，采取积极的适应性策略，从财政投入、科学研究、人才培养、师资队伍、管理体制和市场营销方面推行了一系列提升国际竞争力的举措，抓住国家研究型大学框架内的有效资源，以获取促进学校发展的更多机会和资源。

可以说，这些策略与俄罗斯联邦政府对促进俄罗斯国家研究型大学贯彻落实提升大学国际竞争力的计划策略建议基本是一致的，这几个方面也是促进大学提升国际竞争力的必要领域。也许并不是面面俱到，但是不同的国家研究型大学基于自身优势的区别，对这些不同领域采取的重视程度也不同。例如莫斯科物理技术学院本身的科研优势较为明显，因为也格外重视提升学校的国际学术影响力，尤其鼓励教师和科研人员在国际权威期刊发表学术论文。又如，俄罗斯高等经济学校本身国际化程度较高，为了进一步扩大学校的海外知名度，学校尤为注重国际市场宣传和营销活动，以吸引知名的国际学者和优质的海外生源。一部分俄罗斯国家研究型大学能够基于自身特点制定个性化提升国际竞争力的策略，但是在这 29 所学校中并不是每一所国家研究型大学都能都积极、顺利地利用新制度的资源扶持，有一些学校无论是在改革的魄力还是在策略的制定和实施方面都远远落后于领先的俄罗斯国家研究型大学，这对俄罗斯国家研究型大学提升国际竞争力整体计划的成功性也有着负面影响。

第四章　俄罗斯研究型大学国际竞争力提升策略的个案分析

第一节　新西伯利亚国立大学（HГУ）——依托科学城建设创新型大学

上个世纪，苏联为了开发广袤的西伯利亚和远东地区资源，解决加速发展这一地区各种问题，50 年代末期在新西伯利亚市郊 25 公里处，兴建新西伯利亚科学城。首先在这里建立了苏联科学院西伯利亚分院，随后新西伯利亚国立大学也建立起来了。如今，新西伯利亚国立大学（НОВОСИБИРСКИЙ НАЦИОНАЛЬНЫЙ ИССЛЕДОВАТЕЛЬСКИЙ ГОСУДАРСТВЕННЫЙ УНИВЕРСИТЕТ）同时入选了国家研究型大学计划和"5-100 计划"，在提高学校的国际知名度和竞争力方面走在俄罗斯大学的前列。该校对于提升大学国际竞争力的各项目标的完成度较高，在世界大学排行榜及俄罗斯国内排行榜中的位置蹿升非常快。新西伯利亚国立大学目前拥有 13 个院系和 110 个教研室，6000 名学生，1000 多名外国留学生。2000 名教师，其中 880 名副教授，570 名具有博士学位，60 人为俄罗斯科学院成员，43 名外籍教师。学校拥有 132 个来自 29 个国家的合作伙伴，72 个母语的硕士生培养方案和 19 个英语的本科、专业文凭和硕士研究生的培养方案。[1]

新西伯利亚国立大学在教育科学研究领域的最大特点是学校与俄罗斯科

---

[1] 新西伯利亚国立大学官网 [EB/OL]. http://www.nsu.ru/2016.09.22.

学院西伯利亚分院的紧密结合。新西伯利亚国立大学建立于 1958 年 1 月 9 日，当时还处于苏联时期，同时该学校是苏联科学院西伯利亚分院成立后半年建立的。学校与当时的苏联科学院西伯利亚分院也就是后来的俄罗斯科学院西伯利亚分院在人员、科研、课题、教学等方面的联系非常紧密，可以说学校的发展受惠于俄罗斯科学院西伯利亚分院的资源辐射。至今为止，新西伯利亚国立大学中 80% 的教学和科研人员同时也是俄罗斯科学院西伯利亚分院的工作人员。[2]

二者的紧密合作是在交互协议的基础上开展的，即通过形成合作式教育、教育和研究中心、研究实验室、研究所和联合组织学院主席团等形式。至今为止，新西伯利亚国立大学与新西伯利亚科学中心共同创建了 20 多个教育和研究中心，联合攻关突破性科学问题，并共同安排实践工作、科技会议、学校以及课程书本的出版等工作。新西伯利亚国立大学的科学研究也在二者的协同合作中得到发展，学校注重科研和培养高技术水平的专家，也是俄罗斯少数几所科学和教育领域并重发展的学校。

新西伯利亚国立大学通过俄罗斯科学院西伯利亚分院与世界科学研究前沿紧密结合。这是得益于这一优势，新西伯利亚国立大学的学生可以从低年级就开始在学校以及俄罗斯科学院西伯利亚分院的 100 多个实验室中，使用最先进的科研仪器从事科学研究，这为学校每一个学生提供了优良的学术环境。因此，新西伯利亚国立大学的物理和自然科学依然保持着世界领先地位，并能够保持持续的国际合作，产出被国际权威认可的研究成果。近些年依托这一优势，学校发表在权威科学期刊上的高水平文章数量和被引用的次数明显增多，研究生和高素质教师的数量也逐渐增多。新西伯利亚国立大学的优先发展方向是：物理、生物、医学、化学、地理、数学和计算机。不仅在传统领研究领域，大学还注重开发新的科学研究领域，如工程、仪器制造、天体物理学等。

新西伯利亚国立大学的教育的另一个重要特点是对优秀生源的竞争，该校是西伯利亚地区唯一一所具有连贯、不间断教育形式的大学，学校致力于

2 ОТЧЕТ за 2015 ГОД о реализации Плана мероприятий по реализации программы повышения конкурентоспособности （«дорожной карты»）федерального государственного автономного образовательного учреждения высшего образования «Новосибирский национальный исследовательский государственный университет» на 2013-2020 годы [EB/OL]. https://www.hse.ru/data _5-100_2015.pdf. 2016.09.23

通过竞赛体系筛选天才型青少年，并为其提供特殊的教育方式。新西伯利亚国立大学拥有一个专门附属的物理-数学中学（СУНЦ НГУ），学校中有 9-11 年级的中学生，接受数学-物理，化学-生物这两种形式的专业教育。进入这所学校的学生基本上是各个学科奥林匹克竞赛获奖者，并同时被邀请进入新西伯利亚每年举办的夏令营的优秀学生。这些奥林匹克竞赛和夏冬令营不仅的参加者不仅包括中学生，还包括新西伯利亚国立大学的教授、研究生、本科生等也会加入，与中学生全方位接触，便于发现和培养天才学生。同时，这所专业的中学也是全俄国家统一考试的高分毕业生最集中的学校之一。

一、提升国际竞争力：2020 年之前学校的战略目标

新西伯利亚国立大学在 2010 年入选国家研究型大学，同时在 2012 年通过竞争成为"5-100 计划"的参与学校，提高国际知名度和国际竞争力成为学校未来发展的重要方向。为了进一步提高学校的国际竞争力，新西伯利亚国立大学制定了一系列数字目标，如表 19，其中指标的名称一列表示了大学认为提高国际竞争力需要重点关注的领域，包括科研文章发表的数量和质量、在权威世界大学排行中的地位、外籍教师和国际留学生的数量和比例、学校经费的来源、学生生源质量以及科研人员与学生的比例等方面。

表 19　2020 年之前新西伯利亚国立大学提升国际竞争力计划达到目标

指标名称	单位	2013	2014	2015	2016	2017	2018	2019	2020
在 ARWU 世界大学排行榜中的位置	место	500	500	500	500	500	400-500	400-500	300-400
在 THE（The Times Higher Education World University Rankings）中的排名	место	400	301-350	301-350	250-300	250-300	200-250	200-250	150-200
在 QS（QS World University Rankings）中的排名	место	352	328	280-330	250-300	230-280	190-220	140-160	90-100
每一位科研工作者平均发表的被 Web of Science 收录的文章	篇	1.3	4.9	6.0	7.1	8.1	8.8	9.4	9.7
每一位科研工作者平均发表的被 Scopus 收录的文章	篇	1.4	5.5	6.3	7.5	8.5	9.3	9.8	10.2

每一名科研工作者发表的被收录于 Web of Science 的文章平均被引用的次数	次数	2.7	16.5	16.5	20.2	24.1	28.0	32.1	36.3
每一名科研工作者发表的被收录于 Scopus 的文章平均被引用的次数	次数	2.7	13.43	14.5	16.7	20.5	24.4	28.4	32.6
国际教授、教师和科研人员（包括拥有国外高校博士学位的科研人员）的比例	%	1.4%	1.8%	4%	6%	7%	9%	11%	13%
国际留学生（包括独联体国家）的比例	%	6.7%	7.8%	8.3%	9.0%	10.4%	10.8%	11.2%	11.6%
全日制本科生入学统一考试的平均分数	分数	81.7	78.6	79-81	79.5-81.5	80-82	80-82	80-82	80-82
预算外收入所占比例	%	50	41	42	44	46	49	51	54
科研工作者与学生的比例	%	1:10	1:8	1:8	1:8	1:8	1:8	1:8	1:8

资料来源：http://www.nsu.ru/20160907。

通过对这一系列目标的观察，可以发现学校对提升某些目标的设定跨度非常大，如"国际教授、教师和科研人员（包括拥有国外高校博士学位的科研人员）的比例"从 2013 年的 1.3% 达到 2020 年的 13%，"每一名科研工作者发表的被收录于 Web of Science 的文章平均被引用次数"由 2013 年的 2.7 达到 2020 年的 36.3。[3]在短短几年之内需要达到以上目标，学校需要对以上所提出的部分进行突击式提升，否则这些目标将很难完成。新西伯利亚国立大学提升国际竞争力的具体策略主要包括以下几个方面。

二、以国际化培养方案提高教育产品吸引力

新西伯利亚国立大学不乏优质课程，例如数学、医学、物理和化学等学科，但是这些课程的国际化程度低，无法吸引更多的学生和教师。因此，制

---

3 ОТЧЕТ ЗА 2015 ГОД о реализации Плана мероприятий по реализации программы повышения конкурентоспособности（«дорожной карты»）федерального государственного автономного образовательного учреждения высшего образования «Новосибирский национальный исследовательский государственный университет» [EB/OL] http://www.nsu.ru/.2016.10.09

定这些优势课程的英语版本的培养方案、完善工程教育培养方案，提高学生和教师的英语掌握程度，也就成为了提升学校课程国际竞争力的关键性措施。

目前，学校的机械—数学系实现了四个硕士生专业课程英语培养方案，在经济系有两个。医学系也制定了临床医学专业的英语版硕士研究生培养方案，这是继下诺夫哥罗德州大学之后，在俄罗斯境内第二个拥有临床医学专业硕士研究生英语培养方案的大学。其他院系也积极开展国际化行动，开发和制定专业课程的英语培养方案，尤其在实用性较强的学科上，例如法学、信息技术科学和人文科学等领域。依靠这些英语培养方案，学校招收的国际学生，尤其是研究生的数量逐渐增多。

此外，学校还大力提高学生和教师的英语掌握水平，以更顺利地推广专业英语课程。目前，学校为教师和学生分别开始了专业英语课程，已有 300 多名教师拥有国际英语授课资格证书，学生的英语水平也得到了提高。学校还利用网络资源，引入在校教育课程，尤其在英语和专业课程学习方面。使用慕课等网络授课方式，使在线课程和其他教育资源能够被同学们以快速、有效、方便的方式接受，进一步网络资源的开放程度，以突出学校的课程优势，提高课程产品的国际竞争力。

在科学研究成果方面，2014 年，新西伯利亚国立大学的科学杂志"ΣXOΛH"不仅被俄罗斯国内数据库收录，还被国际著名数据库 SCOPUS 收录，许多国际知名科学家在这一杂志上发表自己的研究成果，其中包括吕克·布里松（巴黎），约翰．狄龙（都柏林），多米尼克．奥马拉（弗里堡）等。2015 年，Web of Science 收录了该杂志（"ΣXOΛH"）的两份通报（期刊），分别是数学、机械和信息卷，语言学和跨文化交流卷。[4]其中"语言学与跨文化交际"卷、"地质与地球物理"卷成为俄罗斯科学引文索引的库的一部分。新西伯利亚国立大学的科学杂志"ΣXOΛH"也成为了俄罗斯国内阅读范围最广、知名度最高的杂志之一。此外，为了进一步吸引亚洲学生，新西伯利亚国立大学的部分专业培养方案还实现了多语种编写，尤其针对蒙古、中国、韩国、

---

4 ОТЧЕТ ЗА 2014 ГОД о реализации Плана мероприятий по реализации программы повышения конкурентоспособности （«дорожной карты»） федерального государственного автономного образовательного учреждения высшего образования «Новосибирский национальный исследовательский государственный университет» [EB/OL] http://www.nsu.ru/. 2016.10.10

日本等地的学生，学校在国外学生较为集中的专业编写了中文、日本等多国家语种的培养方案，以便能够在以上国家中形成学校的教学口碑，进而吸引更优秀的国际学生。

三、借力科学院引入高端人才与优质生源

一方面，新西伯利亚国立大学不断深入与俄罗斯科学院西伯利亚分院的人才合作，吸引那些具有发展潜力的研究人员、顶尖的俄罗斯科学家、国际高水平专家等，促进学校某学科"跨越式"发展。另一方面，新西伯利亚国立大学通过公开竞争，在全球范围内寻觅优秀人才，尤其是能够在国际权威期刊发表重要学术文章，以及那些在重要国际会议上发表前沿成果的青年人才。

与此同时，新西伯利亚国立大学也为本校科学—教育工作者参加国际学术会议和出国进修提供全方位支持。不论是发表科研论文还是参加国际会议，都能够使科研工作者或者教师更专注于研究领域的前沿问题，提高研究技能和水平，并能够将先进的科研成果带入课程，教授给学生，这也保证了学科的课程的进步和完善的状态，进而提高教育和教学质量。

新西伯利亚国立大学支持科研人员参与国际会议和进修的方式主要有三种，第一种是支持其参与国际联合实验室，跨学科研究中心等国际合作研究项目，2015 年，学校共有 314 名科研工作者采取这种方式；第二种是支持教师和教学工作者参与国际会议和国外进修，2015 年，学校共有 169 名教师采取这一方式；第三种是支持青年教师（35 岁以下）的科研—教育工作者参与国际会议，2015 年共有 67 名青年教师接受这一方式。[5]同时，在"5-100 计划"这一专项计划的支持下，学校共派出 407 名科研人员参加国际会议和国外高校进修。

学校尤其重视青年教师（35 岁以下）及科研人员的学术流动，为此制定了一项专门的发展计划于 2015 年正式启动。该计划是基于公开竞争的基础，选拔优秀的青年科研—教师，在资金、物质和管理方面支持他们的研究项目，

---

5 ОТЧЕТ ЗА 2015 ГОД о реализации Плана мероприятий по реализации программы повышения конкурентоспособности （«дорожной карты»） федерального государственного автономного образовательного учреждения высшего образования «Новосибирский национальный исследовательский государственный университет» [EB/OL] http://www.nsu.ru/. 2016.10.11

提高这一群体参与国际会议的频率，促进他们积极拓展在学术领域国际联系，与世界知名科学家、专家和研究人员建立合作关系。

2015 年，新西伯利亚国立大学成立了选拔和招聘外籍教师、专家的特殊部门，其职能包括发布职位空缺、审核申请人资质、组织委员会进行考试、外国专家的入境和工作证件办理、落实外籍教师的国内生活条件等。这一部门的工作对于吸引高水平科学研究人员，提高学校科研团队和实验室的整体水平也具有重要意义。在学校的优势学科，如量子光学领域，通过这一部门的积极运作，学校通过全球公开招聘，吸引了有才华的年轻研究人员，建立了新的科研实验室，加速了该学科的发展。此外，该部门还注重吸引那些关键领域，尤其是学校目前在国际范围内实力有待提高的领域的国际人才，例如经济、社科和人文学科这些具有很强地域特征的学科。吸纳这些领域的国际高水品人才将会极大改变和提升学科的研究质量。

这一部门的成立极人提高了引人外籍教师和专家的效率，促进了科学和教育国际化发展。目前引人外籍教师和专家主要包括两种形式，第一种是中长期的进修形式，类似于中期和长期的访问学者；第二种是短期形式，类似于博士后工作形式。国际教师和专家将国外先进高校的教育和研究经验带入学校，提升了学校的英语授课水平，提高了学校科学研究国际化水平和科研团队的整体实力。

新西伯利亚国立大学会为不同年龄的学生打造不同的教育项目，例如为中学生举办的各个学科的奥林匹克竞赛，承办西伯利亚奥林匹克公开赛，暑期与寒假的数学营地。通过奥林匹克竞赛发现有天资学生，充分挖掘这类学生的潜能，提高天才学生发现和独立解决问题的能力，并为这类中学生提供面试提前进入新西伯利亚大学学习和参加科学研究的机会，这是新西伯利亚国立大学一直以来的传统培养方式。

2015 年，在所有西伯利亚数学、物理、化学、生物学和计算机科学等不同学科的奥林匹克竞赛的学生中，来自全俄和独联体国家的 11 年级的学生中共有 387 人获得最高奖，其中有 117 人被新西伯利亚国立大学录取。附属于新西伯利亚国立大学的天才少年学校，不仅人校者是奥林匹克竞赛的获奖者，同时这所学校也是全俄最优秀的中学，是国家乃至国际奥林匹克竞赛选手的培养基地，专注于培养各个学科（物理学，数学，生物学，计算机科学，数学建模，俄语，外语）的竞赛能手。

　　学校也为本科生、研究生和青年教师组织各种竞赛。新西伯利亚大学的本科生参加区域和全俄的大学生奥林匹克竞赛已经成为一种传统。从 2012 年开始，新西伯利亚国立大学成为普特南数学竞赛（国际知名大学生数学竞赛）的俄罗斯考点，新西伯利亚大学的学生和团队在这一竞赛以及国际数学竞赛中的一直表现突出。

　　此外，还举办大学生密码学、程序设计等竞赛，这类热门学科的竞赛不仅能够吸引俄罗斯、独联体等地区的大学生群体，还能吸引国际顶尖科技公司如世坤投资（WorldQuant）咨询公司、斯伦贝谢（Schlumberger）油田技术服务咨询公司、全俄最大的搜索引擎（Yandex）等先进的科技公司。这些科技公司将获奖学生作为优先储备人才，给予其奖学金和实习机会，也大大提高了学生的学习动机。学校首先也会为优秀学生提供奖助学金。

　　不仅针对学生，学校还会针对青年科研人员、教师等群体举办各类竞赛，如青年工程师-研究员工程设计竞赛，内容是在工程研究、工程设计和工程任务方面通过竞争选择最优的解决方案；青年物理学家竞赛；医学诊断竞赛；生物学课程研发竞赛；工程教育技术竞赛等多个方面。以竞赛促成长是学校提升人力资源的重要思路，奖励优秀工作者，以促使青年教师和科研群体在竞赛中保持进取精神，提高教学和科研的积极性，在不同学科领域树立学校的正面形象。

　　在吸引国外优质生源方面，新西伯利亚国立大学也有自己独特的思路和方法，大学与众多欧洲、美洲和亚洲的国家保持合作关系，由于新西伯利亚并不具有莫斯科、圣彼得堡等中心城市的地理优势，它位于西西伯利亚平原的东南部。远离欧洲，接近亚洲的地位位置也决定了吸引国外优秀学生时，学校采取优先录取亚洲国家如中国、蒙古、日本等地区学生的原则。举例来说，新西伯利亚国立大学 2014 年通过竞争性选拔，录取了 470 名中国的本科生和硕士生，2015 年招收了 720 人，同时 2015 年也是第一批从中国招收的本科生毕业的一年，共 52 名本科生中，有 20 人继续攻读了新西伯利亚国立大学的研究生。[6]

　　新西伯利亚国立大学还与中国的黑龙江大学签订了合作协议，确定了双

6　ОТЧЕТ ЗА 2014 ГОД о реализации Плана мероприятий по реализации программы повышения конкурентоспособности （«дорожной карты»） федерального государственного автономного образовательного учреждения высшего образования «Новосибирский национальный исследовательский государственный университет» [EB/OL] http://www.nsu.ru/.2016.10.10

学位的合作项目，两所学校在扩大研究生招生方面也获得了更多共识。新西伯利亚国立大学通过这一在地理上更接近的定点合作伙伴，从中国招收了越来越多的优秀本科生和研究生。

这与新西伯利亚国立大学留学生服务质量的提升是密不可分的，学校为了帮助外籍学生迅速适应本校生活，专门制定了具有针对性的"国际学生适应"课程、方案和基础设施，其中包括专业俄语课程、兴趣俱乐部、学业和生活咨询中心、班主任和国际学生管理专员、"迎新课程"、旅游项目、生活指导、就业咨询等等。这些服务为国际学生提供了更好的留学体验，也为学校树立了良好的形象和知名度。

四、以网络宣传推进国际市场营销活动

之前，新西伯利亚国立大学与其他俄罗斯高校一样，并不重视学校的宣传和推广工作，不论是在俄罗斯国内或是国际层面。在提高国际竞争力的战略指导下，学校将市场营销和宣传活动置于关键位置，成立了专门制作学校影像和材料宣传的部门，这一部分以前都是由大学生临时兼任的，而现在学校新闻、宣传部门的工作人员都是职业记者。这一部门还承担了很多分析性工作，例如，分析俄罗斯国内和国际高等院校成功的营销案例；分析学校的竞争优势，确保学校成为俄罗斯和世界高等教育市场中的领头羊；分析和确定国际社会或俄罗斯对应用型研究和基础研究需求的变化；分析俄罗斯和国际学生的教育需求和就业需求；大学内外部环境变化的分析。

专门的分析和营销部门可以使学校在国际教育市场中保持敏感度，尤其是对学生需求和社会需求的变化。也显示出新西伯利亚国立大学对学校声誉和影响力这一问题给予了重复的重视。树立学校声誉是一项任重道远的工作，需要长久历史的积累，尤其是学术、科学研究和人才培养等方面，未经过几百年的沉淀，无法形成独特的竞争优势。短时期内可以提升、完善的是学校的宣传和营销，这恰恰也是俄罗斯高校普遍缺乏的。因此，新西伯利亚国立大学尽量弥补在方面的短板，学校制定和实施了一系列营销措施，在短时间内提高了学生、家长、社会对学校的认可度。这些举措主要包括。

（一）制定学校发展的整体性战略

新西伯利亚国立大学首先分析和确定了学校最具潜力、代表未来科技发展趋势的研究方向，组件跨学科、跨专业的综合性研究—教育集群，促进交

叉学科的出现，集中优势资源发展蕴藏着巨大科研创新能力的前沿领域。基于以上考量，学校目前确定的重点研究方向是食品安全、未来材料、未来人类（生命科学，人工智能，计算语言学）、量子科技、宇宙发展（基本粒子和天体物理学）和北极资源开发等几个领域。

此外，新西伯利亚国立大学还将战略重点放在完善学校的研究生培养制度方面，改变过去一成不变的陈旧模式，在分析俄罗斯和世界其他一流大学研究生培养的特点上，加以总结和借鉴，以新的研究生培养模式吸引和招收更多的国内国际高水平研究生。还有非常关键的一点是，学校细致入微地进行市场营销和各种宣传活动，分析教育咨询，将学校的各项成果及时通过各种途径加以展示，尤其是网络展示。摘掉神秘的面纱，积极向世界展示学校的信息和优势资源。

（二）确定学校的整体定位

一直以来，新西伯利亚国立大学没有一个整合性的讯息传播平台，用以详细和直观的反映学校在国际高等教育的地位、优势等，这极大降低了对准备申请大学的毕业生的吸引力。为了解决这一问题，构建统一的宣传平台，新西伯利亚国立大学开展了三项措施：

（1）统一学校名称的使用

之前学校的名称不统一，且很多情况下都使用学校的缩写 NSU，这种不清晰、不明确的学校名称很容易与世界其他高校重名，而误导申请者。因此，学校统一以新西伯利亚国立大学（Novosibirsk State University）全称作为校名的唯一指定，不再使用缩写。

（2）确定学校的宣传概念"真正的科学（The real science）"，即新西伯利亚国立大学是世界一流科学家的培养基地，学校采取广泛的合作，参与全球科学研究进程，同时本校在基础研究领域保持世界领先水平，着力已有科学领域的未知问题，积极探索未来即将面临的科学问题的答案。同时学校也提出了"我们不会把你变得更聪敏，而是教会你思考"（Мы не сделаем вас умнее, мы научим вас думать!）的校训，展示着学校独特的培养理念，着重突出了西伯利亚异域风情和环境气候的独特吸引力。

（3）营造学校的视觉环境

更新设计学校的校徽和标志，该标志体现了学校的历史和理念，以此标志贯穿于学校的网站，出版物和纪念品，加深目标受众对学校的认识和理解。

（三）发展广泛的沟通渠道

沟通渠道是良好的营销和宣传的基础，网络时代的沟通方式多种多样，学校及时更新理念，以互联网途径为切入点，积极拓宽学校的宣传方式，让更多的申请者能够轻松、简便的了解和查找学校信息。

1. 优化校园官方网站

大学网站的吸引力至关重要，直接关系着是否能够引起申请者的兴趣和就读的欲望。新西伯利亚之前的官方网站的设计理念是"我们拥有这些"，而2012年学校优化了官方网站，改变了设计理念，将"我们拥有这些"转变为"你将会得到这些机会"，这大大提高了申请者兴趣。学校网站设计的结构也按照用户浏览习惯而设计，而不是像之前以大学现有的组织结构为逻辑，并尽可能将学校的信息变为简便易懂的可视资源，例如图表、照片、图表、视频等设计元素。同时，学校尽量通过个人故事、学生活动，尤其是就读学生的体会来展示学校的各种资源。新的设计理念是站在受众的角度上，重视网页浏览者的体验和切身感受，因此更具有感染力，引起学生对本校就读的憧憬和向往。

2. 视频频道"NSU LIFE"

"NSU LIFE"是新西伯利亚国立大学的视频资源名称。动态且时长不限的视频，是学校宣传的有效载体。视频不仅能够以新闻、资讯作为内容，更能够将学校的优势学科，甚至课程进行细致的展示。2015年，学校共录制了127个视频短片，内容包括学校的教育、科研、学生生活、服务等方面。更是在国际在线教育平台上"Coursera"上投放了一个独特的、面向俄语观众的课程"病毒学基础"，共50讲。这一课程引起了广泛关注，"NSU LIFE"在Youtube的粉丝量也因此增加了3倍，而观看这一视频的受众人群正是年龄在18岁至24岁的人（46%），这一人群也是潜在的大学申请者。从这一角度来看，视频资源能够吸引申请者的关注，进而提高申请本校学生的数量。

3. 利用大众传媒提高学校知名度

2014年新西伯利亚国立大学共发出了1万多条关于学校教学、科研、建设、服务等方面的信息和咨询，其覆盖范围远远超出了新西伯利亚地区，覆盖了全俄。联邦主流媒体，塔斯社、教育新闻、总统消息等提及新西伯利亚国立大学的频率有很大的提高。有关新西伯利亚国立大学科学研究成果的消息源源不断，每天学校网站科学研究新闻版面至少会发布一条科学研究进展或成果的新闻、材料，重大的科学发现也会被国际新闻媒体关注。

大学成为科学信息的中心，记者根据科学版面的消息撰写新闻，同时学校建立了不同领域的专家学者库，以定期发表科学报告、科学评论、调研报告等资料，显然，这也是 Vebometriks 和 QS 世界大学排名中考虑的指标。目前，对于学校专家们发表的报告和评论的引用频次已经超过了莫斯科物理技术学院，并与高等经济学校形成竞争的趋势。[7]新西伯利亚国立大学还积极利用网络社交工具发布学校的新闻和消息，例如俄罗斯著名的网络社交网站（ВКонтакте），以及国际流行的著名社交网站 facebook、Instagram、twitter 等，同时学校也更改了发布消息的策略，将线上活动与线下活动相结合，提高信息发布的频率，发表学生感兴趣的话题贴。

4. 参加国内和国际展览，扩大学校的知名度

2015 年，新西伯利亚国立大学参加了一系列俄罗斯国内以及国际高等院校展览，其中包括以独立机代表构通过"5-100 计划"参加的。通过集中而高效的展览形式，大学与世界各地的不同群体包括合作伙伴、申请人、家长等建立了密切的联系，也帮助了学校与俄罗斯国内不同层次的大学开展沟通和协调合作。

同时，通过国际教育展，新西伯利亚国立大学发现了更多的合作机会，很多世界领先的大学都有意与学校或者新西伯利亚地区的高校开展学生的短期研修（本科生和研究生）项目，印度日本，巴西，韩国的大学都表达这一合作意愿。同时，学校还与法国的若干高校直接签订了学生流动的合作协议，2016 年将有 40 位法国大学生在新西伯利亚国立大学交换学习一年。在 2015 年九月举行的格拉斯哥国际高校展览中，新西伯利亚国立大学与巴西和爱尔兰两所大学签署了三项协议，也是关于促进学生流动行动。

---

7 ОТЧЕТ ЗА 2014 ГОД о реализации Плана мероприятий по реализации программы повышения конкурентоспособности （«дорожной карты»）федерального государственного автономного образовательного учреждения высшего образования «Новосибирский национальный исследовательский государственный университет» [EB/OL] http://www.nsu.ru/. 201610.10

五、以 KPI 为导向，完善学校管理制度

2015 年，新西伯利亚国立大学在学校的组织管理和人事制度方面也进行了一系列改革，旨在优化学校的行政结构，实现管理层面更高效、更清晰的运转。学校确定了以完成 KPI 为指向的管理制度，即绩效责任制，每个组织明确的自己职权范围，每个部门和岗位以当年完成的绩效程度作为衡量工作是否到位的标准，其中包括分管不同领域的副校长，各个院系的院长，教研室和实验室的负责人，行政管理部门的负责人。基于对 KPI 完成的情况，完善对学校员工的激励制度，同时调整工资和薪酬制度，使学校全体员工始终保持对学校目标追求。

2015 年，学校在管理方面重点实施的是"优化组织结构"和"实施合理的劳动和激励制度"两项计划。学校制定了"优化组织结构"的计划，主要解决以下问题：精简和优化学校的组织结构，重新规划学校管理机构的顶层设计；制定校长领导下的管理流程图；制定评估各个机构管理成效的指标体系；开展对现有组织管理效果的诊断性评价，形成分析结果和改进方案；确定不同层次管理者的权利分配和监督制度；在管理体制改革中突出学校优先发展方向的地位。

此外，在组织机构重组的过程中，通过合并人文-社会专业，实现学校科学-教育院系的改组与优化。学校还设立了一些新的部门，以实现新的功能，其中包括财政预算审计与监督部门，用以监督和管理学校经费的运行情况，且这一部门由分管经济和金融的副校长负责，隶属于学校发展规划中心，辅之以现代化的信息系统；专门负责宣传和市场营销部门；智能成果转化中心，专门负责教育产品的市场化和商业推广等。

学校的人事政策以及学校的管理岗位每年都会更新，2015 年，在人事制度改革方面，新西伯利亚国立大学设立了一个新的职务——第一副校长，这一岗位在学校的地位仅位于校长之下，其职能是负责学校的教育和科研活动，学校的国际事务和对外关系等重要工作。在管理人才的选拔和引入政策方面，学校完善了人才储备制度，人才储备的数据可在俄罗斯联邦教育和科学部备案，经由学术委员会提名。

这些储备人才的岗位包括教授，系主任，科研部门的负责人，院长，副校长，校长等职务。对于校长的任职条件是需要有 35 年以上的研究和教学经

验，20 年以上的高等教育教学工作经验，超过 20 年的管理经验，具有科学博士学位，并具有俄罗斯科学院学术称号（教授）。副校长的任职条件是拥有 30 年以上的教学和科研经历，15 年以上的行政，管理工作经验，同时具有科学博士学位和教授头衔。[8]

新西伯利亚国立大学对行政管理体制的改革目标是使学校各个部门能够对学校内外部环境的变化做出及时的反应和调整，形成行政领导以及各部门负责人管理能力的评估体系，行政和管理干部的人才储备体系，教育—科研人员的评估和储备体系和高级管理者上岗的竞争制度，从而保障各部门对学校整体目标的协调一致。这些新的管理制度使学校减少了冗杂的行政手续，减轻了行政上的官僚风气，让权利和责任更加明确，使各部门运转更加高效。

综上所述，新西伯利亚国立大学一方面重视自己的办学特色，进一步与俄罗斯科学院新西伯利亚分院保持了密不可分的科研—教育合作，另一方面更加重视国际化举措，即国际化的课程，制定更多的针对英语学生的培养方案；招聘国际知名科学家和研究人员，吸引更多优质的国际生源，积极完善国际市场营销策略。

在以上战略和措施的指引下，新西伯利亚国立大学进一步提升了学校的国际影响力和竞争力，从 2015 年学校对提升国际竞争力指标的完成效果上来看，如表 20，学校基本完成了既定指标，除了个别项，例如在 ARWU 世界大学排行榜中的位置，目标是进入前 500 名，但是目前暂未达到。也有个别项完成的异常突出，例如"每一名科研工作者发表的被收录于 Web of Science 的文章平均被引用的次数"和"每一名科研工作者发表的被收录于 Scopus 的文章平均被引用的次数"都实现了翻倍的增长。这一方面说明，学校制定的指标是"量力而行"，符合自身发展节奏，另一方面也更加说明了学校制定的提升国际竞争力的战略措施起到了实际效果。

8　ОТЧЕТ ЗА 2014 ГОД о реализации Плана мероприятий по реализации программы повышения конкурентоспособности （«дорожной карты»）федерального государственного автономного образовательного учреждения высшего образования «Новосибирский национальный исследовательский государственный университет» [EB/OL] http://www.nsu.ru/. 201610.11

表 20　2015 年新西伯利亚国立大学提升国际竞争力计划目标完成的
　　　　实际效果

指　标　名　称	单位	2015 年计划完成	2015 年底实际完成
在 ARWU 世界大学排行榜中的位置	位置	500	-
在 THE（The Times Higher Education World University Rankings）中的排名	位置	301.0-350	401-500
在 THE（The Times Higher Education World University Rankings）的自然科学（Physical sciences）学科榜中的排名	位置	50.0-100	86
在 QS（QS World University Rankings）中的排名	位置	280-330	317
在 QS（QS World University Rankings）Natural Sciences 榜中的排名	位置	180-230	209
每一位科研工作者平均发表的被 Web of Science 收录的文章	篇	6,00	6,30
每一位科研工作者平均发表的被 Scopus 收录的文章	篇	6,30	6,60
每一名科研工作者发表的被收录于 Web of Science 的文章平均被引用的次数	次	16,50	36,90
每一名科研工作者发表的被收录于 Scopus 的文章平均被引用的次数	次	14,50	31,60
国际教授、教师和科研人员（包括拥有国外高校博士学位的科研人员）的比例	%	4,00	6,40
国际留学生（包括独联体国家）的比例	%	8,30	14,50
全日制本科生入学统一考试的平均分数	分数	79.0-81.0	80.62
预算外收入所占比例	%	42,00	47,70

资料来源：http://www.nsu.ru/。

第二节　国家核能研究大学（МИФИ）——以核能研究创立国际声誉

　　在俄政府强有力政策支持下，加速建设世界一流大学成为俄罗斯重点高等院校未来发展的战略目标。俄罗斯国家核能研究大学（МИФИ）作为俄罗斯最早设立的国家研究型大学之一，同时又入选了"5-100 计划"，在改革中走在俄罗斯国家研究型大学的前列，并短时间内取得了突出了成绩，提高了学校在世界大学排行榜中的位置。可以说，这所高校是落实俄罗斯提升国家研究型大学国际竞争力计划的缩影。

一、提升国际竞争力：2020 年之前学校的战略目标

1. 俄罗斯国家核能大学提升国际竞争力的背景

俄罗斯国家核能研究大学（Национальный исследовательский ядерный университет，МИФИ）的前身是莫斯科工程物理学院（Московский инженерно-физический институт，МИФИ）。学校成立于 1942 年 11 月 23 日，那时苏联还处于二战时期，当时名为莫斯科弹药机械研究所。在 1953 年，学校正式更名为莫斯科工程物理学院，集中于为国家培养核能及国防工业的专门人才。1993 年学校更名为莫斯科国家工程—物理学院（技术大学）2003 年学校更名为莫斯科工程 —物理学院（国立大学）。

学校新的发展阶段始于 2009 年，当时的莫斯科工程-物理学院（国立大学）被选为两所国家研究型大学建设的试点学校之一，并正是更名为俄罗斯国家核能研究大学。现如今，俄罗斯国家核能研究大学有三所分校，21 个分支机构，11 个学院，24 个系，129 个教研室，其科学研究工作分布于 26 个科学教育中心、创新中心和 2 个资源共享中心。学校目前共有 1209 名教师和研究人员，7200 名本科生，900 名留学生，600 名研究生，375 名博士学位获得者。[9]

在新的历史发展阶段上，俄罗斯国家核能研究大学将自己的使命确定为——"生产、传播、运用和存储科学知识，用以解决 21 世纪全球面临的问题，同时保障俄罗斯经济社会的改革与创新，提高俄罗斯在世界能源和非能源高科技市场上的国际竞争力"。学校有四个教育和科学研究的优先发展方向：核能物理和纳米物理，核工程和纳米技术，信息技术的基础研究和应用性研究、高科技领域经济学和管理学。此外，俄罗斯国家核能研究大学与俄罗斯大型国家原子能公司"罗萨托姆"（Росатом）保持着密切的联系，该公司为学校提供充足的办学资金，并参与大学的研究和教育过程。

2. 俄罗斯国家核能大学在 2020 年之前的战略目标

2008 年，俄罗斯国家核能研究大学制定了《2020 年之前提升国际竞争力

9　俄罗斯国家核能研究大学官方网站 [EB/OL]. https://mephi.ru/.2016.10.11.

的发展规划》（программа повышения конкурентоспособности Национального исследовательского ядерного университета «МИФИ»），该战略目标是力促俄罗斯国家核能研究大学成为在核能、辐射、纳米技术领域中开展教育、科学和创新的全球大学领导者，同时，提高俄罗斯大型国家原子能公司"罗萨托姆"（Росатом）及俄罗斯其他先进科技公司在国际市场中的竞争力。

该战略目标也规定了学校期望在 2020 年之前进入世界大学排行榜的前100 名，其中具体的目标还包括：

（1）在 QS 世界大学排名中，达到 51-100 位，"物理与天文学"学科达到 51-100 位；在 THE 世界大学排名中，达到 121-170 位，"自然科学"或"工程与技术"学科达到 51-100 位；

（2）每一名科研工作者发表于被数据库 Web of Science 或 Scopus 收录的期刊文章的平均数量达到 6 篇；

（3）每一名科研工作者收录于数据库 Web of Science 或 Scopus 中的文章被引用次数达到 8。

（4）国际教授、教师、科研人员以及拥有国际领先高校博士学位的博士研究生的比例达到 14%；

（5）在读的国际学生（包括独联体国家的学生）比例达到 17%；

（6）招收的全日制本科生在国家统一入学考试的平均分数不低于 85 分（总分 100）；

（7）国家预算外的资金投入占总投入的 52%。

（8）补充指标：（1）用以支持本科生和研究生参与创新研究的资金比例占科研经费 30%；（2）依据国际标准认证合格的工程师的比例，以及符合国家原子能公司"罗萨托姆"（Росатом）及其他领先科技公司标准的工程师的比例达到 100%；（3）在核能领域工作的毕业生，通过核能教育质量管理体系资格认证的比例达到 100%；（4）科学研究成果转化的所得收入占学校所有收入的 46.5%。[10]

以俄罗斯国家核能研究大学目前的水平，在 2020 年之前达到以上目标，需要学校从战略到实践做出加速式的迈进。为此，俄罗斯国家核能研究大学

---

10 俄罗斯国家核能研究大学 2020 年之前的目标规划（программа повышения конкурентоспособности Национального исследовательского ядерного университета «МИФИ»）[EB/OL]. https://mephi.ru/about/competitiveness/2016-10-12.

采取了一系列计划和措施，采取巩固和提升核能、物理等优势学科，发展相关学科，从教育、科学研究、科技创新等方面增强自身优势，同时提高国际化水平，吸引国际顶尖学者，扩大国际学生数量，注重产学研结合的策略设计。

3. 目前阶段学校目标的完成情况

经过将近六年的发展，俄罗斯国家核能研究大学已经成为俄罗斯国家研究型大学中的佼佼者，不论是在教学还是科学研究方面的发展都非常迅速，在国际以及国内大学排行榜的地位明显提升。

2016 年在上海交通大学的 ARWU 世界大学排行榜中，俄罗斯国家核能研究大学位列 301-400 名。在 2016 年泰晤士报高等教育（Times Higher Education）世界大学排行榜中，俄罗斯国家核能研究大学位于 251-300，该校的"自然科学"（Physical sciences）学科排名由 2014 年的 74 位升至 2016 年的 36 位；在 THE 发布的 2016 年金砖国家和发展中国家大学排行榜中排名 26 位；在 THE 发布的 2016 年欧洲最佳大学中排名 161-170 位。[11]

在 QS（Quacquarelli Symonds）发布的世界大学排行榜中，俄罗斯国家核能研究从 2014 年的 481-490 位升至 2016 年代的 401-410 位，该校的"物理与天文学"（Physics and Astronomy）学科从 2014 年的 250-300 位升至 2016 年的 51-100 位；在 QS 金砖国家大学排行榜中由 2014 年的 57 位上升至 2016 年的 50 位。[12]在俄罗斯国内最具权威的大学排行榜"Эксперт РА"中，俄罗斯国家核能研究大学 2013 年排名第五，2014 年排名第四，2015 和 2016 年连续排名第三。

通过俄罗斯国家核能研究大学近些年在世界大学排行榜中的表现，我们可以看到学校的一些目标已经提前得以实现。例如，学校计划在 2020 年之前实现在 THE 世界大学排行榜中的"自然科学"学科排名 51-100 位，在 2016 年，学校在这一学科领域的排名已经达到 36 位。在 QS 世界大学排名中"物理与天文学"学科达到 51-100 位也在 2016 年得以实现。

对于俄罗斯国家核能研究大学这样一所规模不大，甚至偏向单科发展的大学，能在短时间内取得如此巨大进步是了不起的，正如俄罗斯总统普京

---

11 俄罗斯国家核能研究大学在泰晤士报高等教育（Times Higher Education）中的排名情况 [EB/OL]. https://ru.wikipedia.org/wiki/.2016-10-15.

12 俄罗斯国家核能研究大学在 QS（Quacquarelli Symonds）中的排名情况 [EB/OL]. https://ru.wikipedia.org/wiki/.2016-10-16

2014 年参观俄罗斯国家核能研究大学时所言："对于一所建设于苏联时期的学校，能够取得如今的成就，毫不夸张的说，这是一所传奇的大学。当然，学校的重要职能是培养核工业领域的人才，不仅包括战争领域的核工业，更是为了和平时期的核工业发展。"[13]那么，俄罗斯国家核能研究大学是通过何种措施使学校获得如此快速进步的呢？通过对学校的发展措施和各种活动的总结，我们可以从以下几个方面加以总结。

二、吸引国家大型核能企业的资金注入

多元化的经费来源是学校办学的重要保障，俄罗斯国家核能研究大学的办学经费不仅依靠国家的财政拨款，除此以外，另有几种资金来源：大型企业的赞助，学费收入，继续教育以及研究和咨询服务费用。在国家财政拨款固定不变的情况下，其他经费来源就显得至关重。在 2013 学校全部的办学经费来源中，我们可以发现，国家政府预算内的财政拨款与学校自主筹措的经费比例已经达到了 1.1，如下表 21。

表 21 2013 年俄罗斯国家核能研究大学财政收入及分配的情况

财政预算的使用方向	政府拨款（单位，百万卢布）	学校自筹（单位，百万卢布）
教学实验室和科研设备	251,000	93,000
教师和科研人员的培训	7,000	4,000
制定培训计划	35,709	25,974
发展信息资源	41,147	34,775
完善教育和科学研究的质量管理体系	29,581	13,099
其他支出方面	35,563	229,152
总计	400,000	400,000

资料来源：https://mephi.ru/obrdeyat/educational_and_methodological_activities/docs/Otchet_obsled/2013-2014/MIFI_2013-2014_2.pdf。

2014 年以来，由于俄罗斯受到西方制裁，经济发展迟滞，对学校的预算资金有所降低。因此，这类政府预算外的、由学校自筹的资金数额有所上升，

---

13 俄罗斯总统普京慰问俄罗斯国家核能研究大学时的讲话 [EB/OL]. https://mephi.ru/upload/PSR/Otchet_2014.pdf. 2016-10-17

尤其是俄罗斯大型国家原子能公司"罗萨托姆"（Росатом）对学校的支持占据了很大的比例。甚至在 2014 年俄罗斯政府财政拨款严重不足的情况下，该公司追加了大笔支持学校各项活动的资金投入。更多的自主经费让学校拥有了更多的办学自主权，可以绕过复杂的政府程序，做出更多创新性的决策。俄罗斯国家核能研究大学将大部分收入投资于教学与研究活动，尤其是投入研究活动的资金比例远远高于俄罗斯高等院校的平均水平。

三、与国际顶尖科研机构实现人才互动

核能以及核能工业的相关学科是俄罗斯核能研究大学的"王牌"领域，在这一领域人力资源的优势是保持学校在世界范围内核能研究领先地位的关键要素。因此，学校加大力度提高核能教育和研究人员的业务能力，一方面大力引进国外顶尖高校的著名教授和研究者，另一方面将本校的研究者送往国际顶尖研究机构中进修。

提高学校人力资源水平首先需要建立与国外顶尖科研机构的人员互动。由于该校建立之初立足于发展俄罗斯的国防工业，因此很多研究项目涉及到保密资料和国家安全，这为俄罗斯国家核能研究大学的国际研究合作和人员互动设置了障碍。因此，学校在做到规避风险，加强保密工作的前提下，努力寻求更广泛的国际交流与合作，借鉴和吸收国际先进核能研究成果。其中最重要的是与广泛与欧美国家核能领域的顶尖研究机构或高校开展人力与项目合作。

首先是与欧洲核子研究中心（European Organization for Nuclear Research, CERN）的人员互动。欧洲核子研究中心世界上最大型的粒子物理学实验室，也是众多国际高科技产业培养研究人员的平台，俄罗斯核能研究大学与欧洲核子研究中心的联系渊源已久，在欧洲核子研究中心工作的俄罗斯研究人员有三分之二毕业于俄罗斯国家核能研究大学，他们虽然身在国外，但与俄罗斯的学术界依然保持着紧密联系，尤其是近些年在俄罗斯教育与科学部"p220计划"[14]的吸引下，越来越多在欧洲核子研究中心工作的俄裔科学家回到了俄罗斯国家核能研究大学工作，同时也带回了先进的科研项目和前沿研究方法。

---

14 "P220 计划"：2010 年 4 月，由俄罗斯政府制定的旨在吸引国际顶尖学者，尤其是在国外领先科研机构和大学中工作的俄裔学者赴俄罗斯大学工作的计划，主要内容是在俄罗斯大学内建立先进的科学实验室和共同的研究项目。

其次，通过课程或者课题的国际合作促进人员交流。最具代表性的是俄罗斯国家核能研究大学"核反应堆的物理理论和实验"教研室与国际原子能机构（International Atomic Energy Agency-IAEA）共同开展的国际合作课程"核电厂安全性的概率实验（初阶）"。这门课程的开设，使俄罗斯国家核能研究大学的本科生、研究生和青年专家学者通过与国际原子能机构的业内顶尖专家学者面对面的交流，获得国际前沿的知识，了解核电厂的安全性测评方法。

最后，将本校的科研人员以进修生的身份送往国际领先研究机构或俄罗斯国内科研机构进行培训。2013 年，俄罗斯国家核能研究大学共有 280 名科研人员在国外顶尖的科研中心进修，如隶属于美国能源部国家核安全局（NNSA）之下的劳伦斯利弗莫尔国家实验室（Lawrence Livermore National Laboratory）、德国马克斯 . 普朗克研究所（Max Planck Institute），瑞士查尔姆斯理工大学（Chalmers University of Technology）等。在这些研究中心进修的人员能够参与科研项目，如同研究生一样在核能和其他高科技领域中进行科学研究和实验。2013 年，拥有在海外研究机构中学习和进修经历的研究生、科研工作者占全部研究人员的 20%，2014 年这一数据增长为 23%。

四、以国际科研合作提升核能研究实力

1. 通过高水平国际合作，科研创新能力的突破

与国际领先科研机构开展合作，参与共同的研发项目是提升学校科研能力的捷径。俄罗斯国家核能研究大学也积极通过这种方式，与国际顶尖研究机构的优势学科开展广泛科研项目合作。例如，学校与德国于利希研究中心（Forschungszentrum Juelich）签订了建立战略合作伙伴关系的协议，在于利希研究中心处于世界前沿学科的核物理、磁共振脑成像的研究领域成立了共同合作的科研课题；与美国麻省理工学院（MIT）共建核科学和材料学领域的教育、科研和创新中心，实现两校之间的教授和学生在维持核电站安全运行、开发先进材料、核医学、核系统装置技术研发等方面的共同研究；与美国橡树岭国家实验室（Oak Ridge National Laboratory）签订合作协议，实现二者在核物理与技术、材料科学、超级计算机等领域共同开展合作研究。

此外，学校与欧美很多学校建立了学术交流、学生和教师交流互访、科研人员培训、国际课程互选、联合编写科研出版物等方面的合作，其中包括都灵大学（意大利）、波鸿鲁尔大学（德国）、代尔夫特理工大学（荷兰）、克

拉科夫 AGH 科技大学（波兰）、内布拉斯加大学林肯分校（美国）、坦佩雷理工大学（芬兰）等学校。

参与国际顶尖的科学研究项目是获取独一无二的研究成果、提升大学竞争力最有利、最直接的方式。俄罗斯国家核能研究大学通过国际顶尖科研项目，开展了两项具有比较优势的研究，其一是，俄罗斯国家核能研究大学加入了欧洲核子研究中心（CERN）的大型强子对撞机——世界最大的粒子加速器在高能物理方面的研究，并对该研究做出了卓越的贡献，包括制作辐射传播的探测器轨道，这是测量系统的基本组件。实验的结果是发现了"希格斯玻色子"[15]，该粒子是物理学基本粒子"标准模型"理论中最后一种，它的存在是对物理学基本粒子"标准模型"的重要确认。俄罗斯国家核能研究大学通过对该项目的参与获得了珍贵的资源和数据，直接提高了学校在高能物理方面的研究水平。

其二，学校参与创建了"物质反物质探索与轻核天体物理研究有效载荷（Payload for Antimatter Matter Exploration and Light-nuclei Astrophysics，PAMELA）"的装置[16]，并进行跟踪研究。借助于俄罗斯国家核能研究大学参与创建的这一实验设备，学校能够长期研究质子的能量光谱以及宇宙射线的能量变化。俄罗斯国家核能研究大学通过参与这两项国际顶尖的研究项目，不仅发表了一系列高质量的科研文章，更是实现了学科的跨越式发展。

2. 促进优质科学研究成果的发表

大学的科研和创新能力在很大程度上通过高质量的研究成果来体现，例如发表可以被"Web of Science"和"SCOPUS"数据库等高水平数据库收录的文章，论文具有较高的被引用率等。不论是着眼于提高学校在世界大学排行榜位置这一短期目标，还是为学校建设世界一流大学提供长远的动力，俄罗斯国家核能研究大学都将激发科研人员、教师和学生发表优质科研论文视为优先发展任务。为此，俄罗斯国家核能研究大学借鉴国际领先高校的经验，采取了一系列激励措施，主要包括：

---

15 希格斯玻色子是粒子物理学标准模型预言的一种自旋为零的玻色子，其他粒子在希格斯玻色子作用下产生质量，为宇宙形成奠定基础，2013 年 3 月，欧洲核子研究组织表示先前探测到的新粒子是希格斯玻色子。

16 PAMELA 是第一个以卫星为平台的、致力于研究电子和正电子形式的宇宙线和空间反物质的科学实验仪器。其目标包括长期监测太阳对宇宙线的调制、高能太阳风粒子、地球磁层中的高能粒子以及木星电子。

（1）建立奖金激励机制，学校设立了专门用以支持和奖励那些发表的文章被"Web of Science"和"SCOPUS"数据库收录的科研人员、教师和学生，旨在提高学校全体教职员工和学生发表科研论文的积极性。

（2）建立论文发表的专家咨询和指导支持体系，尤其发表被"ISI Web of Science"和"SCOPUS"收录的高水平文章，为此，在 2014 年，学校还专门与爱思唯尔（Elsevier）出版集团、汤森路透（Thomson Reuters）信息公司开展合作，邀请专家为教师、科研人员和学生就"如何在 Web of Science 发表高质量科研文章"为主题进行系列培训。

（3）组织用以鼓励研究人员和学生论文发表积极性的竞赛和竞争机制；

（4）发展物质－技术资源保障对人员在图书资料获取方面的支持，通过远程通道使研究人员获取世界科技信息资源；

（5）发展本校能够被"ISI Web of Science"和"SCOPUS"收录的科学杂志。[17]

在这一系列激励措施下，俄罗斯国家核能研究大学被国际科学数据库收录的文章数量以及被引用的频次都实现了成倍的增长，尤其在核能、纳米、物理等优势学科领域，这也是在较短时间内学校的"自然科学"和"物理与天文"学科能达到既定目标，冲入世界排名百强的原因。

3. 建设先进科学实验室和交叉学科研究机构

先进的实验室是科研创新的重要依托，由国际顶尖科学家领导的实验室更是实现研究突破的关键。俄罗斯国家核能研究大学吸引国内外顶尖科学家建立实验室的行动是在俄罗斯政府"P220 计划"的宏观政策下开展的。2010 年 4 月，俄罗斯联邦政府颁布了第 220 号决议，旨在加大财政支持力度推进俄罗斯科学和创新能力发展，其中重要任务之一是吸引世界著名科学家，尤其是境外的俄裔科学家赴俄罗斯国内高校建立国际领先实验室，建立俄罗斯高等院校与世界领先科学研究机构的密切联系，改善俄罗斯科研人才的构成，激励和带领更多的年轻人进入科学和高科技研究领域。截至 2016 年，已经进行了五次选拔，近 200 位科学家在俄罗斯的不同高校建立了国际领先实验室。

俄罗斯国家核能研究大学在此背景下也大力引入国际顶尖科学家，建立了四个国际领先实验室，其中包括法国兰斯大学的终身教授、俄裔科学家 И.Р.

---

17 2015 年俄罗斯国家核能研究大学的成果汇编 [EB/OL]. https://mephi.ru/about/concept/report-mephi-2015-1.pdf. 2016.10.19

纳比耶夫（И.Р. Набиев）领导的纳米—生物工程实验室。他也是欧洲第一位因研制出基于纳米晶体和可识别分子的轭合作用形成的诊断系统而获得专利的学者。纳比耶夫在俄罗斯国家核能大学建立的"纳米—生物实验室"极大提升了学校在该研究领域的国际影响力。

俄罗斯国家核能研究大学中由国际领先科学家领导的实验室还有：由美国田纳西大学教授、美国橡树岭国家实验室科学家 Е.Ю.瓦列金诺维奇（Е.Ю. Валентинович）领导的"核物理实验室"，该实验室对于研发亟待解决的核电和核医学装置的探测器装置至关重要。还有，由加州大学圣地亚哥分校教授的俄裔科学家 О.Е.阿列克桑德洛维奇（О.Е.Александрович）领导的"通过电磁技术生产新材料的方法研究实验室"；同为美国加州大学圣地亚哥分校教授 К.С.伊戈列维奇（К.С.Игоревич）领导的"等离子体和表面的相互作用"实验室。俄罗斯联邦对这些实验室的支持经费划拨到俄罗斯核能研究大学，研究者在经费的支持下从事科学研究，并将阶段性的研究成果进行总结，大学为其研究提供保障。同时，俄罗斯联邦资助委员会对获得资助的研究者提出硬性要求，对科学实验室的工作负责，且每年在实验室工作的时间不得少于 4 个月。

海外引智活动对于提升俄罗斯国家核能研究大学的科学研究国际地位具有十分重要的意义，不仅能够建立高水平的科学研究实验室，取得领先的科研成果，而且能够建立国内外学者的经常性互动，拓展学术视野，在培养学校研究生和青年人才方面也能起到积极的推动作用。正如俄罗斯教育与科学部前部长所言："重要的不仅是建立高水平实验室，而是这项计划能够催生世界水平科研成果的产生，这将给俄罗斯的大学带来活力，给地方和整个国家的学术氛围带来重要的现代化影响。"[18]

交叉学科往往是科学新的生长点、新的科学前沿，这里最有可能产生重大的科学突破，使科学发生革命性的变化，更有利于解决人类面临的重大复杂科学问题、社会问题和全球性问题。为了促进交叉学科的发展，2016 年俄罗斯国家核能研究大学进一步对学院进行细致划分，在已有学院的基础上，新增了"工程—物理生物医学"学院、"激光和等离子技术"学院、"纳米技术在电子学、光子学和自旋电子学应用"学院、"核能动力"学院等十个学院。

---

18 俄罗斯政府大型海外引智计划"P220 计划"官方网站 [EB/OL]. http://www.p220. ru/2016.10.18

并建立了"粒子物理基础研究中心"、"非平衡原子系统与合成材料中的物理技术研究中心"、"应用数学和理论物理中心"、"核能系统和材料研究中心"等十个卓越研究中心。

五、以发展小型创新企业实现产学研结合

俄罗斯政府于 2010 年制定的"P220"计划中重要目标之一，就是提高研究结果转化为经济效益的能力和水平。俄罗斯国家核能研究大学十分注重产学研的结合，一方面是落实国家政策的需要，另一方面也是学校与实践结合紧密的核能、物理、纳米科技、信息技术等学科的特点要求。

提高科研成果转化率的前提是做好知识产权的保护工作，俄罗斯国家核能研究大学重视对知识产权的支持和保护，尤其对专利、实用模型和计算机程序、集成电路设计图等。学校特别开发了一套有效的知识产权注册和保护系统。自 2010 年以来，学校的知识专利注册数量增长了 8 倍，知识产权带来的收益也显著增加。通过 2013 年俄罗斯国家核能研究大学对科学研究的投入和收益对比，如表 22[19]，我们能够更清晰的了解这一情况。

表 22　2013 年俄罗斯国家核能研究大学对科学研究的投入和收益对比

科学研究与研发成果（在国内与国际框架内）（个数）	知识产权收入（包括专利与销售许可协议）（百万.卢布.）	对科学研究和科学研发工作的财政投入（百万.卢布.）	
		2013 年总计	国外捐赠
332	293	2132,688	37,207

资料来源：https://mephi.ru/about/concept/report-mephi-2015-1.pdf.2016-10-18。

产学研结合需要现实的转化平台和机构，俄罗斯国家核能研究大学为此成立了众多大学下属小型创新企业，这些企业附属于学校不同的院系和实验室，它们的创新活动提高了科学研究成果的转化效率，为研究者提供实践平台，更能够将研究成果及时转化为生产产品，实现其商业价值，为学校创收，并推动经济和社会的进步。小型创新企业的发展和盈利情况，我们可以通过2014 年俄罗斯国家核能研究大学小型创新企业的情况，如表 23 得以窥见。[20]

---

19 2015 年俄罗斯国家核能研究大学的成果汇编 [EB/OL]. https://mephi.ru/about/concept/report-mephi-2015-1.pdf. 2016.10.18

20 2015 年俄罗斯国家核能研究大学的成果汇编 [EB/OL]. https://mephi.ru/about/concept/report-mephi-2015-1.pdf. 2016.10.19

表23 2014年俄罗斯国家核能研究大学下属小型创新企业发展的相关
数字

小型创新型企业的数量		在小型创新企业中工作的正式员工数量		学校的本科生研究生和科研人员在小型创新企业中工作的人	小型创新企业完成学校订单所获得的收入（百万.卢布.）	
总数	2014新增	总数	2014新增	2014年	总数	2014年
24	3	114	24	135	103,6	16,2

资料来源：https://mephi.ru/about/concept/report-mephi-2015-1.pdf.2016-10-19。

学校在产学研结合方面体现的最明显的是与俄罗斯大型国家原子能公司"罗萨托姆"（Росатом）的密切关系，该公司不仅是学校最大的注资方，更是学校在核能、纳米技术、辐射安全等层面的应用实验平台和成果转化平台，学校很多科研项目都是该公司的"订单"，这些"订单"代表着公司乃至国家对核能领域研究中最迫切需要解决的问题。因此，这种结合是一种"双赢"活动，一方面能够提升重要核能企业的研发和应用水平，另一方面能够进一步完善研究成果。

财力资源、人力资源和科研能力可以说是俄罗斯国家核能研究大学提升国际竞争力，创建世界一流大学的核心策略。除此以外，俄罗斯国家核能研究大学还在促进教学和研究设备现代化、完善管理体系、优化教学大纲、拓展海外市场等方面施加更多的策略。尤其在吸引优质生源方面，学校在国家统一入学考试的分数上排名国内前列，且每年举办面向中学生的数学、自然科学奥林匹克竞赛，参赛的获奖者转而被俄罗斯国家核能研究大学录取，这从生源上保障了学校的教学和研究高质量。通过以上分析，我们可以总结俄罗斯国家核能研究大学建设世界一流大学措施的特点，即高水平的国际化程度，能够进行广泛的国际学术合作，积极参与国际顶尖的科研项目，与国际领先科研机构实现人员的互动和交流，实现产学研的紧密结合。

学校紧紧抓住这些核心策略，再辅之以其他服务型的策略，逐步完善提升自身国际竞争力的模式。俄罗斯国家核能大学作为一所以核能研究为重点的国家研究型大学，依托自身的优势资源，不断探索建设世界一流大学的独特道路，并取得了突出的成绩，它是我们观察俄罗斯大学发展策略的一个窗口。可以说，在俄罗斯建设世界一流大学的宏观政策支持下，俄罗斯每一种

类型的大学都在积极探寻转型和升级的模式，其中包括传统古典大学、国家
研究型大学、联邦大学和地方普通高校。从国家持续发展的角度来看，俄罗
斯政府力促世界一流大学建设的最终目标是为了提升国家整体的竞争实力，
为国家的创新体系建设提供智力支持，力争重新回归世界强国地位。

第三节　俄罗斯高等经济学校（ВШЭ）—— 以经济研究扩展国际影响力

俄罗斯高等经济学校（Национальный исследовательский университет
«Высшая школа экономики» ，НИУ ВШЭ）建校于 1992 年，这一年是苏联
解体后，也是俄罗斯近些年来人均国内生产总值最低的一年，学校建设初期
的规模较小，但是在 20 余年的发展中一跃成为俄罗斯国内大学十强。现如
今，俄罗斯高等经济学校是东欧最大的社会经济教育与研究中心。学校设有
20 多个院，120 多个系，21 个研究机构和 120 余项继续教育项目。现有 1500
名教师和 500 名研究人员，16000 多名学生以及 21000 名参与继续教育的学
生。其学科门类门类涵盖了几乎所有的人文学科、社会与经济科学、计算机
科学和数学等。[21]

俄罗斯高等经济学校建校之处的目标是贡献于俄罗斯新时期的社会、经
济和科学发展，其学术研究的范围集中于支撑俄罗斯社会经济建设的制度经
济学与当代经济社会学理论。学校在俄罗斯进入 21 世纪后的社会经济改革和
社会政策制定方面做出了重要贡献，比如教育现代化、推进公共行政和公务
员改革制度、促进产业转型和升级、促进政府统计和审查机制等方面。高等
经济学校科学研究定位于"以自己的基础性和应用型科学研究为俄罗斯联邦
和地区的社会经济领域问题提供分析和解决方案"。1999 年以来，高等经济学
校以俄罗斯社会经济现代化的分析和科研优势，逐渐成为俄罗斯联邦关键部
委的咨询机构，2008 年以来高等经济学校成为了俄罗斯联邦政府在社会和经
济领域的高级智囊机构。

如今，学校研究人员和学生每年开展的研究项目达 200 多个，经济价值
超过 8.5 亿卢布，每位教师和科研人员的研发经费达到 21900 美元，基本是
俄罗斯大学平均水平（2800 美元）的近 8 倍，也高于中欧和东欧大学的平均

---

21 俄罗斯高等经济学校官方网站 [EB/OL]. https://www.hse.ru/en/2016.11.01

水平。[22]2015 年，俄罗斯高等经济学校中的研究人员出版专著和学术成果 300 多部，发表学术论文 2000 度篇，在国际学术期刊上发表的科研成果在俄罗斯大学和研究机构中也处于领先地位。[23]一所成立不到 30 年，规模也不大的学校能够成为俄罗斯新时期的顶尖大学，成为大学精英俱乐部的一员，这与俄罗斯高等经济学校独特的发展理念和策略是密不可分的。21 世纪初，俄罗斯高等经济学校经攀升到俄罗斯高等教育系统的顶端，但是其发展趋向却与俄罗斯传统大学愈发相似，这对高等经济学校而言意味着停滞不前。

为了避免落后，学校需要在新的挑战中重新定位发展战略。2009 年，高等经济学校被设立为俄罗斯国家研究型大学（НИУ），2013 年又入选"5-100 计划"。在这两个计划的推动下，学校进入了全新的发展阶段。放眼全世界，提高学校在世界大学排行榜中的位置，扩大学校的全球知名度和影响力，提高学校的国际竞争力，成为了俄罗斯高等经济学校未来发展方向。在这一理念引领下，俄罗斯高等经济学校采取一系列措施提升国际化水平，向世界一流大学迈进。分析俄罗斯高等经济学校提升国际竞争力的相关举措，有利于了解俄罗斯其他高校的相关发展措施。

一、提升国际竞争力：2020 年之前学校的战略目标

20 世纪 80 年代后期，当时的苏联已经发现自己身处于新兴市场和新的经济形势之中，但是当时极端缺乏新的工具来分析和了解这种转变，到了 20 世纪 90 年代，对现代经济学研究的需求愈加强烈。1992 年，即俄罗斯联邦独立的第一年，剧烈变化的政治和经济变革需要领先的研究作为保障，但是国家几乎无法评价和预测社会和经济变革的发展，因为除了俄罗斯科学院的少数几位学者之外，几乎没有更多的学者熟悉现代经济学这门学科。

这种情况的出现也有着深刻的历史根源，20 世纪俄罗斯（苏联）在人文和经济学科也有不少优秀的学者，其中有些研究也达到了世界一流水平，比如曾获得诺贝尔经济学奖的苏联学者列奥尼德．康托罗维奇。但是大多数的

22 Отчет за 2015 год о реализации Плана мероприятий по реализации программы повышения конкурентоспособности （«дорожной карты»）Национального исследовательского университета «Высшая школа экономики» на 2013-2020 годы [EB/OL]. https://www.hse.ru/en/science/2016.11.11

23 План мероприятий по реализации программы повышения конкурентоспособности （«дорожной карты»）вуза на 2013-2020 гг. [EB/OL]. https://www.hse.ru/en/info/ 2016.11.12

人文和经济研究要么具有深刻的、教条性的意识形态性质，要么就是反映了极权国家计划经济的现实状态，但这些并不是国际通用的知识，也使得苏联社会、经济科学与国际主流之间树立了一堵坚实的壁垒。

1992 年，由前总理叶戈尔.盖达尔所领导的俄罗斯新政府进行大规模私有化经济改革，但是现有研究机构和教育机构无力解决经济改革中的问题，而类似于莫斯科国立大学等机构则坚决抵制政府变革，成为政治和经济保守主义的据点。显然，在依赖已有的、陈腐的高等教育机构，不仅成本巨大而且会遭受更多的阻力。因此，俄政府作出决定，即建立一所新的大学来发展俄罗斯现代经济学学科，这所新建大学被视为在社会和经济科学领域的行动者，并且是对国外科学的模仿过程，由国家的经济部直接领导的方式进行管理。俄罗斯高等经济学校就在这样的背景下产生了。20 世纪 90 年代早期，俄罗斯政府最需要的是解决社会经济改革遇到中的实际问题，而对基础研究缺乏兴趣，这也决定了高等经济学校的教学和研究更多的集中在应用研究和政策分析方面。1992 年是俄罗斯历史上经济最为困难的时期之一，要在这一年建设新的大学并不适宜，因为当时的教育系统（当时完全为公立性质）财政支持下降明显，教育综合公共支出下降为国内生产总值的 3.57%，在一年内就下降了 39%，大学教授的工资待遇水平也急剧下降，甚至有些大学连水费、电费等公共事业支出都无法支付。为了应对这种困难，公立大学赢得了额外收取学生学费的合法权利。因此，俄罗斯的公立大学有了两个不同的学生群体：接受免费教育的学生（预算内的名额）和支付学费的学生。俄罗斯公立大学中缴费上学的学生占全部学生总数的比例在 5 年内从 1.9% 上升到 2000 年的 45%。俄罗斯的高校似乎也意识到了他们必须参与到市场竞争中以求得生存和发展。[24]

由于缴费入学的人数飞速增长，从 20 世纪 90 年代起，俄罗斯的学生规模在 7 年之内大约增长了一倍，社会学和经济学的学生人数增长尤为突出，经济类和法律类的高校数量从 1992 年的 33 所增长到 2001 年的 69 所，这也反映了社会对高等教育需求的改变。俄罗斯高等经济学校在这样的背景下也积极寻找资源谋求发展，这所新建立的大学定位并非遵照政府实现制定的战略规划，而是在与俄罗斯整个高等教育系统中的竞争中获得优势地位，建校

---

24 Отчет за 2015 год о реализации Плана мероприятий по реализации программыповышения конкурентоспособности («дорожной карты») Национального исследовательского университета «Высшая школа экономики» [EB/OL]. https://www.hse.ru/en/science/2016.11.11

之处就有定位为研究型大学的倾向。俄罗斯高等经济学校的发展阶段可以明显分为两个阶段，第一个阶段是从建校之初到 20 世纪 90 年代末，其主要任务是树立在俄罗斯高校中的竞争优势，第二阶段是面向世界，开展转变为一个全球性的研究型大学。

1. 学校在教育市场中的竞争优势

俄罗斯高等经济学校是一所归属于俄罗斯经济部的单科性高等教育机构，政府的决议对学校的使命做出了明确的规定：培养服务于新兴市场经济的国家干部，并为经济的发展提供技术支持。与其他归属于教育部的学校相比，归属于经济部的高等经济学校可以以国际标准而非教育部的一般标准设立和发展相关课程。学校与经济部的特殊关系还使其享有招收大量学生的特殊权利，经济部将学校作为新的经济和改革思想的讨论和实验基地，这大大提高了这所年轻大学的声望，也使得学校能够根据国家新的任务和发展趋势及时更新课程和教育方向。

高等经济学校作为一所新建校，其最大的优势就是没有旧的惯性体制作为约束，可以建立全新的、创新的机构和运行方式。例如，当前苏联传统教育对于西方的合作犹豫不决时，高等经济学校早早的与许多欧盟国家建立了教育项目合作关系，并得到了大量的国外资助。1997 年，高等经济学校自国内外赞助者的支持下与伦敦政治经济学院建立了合作关系，这种合作关系在今天看来规模很小，但是在当时能够与国际顶尖大学看展合作具有非凡的意义。学校也积极将劣势转化为优势，例如，学校建立初期为了弥补教材的不足，一些前沿的西方教科书被翻译为俄文版，学校的老师也参与了撰写教科书工作。在学校图书资源建设方面，只能优先发展数字资源，建成了现代化的图书馆，也促进了学校学习过程的现代化。再如，学校没有充足的教师来承担相应课程的教学，随着时间的推移，这种劣势也转变为优势，因为学校大力邀请著名专业人士和国外研究人员作为兼职教授。这些竞争优势在激烈的高等教育市场竞争中影响着大学的长远发展。

2. 在国内教育市场竞争中确定学校的发展方向

作为新建学校，在市场竞争中往往处于不利地位，尤其与莫斯科国立大学这种老牌名校相比，毕竟在高等教育领域，品牌和传统在竞争中起着决定性的作用，新建大学不开创新的发展领域很难赢得竞争的主动权。因此，高等经济学校将学校的发展方向定位为市场导向、及时反应和非传统路线。例如，当俄罗斯著名的传统大学纷纷反对加入博洛尼亚进程时，俄罗斯高等经济学校率先启用两级体制（本科—硕士），提高参与国际教育和研究活动的积极性。在欧盟和欧洲政府的倡议下，学校与众多顶尖大学建立了合作关系，这成为高等经济学校国际公共形象的重要体现。能够参与国际交流并获得国外学习的机会也成为吸引本国学生就读的关键因素。俄罗斯高等经济学校也逐渐确立了现代化、国际化、创新型的，以经济、社会、人文学科为优势学科的，面向市场经济的大众印象。

1995 年以后俄罗斯高等经济学校进一步扩宽了教学与研究的学科范围，逐渐建立了法学、社会学、管理学、心理学和政治科学等学院，更具有开拓意义的是学校开创了全新的研究领域并使其合法化，例如，学校在 2001 年被俄罗斯教育与科学部授权试点商业信息的培训，学校设立了相关的新课程并开始招收学生，在试点结果的基础上，此课程通过了国家标准认证，高等经济学校也因此成为该领域的创新者和领导者。学校在引进物流学和统计学等新的学科领域时也使用了同样的方法。

高等经济学校是同时入选国家研究型大学计划和"5-100 计划"的学校，由于学校本身的国际化程度较高，在提升国际竞争力的目标上，高等经济学校立足于本身特色在对外合作，吸引国际高水平师资和优质国际生源方面提出了更高的要求，学校在 2020 年之前力争达到如下目标，如表 10：

表 10　提升国际竞争力计划——俄罗斯高等经济学校在 2020 年力争
　　　 达到的目标

指标名称（KPI）	单位	2013	2014	2015	2016	2017	2018	2019	2020
科学研究和设计的收入所占学校全部收入的比例	%	3,5	3,65	3,75	3,9	4	4,05	4,1	4,15
国际先进实验室的数量	个数	16	18	20	22	24	26	28	30
前沿研究中心的数量	个数	0	2	3	4	5	6	7	8
学校被 Web of Science и Scopus 收录的科学期刊的数量	个数	1	2	4	9	14	19	24	30

学校的科研工作人员同时也是国际科学期刊的编辑委员会的成员数量	人数	90	92	95	98	100	103	107	110
接受俄罗斯或国际组织资助（补助资金）用以支持科学研究的机构的数量	个数	80	90	100	105	110	115	120	125
实现英语教学的教育大纲数量	个数	7	10	11	12	13	14	14	16
学校研究生、博士候选人和科研人员在世界研究中心和大学中进修的比例	%	2	2	3	6	9	12	16	20
通过国际权威机构认证的专业课程的比例	%	10	10	10	10	10	10	20	20
新管理模式下教育大纲的比例，（由院系管理转为统一的教学大纲框架管理）	%	15	35	50	100	100	100	100	100
额外的专业课程（MBA），通过国际审查或者认证的比例	%	-	-	-	-	5	30	45	60
学校在国内国际合作伙伴的数量	个数	30	35	40	45	46	47	49	50
通过针对海外同胞和外国学生举办的奥林匹克竞赛或者学校竞赛选拔的国外大学生的数量	人数	50	70	100	110	120	120	120	120
利用学校的网络课堂进行学习的学生数量	个数	12000	15000	16000	18000	19000	20000	20000	20000
学习俄语的国际学生数量（包括利用学校的网络教育资源）	人数	30	200	500	800	900	1000	1100	1200

资料来源：http://5top100.ru/documents/regulations/。

二、将学科优势转化为办学资金来源

俄罗斯高等经济学校自成立之日起就努力寻求多方面的资金保障,为科研和教学提供强有力的支持。在提高学校国际竞争力的目标下,促进办学资金的多元化是充足资金来源的关键。目前,俄罗斯高等经济学校除了政府固定的财政拨款以外,另有三种资金来源:基本的高等教育市场收入、继续教育以及研究和咨询服务费用。近几年来,中央财政对免费入学的学生拨款和资本投资约占大学收入的 33%,而学校总收入的 16%来自于收费学生的学费。继续教育项目占总收入的19%,研究项目的收入占总收入的15%,基金和赞助费等收入约占 13%,其他资金来源占 2%。[25]俄罗斯高等经济学校来自教育活动的大部分收入已投资于研究活动,投入研究活动的资金比例远远高于俄罗斯高等院校的平均水平。

高等经济学校的财政收入来源分为政府预算内拨款和学校自筹的预算外收入,其中政府预算内的拨款来源有二种:联邦政府支持国内一流大学的专项拨款;支持基础研究和应用研究的俄罗斯联邦政府专项财政拨款;自 2006年开始的大学专项发展计划拨款。预算外的收入包括四种:学生的学费,知识和科研成果转化所得,补充职业教育(继续教育)和 MBA,大学入学前的教育所得。从整体上看,高等经济学校预算外的收入占全部的收入的 38%左右,这一比例仅次于莫斯科国立大学,在俄罗斯的全部高校中位于第三位,鲍曼技术大学位列第一位。

预算外的收入从建校之初到现在都发挥着至关重要的作用,不断完善着学校的基础设施。近年来,通过学校积极不断地向政府游说,政府对学校预算资金大大增加,外部资金的比例下降5%左右。因此,未来提高学校的外部收入是学校财政发展的重点。2020 年之前,学校在财政收入方面也有着数字上规划是:收入实现三倍的增长,达到 370 亿,预算外的收入不低于全部收入的35%,科研工作者的平均工资不低于本区域平均工资水平的220%,即达到 40 万卢布/月(约合人民币 4 万元 / 月)。[26]

---

25 Отчет за 2015 год о реализации Плана мероприятий по реализации программыповышения конкурентоспособности(«дорожной карты»)Национального исследовательского университета «Высшая школа экономики» [EB/OL]. https://www.hse.ru/en/science/2016.11.13

26 Данные для университета в целом. Доходная база финансовой модели рассчитана с учетом перспектив перехода к нормативно-подушевому финансированию государственных услуг и внедрения системы дифференцированных нормативов

　　高等经济学校对缴费教育服务市场的竞争也具有优势。高等经济学校自建校之初就是全国范围内较为昂贵的教育服务提供者之一，但在收取高额学费的同时，实现学费的优惠政策，对在入学考试和平时课程中有突出表现的学生实行学费优惠。该校也也是最早与商业银行合作为学生争取教育贷款的机构。由于实施这一策略，俄罗斯高等经济学校至今仍然是收取高额学费的引领者，其学费收入超过财政预算的三分之一。

　　随着继续教育和培训在服务市场中需求量逐渐增大，在 20 世纪 90 年代高达 50% 的金融和商务领域专业人员，数以万计的工程师和服务人员需要接受职业能力提升再培训。针对这一部分广阔的市场，高等经济学校顺势提供了众多创新项目，成为了俄罗斯首家提供项目管理与国际金融专业工商管理硕士课程的学校。同时，高等经济学校也将这一部分继续教育所得的额外收入作为战略性发展规划，并设置了负责市场营销和指导联系企业客户以发展继续教育的专门部门。

三、以特色研究吸引国内外高端人才

　　吸引优秀的教师和科研人员不仅是大学国际化的直接方式，也是提升大学国际竞争力的有力手段。在建校的最初几年，由于国内师资的短缺，有近 30% 的课程时有国外大学的教授任教，20 世纪 90 年代后期，高等经济学校通过优厚的待遇，从俄罗斯科学院和莫斯科国立大学吸引了很多科研人才，在社会经济科学等领域建立了强大的、具有国际水平的学术团队。此外，俄罗斯高等经济学校注重培养年轻学者，目前俄罗斯高等经济学校讲师的平均年龄是 43 岁，管理人员的平均年龄是 36 岁，从教师的平均年龄上来看，俄罗斯高等经济学校也是俄罗斯教师最为年轻的国家研究型大学。

　　俄罗斯高等经济学校还另辟蹊径的发挥自身独特优势，建立"转型经济体实验室"，由于西方学者较少有机会接触这样的实验室，因此借助于这一平台，高等经济学校从事转型经济和社会发展研究的专家便与该领域国外专家结成了合作伙伴。另一种人事策略是短期聘任外国专家（通常是半年至一年），开发一些之后能够由学院教师接手的课程。这在一方面也推动了学校双语授课水平，一些学员中很多俄罗斯学者和教师也开始用英语授课，由此也进一步吸引更多外国学生。

для ведущих вузов [EB/OL]. https://www.hse.ru/figures/2016.11.14

　　学校人事策略的一大特色是邀请著名经济学家和政治家到大学任教。经济和金融部门所有部长都是高等经济学校的客座教授，他们将对现实问题的分析带进了课程和研究小组。学校目标是，2020 年之前达到不少于 60% 的科研—教育工作者能够参与国际学术网络，20% 的科研—教育工作者，俄罗斯国内相关专业领域的领军者，20% 只从事教学工作（主要是外语教学）的科研和教育工作者，90% 的教师能够使用双语从事教学和科研工作。[27]

　　留住优秀教授和研究人员对于高等经济学校来说更加重要。目前，俄罗斯高等经济学校与多数教职员工签订了"有效契约"，即一种相互的义务制度，以此作为激励制度，确保教师对学校的忠诚，将学校作为教学和研究的主要场所。有效契约制度不会让同一级别的教师获得同样的工资收入，对具有较高研究水平的教师，具有国际竞争力的教师将会获得与国外大学同等薪酬，在教育界占有一席之地的教师，其薪酬也有所不同。有效契约制度并不意味着等量的工作将会获得同等薪酬，它意味着教师为学校的基础和应用研究做出的重要贡献，参与科研项目都是教师获得额外收入的来源。如今，俄罗斯高等经济学校超过 50% 的教师签订了有效契约，这在很大程度上确保了对学校的忠诚以及对研究和教学工作的热情。此外，研究津贴、校内研究基金和青年教师特殊补助等等都是激励教师提高研究和教育水平的重要措施。

　　俄罗斯法律不允许高校与教师签订终身任期的合同，但为了留住人才，俄罗斯高等经济学校一直尝试在内部引入"优秀教授"的制度效仿终身教职制度，为他们提供高薪和特权，以及通过非正式的方式承诺按照教授的意愿延长合同的期限。当前，俄罗斯高等经济学校也制定了新的人事激励措施：邀请国际接触学者作为客座教授或者研究人员，为研究成果突出的教授减少教学负担，直接从国际劳务市场聘请专家和工作人员。在过去几年里，俄罗斯高等经济学校每年平均从国际著名大学聘请 3-5 名年轻的博士研究生。[28]

　　此外，高等经济学校还积极争取全世界范围内的优秀学生。高等经济学校招收本科、硕士研究生、博士研究生和补充职业教育四个层次的学生，都

---

27 План мероприятий по реализации программы повышения конкурентоспособности （«дорожной карты») вуза на 2013-2020 гг. [EB/OL]. https://www.hse.ru/info/strategy/ 2016.11.15

28 Отчет за 2015 год о реализации Плана мероприятий по реализации программыповышения конкурентоспособности («дорожной карты») Национального исследовательского университета «Высшая школа экономики» [EB/OL]. https://www. hse.ru/en/science/2016.11.15

招收这个层次的最优秀、最具才华和创造力的学生。在国内市场上，学校招收在国家统一入学考试中成绩较高的学生和全国各类奥林匹克竞赛获奖者，在国际市场上积极招收来自独联体国家和其他国家的优秀学生。本科生的招收主要集中在俄罗斯和前苏联国家，硕士和博士研究生的招收则是面向全俄和全世界所有高校，其目标是在硕士和博士研究生中有 10%来自国外。[29]

优质生源是年轻大学最有利资源，争夺优秀生源是俄罗斯高等经济学校在国内教育市场中的关键。为此，高等经济学校广泛地向考生和家长进行广泛的宣讲，并对学生及其家长提供公开透明的学校信息。最有力度的营销举措应该是在中学设置经济学、政治学和法律等学科的课程，并开发和出版大量上述学科的课本和练习册，进行经济学科教师培训项目，举办社会学和经济学科的奥林匹克竞赛，参赛获奖者转而被俄罗斯高等经济学校录取。

俄罗斯高等经济学校硕士学位项目的招生方式充分反映了这所年轻大学的重要竞争原则：预测专业市场的发展趋势，并率先进入更加细分化的市场领域。自 1994 年以来，俄罗斯的大学已经能够在一定范围上开设博洛尼亚模式的本硕项目（4 年＋2 年），当时众多传统大学因反对加入博洛尼亚进程而抵制开设硕士学位课程。然而，俄罗斯高等经济学校却采取了更为积极的措施，大力引入了两级学位模式，成为了俄罗斯国内第一个拥有多元化、大规模的硕士学位专业项目的大学，也因此吸引了更多优秀的学生，促进了学校在教育市场中的快速发展。

四、依托国家委托项目发挥科研的社会效用

随着市场经济以及世界各国在全球范围内竞争的势头的加剧，政府对知识服务部门（咨询、审计和分析等方面）的需求日益增多，但是俄罗斯政府却十分缺乏委托研究和分析工作的服务型机构。俄罗斯高等经济学校敏感的嗅到这一机会，投入大量人力和资源进行公共分析和研究工作，这使其作为著名研究分析中心的形象深入人心。俄罗斯高等经济学校与俄罗斯经济部的联系也为学校的研究工作提供了便利，学校看到了哪些研究能够符合市场和

---

29 Отчет за 2015 год о реализации Плана мероприятий по реализации программыповышения конкурентоспособности («дорожной карты») Национального исследовательского университета «Высшая школа экономики» [EB/OL]. https://www.hse.ru/en/science/2016.11.19

政府的需求，并大力发展这些继续的专业和研究方向。

20 世纪 90 年代末，高等经济学校已经成为俄罗斯重要的社会经济应用研究和分析工作中心，在一定程度上担当了为俄罗斯政府提供经济发展咨询服务的智库角色。同时，俄罗斯科学院的衰落也为高等经济学校的基础经济研究和社会研究工作提供了更多机会。俄罗斯科学院的许多年轻研究人员转移到高等经济学校中工作，因为这里能够为他们提供更优厚的待遇和更多国际合作的机会。通过以上多方面竞争性活动，俄罗斯高等经济学校已经深入到教育市场的众多领域，在俄罗斯多个城市和地区增设了校区和教育设施，俄罗斯高等经济学校已经成为具有实力的创业型大学，并形成了一种创业型大学和研究型大学混合的发展模式。

在知识市场中，社会和经济领域的专家分析和咨询服务是高等经济学校的优势，高等经济学校也一直致力于建设世界顶级的设计和咨询团队，不断扩展和强化自己的优势。此外，在专业数据分析和现代化科学分析方法的基础上，高等经济学校进一步加强作为俄罗斯国内一流的经济和社会政策分析中心的作用，为俄罗斯国家机构和社会公共部门提供优质服务。另外，高等经济学校也积极开拓一些新渠道输出自己的智力和知识服务，例如，转化相关经验，为独联体国家的经济和社会问题的解决提供方案；与俄罗斯和国际知名大型企业建立紧密的联系，依照市场的需求和企业发展计划，为其提供专家分析和咨询服务；发展学校的商业-孵化公司，并与其他创新企业建立伙伴关系，促进科研成果的及时转化为商业价值。与此同时，高等经济学校积极参与经济转型领域中的国际评估项目，力争使学校发展成为社会和经济科学领域的国际分析、咨询和设计中心。

基于学校特点，高等经济学校将本校的科学研究分为基础科学研究和应用科学研究。学校积极开展基础科学的研究，2015 年，共开展了 132 项支持基础科学研究的计划和项目，学校有研究所，中心，国际实验室，教育实验室等研究机构，其中有 30 多个正在进行具有重大科学突破意义的长期性科学研究，有 28 个科学实验室承担着教育教学的功能，目标是培养下一代研究者。科研工作者发表的有关基础科学研究的文章被收录于 Scopus、Web of Science、Review of Economics and Statistics、Acta Mathematica、Journal of Personality and Social Psychology、The Lancet 等众多国际知名数据库。同时，积极开展国际学术研究活动，如研讨会、讲习班、座谈会等，为各社会组织、公共团体进行专家分析和咨询，学校也成为了俄罗斯和外国专家进行学术交流和沟通的重要平台，提供了更多吸引国际合作伙伴，提升国际学术影响力的机会。

高等经济学校具有稳定学术声誉的专业和方向是经济，国家和市政管理，管理学和社会学，如今学校也开拓了新的研究领域，主要集中在具有较高人力资源潜力和生产力的学科，如物理数学模型、信息和控制系统、电子材料和空间技术、应用物理学等。学校还有很多全俄罗斯独有的研究中心和学院，例如中心高等教育的国际竞争力、制度研究中心、"高等教育研究"中心等。

在应用科学研究方面，高等经济学校可谓是俄罗斯联邦政府的智库，因为学校应用研究的主要目标是为解决俄罗斯经济和社会问题进行研究和提出应对策略，研究的重点领域是俄罗斯社会政策、教育、卫生、文化、国际政治，以及俄罗斯经济、劳动力市场和移民政策等方面，其研究直接服务于俄罗斯国家发展的整体战略目标。2015 年，学校完成的 26 项政府研究报告中，有 10 项是为俄罗斯总统办公室提供的，16 项是为俄罗斯联邦政府提供的。

学校还直接参与政府文件或俄罗斯总统令的起草工作，例如公务员人事政策，变更退休年龄政策，促进高等教育机构毕业生就业政策，2025 年之前的俄罗斯联邦国家移民政策，俄罗斯联邦 2016 年社会经济发展总结和 2017 年预测等等。此外，学校的部分专家和学者还是俄罗斯总统和俄罗斯联邦政府的顾问委员会成员，分析政府工作材料，协调和辅助俄罗斯联邦政府的经济和社会工作，以及联邦各部门的"政府公开"工作。

不仅局限于联邦政府机构，高等经济学校的客户群体还包括国立和私营的大型企业，以及国内社会组织，国际联合机构。未来学校的合作伙伴还将进一步扩展在一些创新领域，包括创新型企业、地区技术平台和创新集群等。

在国际科学研究合作方面，俄罗斯高等经济学校与欧洲的顶尖大学建立密切的联系，其中包括德国洪堡大学、荷兰鹿特丹伊拉斯莫大学等，通过与国外大学建立合作伙伴关系，学校提供 12 个双学位学士、硕士和博士项目（每年招收学生 350 名），与国外大学主要西欧国家建立了 30 度个学生交流项目，开设了许多合作课程。学校还与伦敦政治经济学校合作成立了国际经济与金融学院，该学院在本科好而研究生层面办法两种文凭，双方学院各颁发其一。不仅限于某一个国家，高等经济学校将目光投向了国际组织，学校作为经济转型国家和俄罗斯社会的社会经济和科技发展问题的主要科学和分析中心，增加了大学部门在国际项目中的参与。近些年，高等经济学校为经合组织、经合组织、世界银行、欧洲委员会、欧盟统计局、联合国教科文组织等国际组织提供应用研究，这也成为学校新的市场利基。这一策略的实施，拓宽应用研究的市场，客户的数量快速增长，学校研发的收入也稳定增长。

五、以集权制保持学校管理结构的稳定性

组织和管理方式的问题涵盖了俄罗斯高等经济学校发展的许多方面，如自治方式、组织结构、科层结构和管理文化等。自建立以来，俄罗斯高等经济学校比其他大学享有更多的自主权，因为学校直接向经济部而非教育部负责，预算外资金比例较高，这也有利于学校在资金使用中保持更加独立的地位。

学校内部治理和管理文化结合了校长高度透明和感性垂直的管理方式，校长室有教师评议会选举产生（然后由政府批准），但是校长对评议会的组成由强大影响力。在大学最初的发展阶段，这种集权式的管理体制发挥了至关重要的作用：它帮助学校确定优先发展的事项，并将资源有效分配，集中于有限的关键任务。俄罗斯高等经济学校的创始人，在相当程度上依然是学校的最高管理者，学校发展战略的基本构想不是来自评议会（学术委员会），而是来自校长办公室，但同时决策又保持了高度的公开和透明，教师可以参与讨论，将意见反馈给最高管理阶层。

集权式管理的另一个重要功能是在俄罗斯的政治体制中，这种管理方式更容易与政府沟通，得到政府的观照，因为政府更愿意与执行者（校长）而非理事会等独立的机构打交道。除了校长以外，俄罗斯高等经济学校还有一位学术领导人，他的地位与校长不相上下，这是一个重要的咨询角色，这个独立的职位保证了学校科研的重要性，在一定程度上决定着学术科研的水平和发展方向。目前，这一职位是由俄罗斯高等经济学校的创始人之一、俄罗斯经济部前部长叶夫根尼．亚辛担任，学术领导人直接领导学院的学术评议会。这种集权式管理形式也极大增进了学院领导层的稳定性，目前校领导大多数还是学校创立之初的领导团队，亚洛斯拉夫．库兹明诺夫教授自建校以来一直担任高等经济学校的校长，他仍然是学校发展战略的制定者。从理论上来讲，大学领导队伍的稳定会助长学校管理的"惰性"。但是，学校的领导队伍深知稳定的风险性，他们试图发起向外部的挑战。

早在 21 世纪初，俄罗斯高等经济学校就游说政府加强国际竞争的挑战，旨在提高学校在国际高等教育市场中的竞争力。针对这种外部的挑战，学院

的领导队伍采取了一组新的绩效指标：科研成果和参与社会经济改革两方面指标。上述主要包括在同行评审的期刊上发表的文章，合作研究的范围，以及学校的分析材料对决策的影响。同时，俄罗斯高等经济学校也积极尝试将教学、科研和创新活动加以整合，并创建了学生研究实验室和学生项目团队，该结构允许本科生、研究生和教授共同加入同一个研究项目，开展同一个研究主题。[30]

大学在全球教育市场中定位中确立优先发展事项至关重要，年轻的大学可以通过招聘外部的研究人员和参与现成的项目来效仿其他顶尖大学，俄罗斯高等经济学校按照此种举措参与了一些国际研究项目并邀请西方学者把俄罗斯年轻科学家引入前沿的研究领域，然而这种方法很难形成独特的研究成果并在国际研究型大学的竞争中获取优势。除了这种方式，俄罗斯高等经济学校也积极寻找独特的研究领域，这使得学校的实力和专业领域具有独特性和国际竞争力，这种多学科研究领域之一即是对社会经济转型的研究，通过对俄罗斯社会经济转型的深入研究，俄罗斯高等经济学校的许多研究者成为了该领域广为人知的顶尖专家。在这一领域，学校举办了多次国际会议，汇集了社会经济转型研究的国际知名学者和研究人员，扩大了学校的国际影响力。因此，可以说这种定位将俄罗斯高等经济学校这样的年轻学校变为知识创新和交流中心。

2008 年 8 月，俄罗斯政府决定由内阁直接督导俄罗斯高等经济学校，以确保其在国家政策发展中发挥知识支撑作用。该决定要求俄罗斯高等经济学校制定一项战略，以确保到 2020 年学校的社会经济研究领域与其他国际研究和教育中心相比更具有竞争地位。2009 年，俄罗斯高等经济学校获得了一个特殊的地位，国家研究型大学。学校不仅获得了大量的财政拨款，拥有了更大的自主权，同时也预示着学校需要创造更多的研究成果、吸引更多的国际学者和学生，并提供更优质的教学。俄罗斯高等经济学校面临的挑战不是要获得荣誉奖项，而是要真正成为具有竞争力的国际研究型大学。

综上所述，俄罗斯高等经济学校提升国际竞争力，争取建设世界一流研究型大学的过程中，较为明显促其成功的要素主要是积极推行创业型大学的

---

30 Отчет за 2015 год о реализации Плана мероприятий по реализации программыповышения конкурентоспособности («дорожной карты») Национального исследовательского университета «Высшая школа экономики» [EB/OL] http://5top 100.ru/news/51328/2017.01.01

模式，寻找市场利基，积极参与新型教育市场的竞争；将国家重大发展问题，包括社会问题和经济改革问题作为研究和分析的对象，充当政府智囊团的角色，不仅获得了更多的政府资源，也将学校发展与国家进步紧密联系起来；加速推进国际化进程，积极与国际学术网络接轨，采用现代的研究方法，开设国际课程，进行国际学术合作，引入国际教师，吸引国际学生，从而树立了学校作为俄罗斯国内和国际范围内在社会学和经济学领域卓越研究、教育中心的良好公众形象。

本章小结

本章选取的三所俄罗斯国家研究型大学，在俄罗斯国内精英高校俱乐部的成员，它们获得了国家研究型大学的称号，又入选了国家加速提升国际竞争力的措施"5-100 计划"。新西伯利亚国立大学是一所老牌的综合性高校，俄罗斯核能研究大学是一所专注于核科学研究的高校，俄罗斯高等经济学校是一所专注于经济—社会科学研究的高校。在提升国际竞争力的过程中，每所学校基于自身特色和办学理念制定了优先发展方向，提出了量身而定的提高国际竞争力目标和指标体系，在突破国内现存的各种各种限制和障碍，享受了多项政府支持政策、保障资源，并在近些年呈现出快速发展的趋势。

纵观这三所高校的措施，可以发现，尽管每所学校都在尽量保留传统特色，但是无一例外，在提升国际竞争力的过程中学校都努力迎合世界知名大学排行榜的参考指标，向欧美国家的大学模式靠拢。因此，这种追赶西方的举措也主要集中在：采取激励措施提高科研—教育工作者在国际权威期刊上发表文章，注重被"Web of Science"和"SCOPUS"收录的文章的数量，并积极提高文章的引用率；积极开展国际学术合作，努力寻求参与国际重大科研项目的机会；引入国外人才，尤其是具有高引用率的研究者、科学家，在学校建立先进的实验室或是领导研究项目；研发双语培养方案，引入国际一流高校中的专业课程，并积极吸引国际留学生，尤其是硕士研究生。

通过以上方面的努力，提高学校的国际声誉，提高学校在国际大学排行榜中的位置。在这一进程中，虽然俄罗斯高等教育在宏观层面上整体保持了一些俄罗斯高等教育的传统特点，例如继续招收"专家文凭"这一五年制的学制类型的学生，保留了独特的"副博士学位"等，但是在具体微观的高校层面，更多体现的是向西方学习，期望打破横亘在俄罗斯和国际高等教育的屏障，进一步融入国际高等教育市场，并在国际竞争中发展自身的竞争优势。

第五章 俄罗斯提升国家研究型大学
国际竞争力策略的效果评价

俄罗斯提升国家研究型大学国际竞争力策略在不断推进的过程中，产生了正面的促进作用，国家研究型大学在世界大学排行榜上的地位有较大幅度提升。但是，俄罗斯提升国家研究型大学国际竞争力策略也存在着一系列不可忽视的问题，如联邦政府过度的行政干预影响策略实施的科学性和灵活性，资源分配的不均衡影响国家研究型大学群体内部发展不平衡等。

第一节　强制性变迁路径中政府的政策导向职能
　　　　效果明显

俄罗斯提升国家研究型大学国际竞争力是在政府主导下开展的，俄联邦政府在这一过程中既是发起者和推进者，又是评价者和监督者。联邦政府以密集出台的一系列政策、法令规定国家研究型大学的筛选标准和评价指标，通过政策规定分配给国家研究型大学提升国际竞争力行动的各项资源，组建国际专家委员会并规定其成员的评选标准和福利待遇。

同时，俄罗斯联邦政府把控着提升国家研究型大学国际竞争力策略实施的进度，审核国家研究型大学提升国际竞争力的"规划蓝图"，定期对 29 所国家研究型大学的国际竞争力进行考察和监督。可以说，联邦政府以强制性政策保持提升国家研究型大学国际竞争力策略执行的效率。自 2013 年以来，在政府强有力的不断推动下，国家研究型大学在权威世界大学排行中地位的迅速提升，在一定程度上提升了俄罗斯高等院校的国际知名度。

一、国家研究型大学在世界大学排行榜的位置提升迅速

俄罗斯国家研究型大学（НИУ）是俄罗斯国内一流大学，政府希望依靠这一高校群体提高俄高校在国际高等教育市场中的影响力和竞争力。自 2008 年开始试点两所俄罗斯国家研究型大学实施以来，在国家计划、政策扶持和学校自我努力的基础上，俄罗斯国家研究型大学也取得了一系列成绩，其中一些表现突出的研究型大学在国际权威大学排行榜上位置的提升迅速。

尤其在 2013 年实施的"5-100 计划"这一加速计划支持下，俄罗斯提升国家研究型大学国际竞争力计划的正面效果得以显现，很多国际高等教育机构也对俄罗斯高校整体发展作出了积极评价。在世界公认的权威大学世界排名中，俄罗斯国家研究型大学的排名有了飞速的提升。

1. 在泰晤士高等教育（Times Higher Education）世界大学排行榜中明显提升

泰晤士高等教育（Times Higher Education）在 2016 年发布的世界大学排行榜中，俄罗斯国家研究型大学莫斯科物理技术学院（МФТИ）第一次进入前 100 名，位于 91-100 之间。而 2013 年，莫斯科物理技术学院在该榜单上仅位于 301-350 之间，短短三年在国际排名上实现了快速提升。[1]《泰晤士报高等教育》副主编菲尔.贝蒂认为，此前在该榜前 100 名内只有莫大（МГУ）和圣彼得堡国立大学（СПбГУ）长期存在，莫斯科物理技术学院的入榜实现了重要的突破，也代表着俄罗斯高校声誉和竞争力的提升。从整体上来看，2016 年共有 24 所俄罗斯大学入榜，其中有 11 所是第一次进入该榜单，提升幅度同样较大的是托木斯克国立大学和托木斯克理工大学，2016 年两所学校排名 501-600 位而 2014 年它们排名 601-800 之间。

泰晤士高等教育（Times Higher Education）在 2016 年发布的世界高校学科排名榜中，有三所俄罗斯国家研究型大学进入学科榜的前 100 名，与以往相比排名都有所上升，其中莫斯科物理数学院（МФТИ）的物理科学（Physical sciences）排名 78 位（2014 年排名 93），高等经济学校（ВШЭ）的经济和商业（Business and economics）专业排名 83 位（2014 年排名 106），圣彼得堡国

---

1 МФТИ вошел в топ-150 самых интернациональных университетов мира по версии THE [EB/OL] .http://5top100.ru/news/51322/.2017.01.01

立信息技术、机械和光学大学（ИТМО）的计算机科学排名 56 位（2014 年排名 85）。[2]

泰晤士高等教育（Times Higher Education）在 2017 年发布的金砖国家及新兴经济体国家的大学排名中，俄罗斯有 16 所高校入围，莫斯科物理技术学院（МФТИ）从 2013 年的 69 位升至 2017 年的 12 位，提升幅度非常大，莫斯科物理技术学院院长尼古拉．古德利亚采夫（Николай Кудрявцев）表示，联邦政府制定的"国家研究型大学计划和'5-100 计划'的效果得以初步显现，莫斯科物理技术学院（МФТИ）在这两个计划的双重支持下，积极融入国际学术界，参与国际合作项目，鼓励科研人员发表高水平文章，完善海外市场营销和宣传。如此努力的活动提高了学校的国际学术声誉，带来了学校排名的提升。"[3]

2. 在《美国新闻与世界报道》（U.S News & World Report）世界大学排行榜中有较大提升

俄罗斯国家研究型大学近些年陆续进入该榜单，2014 年，进入该榜单的只有莫斯科国立大学和圣彼得堡国立大学，2015 年，国家核能研究大学和新西伯利亚国立大学也进入排名。在《美国新闻与世界报道》（U.S News & World Report）公布的 2017 年全球大学排名（Best Global Universities Rankings）中，老牌的莫斯科国立大学排名 271 位，圣彼得堡国立大学排名 523 位。俄罗斯国家研究大学的排名普遍有所提升，有些学校甚至超越了老牌名校，例如俄罗斯核能研究大学排名 411 位（2015 年排名 465 位），新西伯利亚国立大学排名 535 位（2015 年排名 672 位），莫斯科物理技术学院排名 634 位（2015 年排名 700＋位），托木斯克国立大学排名 838 位（2015 年排名 900＋）。[4]

在《美国新闻与世界报道》公布的 2017 年全球大学排名榜的学科榜上，俄罗斯国家研究型大学也表现突出，莫斯科物理技术学院的物理学科排名 117；高等经济学校的数学学科排名 181；新西伯利亚国立大学的的物理排名

2　Три вуза – участника Проекта 5-100 вошли в ТОП-100 предметных рейтингов THE [EB/OL] .http://5top100.ru/news/?year=2016&PAGEN_1=5.2017.02.04

3　пыт вузов-участников Проекта 5-100 может использоваться в реализации приоритетных национальных проектов [EB/OL]. http://5top100.ru/news/52314/2017. 02.05

4　Вузы-участники Проекта 5-100 улучшили позиции в рейтинге U.S. News Best Global Universities-2017 [EB/OL]. http://5top100.ru/news/46281/?sphrase_id=7089.2017. 02.03

126，化学排名 311；国家技术研究大学的材料科学排名 283 位。[5]与 2014 年相比，无论是在总体排行榜还是学科排行榜，俄罗斯国家研究型大学的排名都整体有很大的提升，在国际高等教育市场上逐渐展示了更高的影响力和竞争力。

3. QS 世界大学排行榜中的地位有显著提升

QS World University Rankings 2016 年 10 月份发布的世界大学排行榜中，共有 22 所俄罗斯大学进入该榜单，13 所高校是"5-100 计划"的参与校，俄罗斯高校的排名总体上提升明显，有些学校甚至提高了近百位。较之 2014 年，国家研究型大学的排名普遍提升，新西伯利亚国立大学排名 291 位（2014 年排名 328 位），莫斯科物理技术学院 350（2014 年排名 411 位），托木斯克国立大学排名 377 位（2014 年排名 491-500 位），托木斯克理工大学排名 400（2014 年排名 501-550 位），核能研究大学排名 401-410（2014 年排名 481-190 位），高等经济学校排名 411-420（2014 年排名 501-550 位）。[6]英国 QS 有限公司东欧和中亚区域的主任卓雅（Зоя Зайцева）表示，俄罗斯高校在 QS 榜单中的进步是显而易见的，这是俄罗斯教育与科学部，高等院校、"5-100 计划"共同努力的结果。

在 QS World University Rankings 2017 年三月发布的世界大学排行榜中，俄罗斯国家研究型大学也取得了进一步的突破。在 QS 榜单上的成绩非常显著。从整体上看，28 所高校在 46 个学科上取得了 147 个排名"。余 2014 年相比，俄罗斯高等院校在排行榜上的比重也相应的从 0.82%增加至 1.03%。在数学和天文学的学科排名中，莫斯科物理技术学院从 101-150 名上升至 42 名，新西伯利亚国立大学 50 位。[7]

俄罗斯国家研究型大学在不同学科领域进入前 100 名的有，圣彼得堡国立矿业学院（СПГГИ）进入了世界工程教育前 15 名，俄罗斯国家核能研究大学的数学和天文学，高等经济学校的"经济学和计量经济学"、"政治与国际关系"和"社会学"，国家技术研究大学（МИСиС）的采矿业和矿业工程。较

---

5 Вузы-участники Проекта 5-100 улучшили позиции в рейтинге U.S. News Best Global Universities-2017 [EB/OL]. http://5top100.ru/news/46281/?sphrase_id=7089.2017.02.09

6 Вузы-участники Проекта 5-100 значительно улучшили результаты в рейтинге QS. [EB/OL] http://5top100.ru/news/42464/.2017.01.08

7 16 вузов-участников Проекта 5-100 вошли в рейтинг THE BRICS & Emerging Economies University Rankings 2017. [EB/OL]. http://5top100.ru/news/48624/.2017. 02.10

之 2014 年，俄罗斯国家研究型大学在更多的学科榜中取得了更高的排名。新西伯利亚国立大学米校长哈伊尔（Михаил Федорук）谈到在 QS 世界大学排名中俄罗斯高校的表现是也表明："我们的最终目标并不是在大学排行榜上的成绩，提升研究和教育质量才是目的，排名只是随之而来的现象。我们更着眼于未来，这也是我们能够在短时间内取得成就的关键。"[8]

4. 在上海交通大学发布的世界大学排行榜中有所提升

上海交通大学 2016 年 8 月发布的世界大学排名 Academic Ranking of World Universities（ARWU）中，俄罗斯国家研究型大学新西伯利亚国立大学第一次进入该榜单，并排名于 401-500 位，紧随圣彼得堡国立大学（301-400位）。[9]新西伯利亚国立大学校长米哈伊尔．菲达鲁克（Михаил Федорук）表示，ARWU 是最为保守、严格的世界大学排行榜，能进入 ARWU 排行榜是学校在研究型大学计划和"5-100 计划"共同努力的结果。科研和教育的紧密结合已经成为新西伯利亚国立大学的标志，学校与新西伯利业地区的科研组织、高科技公司、创新企业的协同合作，也是取得成功的关键。[10]

在 ARWU 的学科榜中，国家核能研究大学入围工程学科世界大学排行榜，学校的电子技术和电子工程专业位于 301-400 名之间，超过了莫斯科国立大学（401-600 名），成为了俄罗斯国内电子技术和电子工程专业排名第一的高校。国家核能研究大学的校长也表明，不仅在电子技术和电子工程领域，"5-100 计划"以及国家对学校在纳米技术、电子学、光子学和自旋电子学方面的支持是至关重要的，学校的科研人员更多学术成果发表在国际权威期刊杂志上，这也是学校的排名快速提升的重要原因。

俄罗斯国家研究型大学在权威世界大学排行榜上名次的提升直接提高了俄罗斯高校的整体地位，因此，一定程度上来看，俄罗斯国家研究型大学计划以及提升其国际竞争力的计划，至今为止，在冲击世界大学排行榜这一目标上，发挥了切实的作用。正如莫斯科物理技术学院的校长尼古拉．古德利亚采夫（Николай Кудрявцев）对学校取得的进步表示，学校能够在这一排名

8　Открыта регистрация на XVII семинар-конференцию Проекта 5-100. [EB/OL]. http://5top100.ru/news/41383/.2017.02.09

9　Вуз-участник Проекта 5-100 впервые вошел в рейтинг лучших вузов мира по версии ARWU. [EB/OL]. http://5top100.ru/news/41286/.2017.01.11

10　Участник Проекта 5-100 стал лучшим российским вузом в предметном рейтинге ARWU в области инженерных наук. [EB/OL]. http://5top100.ru/news/36290/.2017.02.11

进入百强，是对学校和学科的客观、权威的评价，表示出国际学术领域对莫斯科物理学院物理科学的认可，也是学校努力提升科研教育质量使之更接近国际标准的回报。他还表示，进入世界大学排行前 100 名是国家的目标，政府制定和实施研究型大学计划和"5-100 计划"极大推动了这一目标的实现，提高了俄罗斯高校在国际学术市场中的知名度和竞争力。[11]

圣彼得堡国立信息技术、机械和光学大学（ИТМО）的校长亚历山大. 布克诺夫斯基（Александр Бухановский）评价学校取得成绩时也说明"能在短时间内让学校在世界大学排行榜中的地位获得快速提升，这得益于多个因素的协同作用，虽然信息技术和编程是学校一直以来的优势专业，但是在联邦政府提高学校竞争力的目标下学校将多元化的战略选择转移到例如医药、城市规划、食品安全等社会领域，多方面与国际领先机构开展合作，当然，国家研究型大学的支持和'5-100 计划'的实施，为学校的快速发展提供了充足的助推动力"。[12]

二、俄罗斯高等院校的国际知名度得以增强

俄罗斯国家研究型大学在提升国际竞争力方面的快速发展，在很大程度上改善了俄罗斯高校在国际高等教育市场中的形象，提升了俄高校被国际认可的程度，也因此吸引了更多外籍研究人员和留学生的关注。

例如，由于地理位置优势，俄罗斯国家研究型大学在提升国际竞争力策略中，非常注重与欧洲地区国家展开科研项目合作，与位于欧洲的国际顶尖科研组织互动，进行师资和学生交流，与更多欧洲的大学建立了密切的联系。在英国《Times Higher Education》（泰晤士高等教育）在 2016 年 3 月发布 Best universities in Europe 2016（2016 年欧洲最好的大学）榜单中，俄罗斯共有 5 所高校进入前 200 名，莫斯科国立大学排名 79 位、圣彼得堡国立大学 111-120、托木斯克理工大学排名 131-140、喀山国立大学排名 151-160、国家研究核大学（МИФИ）排名 161-170。[13]在此之前，在这一榜单上，长期只有莫斯科国立大学和圣彼得堡国立大学存在，很多学生和家长对俄罗斯高等院校的

---

11 Открыта регистрация на XVIII семинар-конференцию Проекта 5-100. [EB/OL] http://5top100.ru/news/34909/

12 Три вуза – участника Проекта 5-100 вошли в ТОП-100 предметных рейтингов THE [EB/OL]. http://5top100.ru/news/33983/.2017.02.12

13 Пять российских вузов вошли в рейтинг лучших университетов Европы. [EB/OL]. http://5top100.ru/news/29839/.2017.01.12

认知也仅仅停留在这两所大学，对俄罗斯其他高校的认识并不多。更多俄罗斯国家研究型大学在近些年陆续入围该榜单，能够引起更多教师、科研人员、家长、学生群体对俄罗斯高校的关注和兴趣，让更多欧洲地区的潜在受众了解更多俄罗斯高校的具体情况，扩大俄罗斯高校在欧洲高等教育市场的占有份额。

俄罗斯国家研究型大学国际竞争力的提升也进一步发展了全世界范围内大学生对俄罗斯高校学习和生活环境的认可。例如，在英国公司 Quacquarelli Symonds（QS）在 2017 年 2 月公布的全球最优的大学生城市前 100 排行榜，即在全球范围内评选出大学生认可的最舒适、适于学习和生活的城市。俄罗斯共有四个城市排名在前 100 位，其中莫斯科（39），圣彼得堡（78 位），托木斯克（91 位）和新西伯利亚（93 位）。[14]在 2016 年以前，入选这一榜单的俄罗斯城市只有莫斯科。这些城市是俄罗斯国家研究型大学最为集中的地区，29 所俄罗斯国家研究型大学中有接近一半位于莫斯科、圣彼得堡、托木斯克和新西伯利亚地区。能够入选该榜单也证明了俄罗斯国家研究型大学为了提高国际竞争力而努力改善学生的学习和生活环境，为其提供更便捷的服务，也说明国家研究型大学在全世界范围内的营销和宣传活动发挥了积极的作用，为吸引了更多国际学生，在国际留学和服务领域内树立了较为正面的形象。

又如，在全球劳动力市场需求不断变化的今天，学生们越来越重视就业问题，俄罗斯国家研究型大学在促进学生就业方面不断努力。Quacquarelli Symonds（QS）在 2016 年 11 月公布的全球毕业生就业力排名排行榜（Graduate Employability Ranking of Universities），该排名综合考察并系统梳理了世界范围内对促进大学毕业生就业所展开的各项有效工作，在征集了全球权威专家、雇主的意见后，选择了世界 5 项通用指标以衡量毕业生就业力排名：大学的全球雇主声誉、校友成就、企业合作、校园雇主、招聘活动、毕业生就业率。有 3 所俄罗斯国家研究型大学进入了该榜单的前 100 名,国家技术研究大学排名 60 位，高等经济学校位于 90 位、莫斯科物理技术学院位于 80 位。[15]俄罗斯国家研究型大学在这一榜单上取得的成绩，向世界学生展示了俄罗斯高校毕业生良

14 3 российских университета вошли в топ-100 самых престижных вузов мира по версии THE. [EB/OL]. http://5top100.ru/news/42464/.2017.02.12

15 Три вуза-участника Проекта 5-100 вошли в новый мировой рейтинг QS по трудоустройству выпускников. [EB/OL]. http://5top100.ru/news/27860/.2017.01.13

好的就业能力，这无疑对吸引全球优秀学生发挥重要作用。

师生比是影响高校教育教学质量的重要因素。《泰晤士报高等教育》主编菲尔.贝蒂认为，师生比和教学质量紧密相关，小型学术团体的绩效水平更高，教师所带的学生越少，二者之间的互动会更密切，教师对学生的学术支持会更加充足。俄罗斯国家研究型大学师生比的改善也反映在了相关排行榜上。2016 年，THE（TIMES HIGHER EDUCATION）发布了师生比例最佳的世界大学排名 Top 100（Top 100 universities with the best student-to-staff ratio），该榜单用以评价教师和学生之间合理的比例。9 所俄罗斯国家研究型大学进入前 100 名，莫斯科国立鲍曼技术大学排名第 12 位，国家技术研究大学（МИСиС）排名第 43 位、托木斯克理工大学排名第 47 位、莫斯科物理技术学院排名排名第 51 位、新西伯利亚国立大学排名排名第 52 位、圣彼得堡理工大学排名排名第 57 位、核能研究大学排名排名第 59 位、莫大排名第 65 位。[16]国家研究型大学在该榜单中的地位提升强化了俄罗斯高校教育质量的国际认可，也让更多国际学生对俄罗斯高校的教学质量树立了信心，为世界有意愿赴俄高校学习的国际学生提供了重要参考。

俄罗斯国家研究型大学的学术国际的发展也进一步带动了俄罗斯高等院校整体科研实力的国际知名度。在国际顶尖的科学周刊《自然》杂志 2016 年 7 月 28 日发布了"2016 年自然指数新星（Nature Index2016 Rising Stars）排行榜"中，俄罗斯高校的高水平科研成果产出的增幅也提升较快，全球高质量科研论文在 2012-2015 年的平均增幅为 24%，在部分学科领域增幅更加明显，如生命科学学科上增幅为 60%。[17]在这一方面，部分俄罗斯国家研究型大学的表现更加抢眼，例如莫斯科物理技术学院、新西伯利亚国立大学、国家核能研究大学、圣彼得堡国立信息技术、机械和光学大学（ИТМО）。自然指数创始人大卫.斯文班克斯（David Swinbanks）也指出俄罗斯高等院校正实现全球高质量科研产出的快速增长，其中有一些新的科研教育机构脱颖而出，整体上带动了俄罗斯科学研究成果发表的积极性。

俄罗斯国家研究型大学在国际网络中的影响力也得以快速提高。在 2017 年 2 月，西班牙国家研究委员会（CSIC）网络计量学实验室公布最新版基于

---

16 9 российских вузов вошли в топ-100 нового рейтинга Times Higher Education. [EB/OL]. http://5top100.ru/news/29029/.2017.02.14

17 Россия-один из лидеров рейтинга восходящих звезд науки по версии Nature. [EB/OL]. http://5top100.ru/news/40732/.2017.01.12

互联网的世界大学排名中（Webometrics Ranking of World Universities，简称
"WRWU"），有 8 所俄罗斯高校进入前 1000 位，最高的是新西伯利亚国立大
学排名 548 位，其余 7 所都是俄罗斯国家研究型大学，包括高等经济学校、
核能研究大学、莫斯科物理技术学院、托木斯克国立大学等。[18]这也侧面说明，
通过积极的市场运作，包括宣传和广告投放，营销策划等切实行动，俄罗斯
国家研究大学也进一步提高了俄罗斯的大学在互联网空间的存在感和影响
力，为世界各地的学生、科研—教育人员了解俄罗斯的高校提供了便捷的窗
口和平台。

第二节　自增强机制下国家研究型大学自我提升特色多样

29 所俄罗斯国家研究型大学的办学理念、发展愿景、学校规模、师资力
量、生源质量、管理体制等方面都有着明显的差别，联邦政府虽然主导国家
研究型大学提升国际竞争力策略，但是在自增强机制下，每一所国家研究型
大学提升国际竞争力策略的侧重点都是不同的，国家研究型大学惯性地依托
学校本身传统特点和优势提升国际竞争力，因此呈现出多样化的特点。

一、加速国际化步伐与弘扬自身传统优势兼顾

俄罗斯提升国家研究型大学国际竞争力是在不断追赶西方国家大学发展
脚步的进行中开展，是在国际高等教育竞争中绝地反击式的"奋力一搏"，若
俄罗斯继续奉行"闭门造车"的理念，与国际通行的评价标准不匹配、不接
轨、不融合，那么俄罗斯高校就就失去了与世界其他高校的可比性，也无法
分出孰优孰劣，提升国际竞争力也只能成为空谈。因此，从俄罗斯国家研究
型大学提升国际竞争力的策略方面来看，例如，吸引国际科学家和科研人员，
提高外籍教师和国际学生的比例，与国际领先科研机构开展教育、科研、人
员的合作，引入国际认证的专业课程，扩大学校优势专业课程通过国际认证
的比例，提高英语在科研、教学、管理中的使用水平，提升教师双语授课能
力，鼓励科研人员在国际权威期刊发表科研论文等，这些措施都在加速国家

---

18 Количество вузов-участников Проекта 5-100 в рейтинге Webometrics вновь
увеличилось. [EB/OL]. http://5top100.ru/news/40662/.2017.01.14

研究型大学国际化的实现，也是俄罗斯国家研究型大学快速融入国际高等教育市场，在于世界其他大学的较量中，获取稀缺资源的过程。

21 世纪初，俄罗斯国内各界还在为是否加入博洛尼亚进程犹豫不决、举棋不定，担心国际化会使俄罗斯高等院校的传统优势丧失。如今，加速提升国际竞争力的进程中，俄罗斯大学的国际化程度大步前进。这在泰晤士高等教育（Times Higher Education，简称 THE）每年发布的 The World's Most International Universities 2017（世界上最国际化的大学）排名中也有所体现，2016 年之前，没有任何一所俄罗斯的大学进入该榜单，2017 年 2 月发布的榜单中，俄罗斯两所高校进入这一榜单的前 150 名，莫斯科国立大学（104 名），莫斯科物理技术学院位列 126 名。[19]莫斯科物理学院作为国家研究型大学，学院在确立清晰的学校品牌、提高外籍教师和学生比例、与国际领先的科研组织开展合作，与全球合作伙伴一起解决全球问题有创新研究等方面取得了一定的成功。这也向世界展示着俄罗斯在高等教育市场中的开放性，对国际学生的包容性。

长期以来，在国际权威的大学排行榜上，通常只有莫斯科国立大学和圣彼得堡国立大学能够进入排名。纵观俄罗斯国家研究型大学近年来在世界大学排行榜中的表现，一批俄罗斯国家研究型大学的国际竞争力日益凸显出来，尤其是莫斯科物理技术学院、高等经济学校、国家核能研究大学、圣彼得堡国立信息技术、机械和光学大学（ИТМО）、新西伯利亚国立大学、托木斯克国立大学、托木斯克理工大学等。这些学校不仅快速的追赶莫斯科国立大学、圣彼得堡国立大学的步伐，纷纷进入国际大学排行榜，甚至在某些学科领域，国家研究型大学已经超越了老牌的莫大和圣彼得堡大学，排在更靠前的位置。当然，高校的国际竞争力不能仅仅参考世界大学排行榜，也不能以在国际大学排行榜上位置的高低论胜负。但是，从俄罗斯国家研究型大学在国际大学排行榜中位置获得较大提升的结果来看，国家研究型大学计划和提升高校国际竞争力的"5-100 计划"取得了阶段性的成效，俄罗斯在落实计划和政策的过程中进一步提升了国际化程度以及在国际高等教育和学术研究领域的参与度、影响力。

但需要注意的是，国家研究型大学在提升国际竞争力，以及在不断推进

---

19 9 российских вузов вошли в топ-100 нового рейтинга Times Higher Education. [EB/OL]. http://5top100.ru/news/29029/.2017.01.15

国际化的进程中并没有完全丢失自己原有的传统，没有采取"自我毁灭"的方式一味地、全方面地借鉴西方高校的发展模式，而是力图在坚持自我和迎合西方之间取得平衡。从俄罗提升国家研究型大学国际竞争力的策略上来看，国家研究型大学是在巩固原有机构体系基础上，保持传统优势，转变竞争劣势。

在保持传统优势方面，国家研究型大学并没有改变俄罗斯传统人才培养方式和特色学制，例如传统的五年制"专家文凭"（специалист），这是在修学年限上介于本科和研究生之间，培养具有特定专业技能且从事专门职业的人，例如"工程师"、"教师"、"农艺师"、"经济师"等。俄罗斯国家研究型大学每年都会招收攻读"专家文凭"的学生，不论是以公费还是自费的方式，只是随着博洛尼亚进程的推进，为了与国际通行学制接轨，在专家文凭学生的招生数量上有所减少。此外，独具特色的副博士（Кандидат наук）等级也依然保存。尽管在国际认证和对接上存在不便，但是俄罗斯国内普遍认为正是独特的学制结构保障了高水平人才的培养，所以国家研究型大学对于传统特色学制也一直保留并完善，取得副博士学位也需要更高水平的研究成果。

在转变竞争劣势方面，俄罗斯国家研究型大学普遍存在外籍教师的比例较低，科研成果被国际认可程度不高，国家教育合作范围有限，留学生比例较低，宣传营销效率较低等劣势。这些劣势严重影响了国家研究型大学的国际知名度和竞争力，其中一些也是直接降低国家研究型大学世界大学排名的重要因素。因此，多数国家研究型大学在学校能力范围内弥补上述缺陷，制定应对策略转变劣势。

从学校规模上来看，俄罗斯国家研究型大学在提升国际竞争力的进程中，基本上是在原有规模上稍作扩大，包括校园规模、教师和学生的人数等。国家研究型大学普遍上并没有选择短时间内急速扩张的方式。纵观最近在世界大学排行榜上取得快速提升的国家研究型大学，如莫斯科物理技术学院、高等级经学院、国家核能研究大学、国家技术研究大学等，这些学校基本上是具备一流学科和专业优势的小规模学校。从学生人数上来看，莫斯科物理技术学院本科生和研究生人数约为 6000 人，新西伯利亚国立大学即便是一所综合性大学其学生总数也只在 6000 人左右，国家核能研究大学学生人数为 8700 人，圣彼得堡国立信息技术、机械和光学大学（ИТМО）学生人数为 13890 人，托木斯克理工大学学生总人数为 20854

人。[20]

从院系的设置上来看，为了保持和提升自身的传统优势，国家研究型大学普遍没有在提升国际竞争力进程中在学科体系建设上贪大求全，学校大多利用专项资金和政府拨款建设了新的教学楼、实验室和宿舍，但是在招生人数、专业方向等方面没有急剧扩张。相反，例如高等经济学院、莫斯科物理技术学院、国家核能研究大学、托木斯克理工大学等学校精简、合并了相关院系、机构，设置交叉学科和实验室，使充足的资源集中在优势学科和专业上，以优势学科研究的创新和突破性发现提升学校的国际竞争力。

二、提升国际竞争力的进程中保持高等院校多样化发展

俄罗斯联邦政府对发展国家研究型大学投入的财政、人力、物力等各项支持力度都很大，"国家研究型大学（НИУ）"计划比"联邦大学（ФУР）"计划获得了较为明显的成功，这29所国家研究型大学比计划实施之初更具有多样性。同时，跳出国家研究型大学这个群体，将之放在俄罗斯所有大学中来分析，联邦政府期望通过国家研究型大学国际竞争力的提升带动俄罗斯高校的国际影响力，但是这并不意味着俄罗斯所有的高校都要建设成为研究型大学，也不是指用这一把尺子衡量、改造所有的俄罗斯大学。

俄罗斯高等院校体系是由不同机构组成的，这些机构中不仅有面向未来的精英型大学，也有开展各行各业的专业人才培训教学机构，也有满足家庭对于高等教育需求的"一般意义上"的大学，还包括工业和地方自治学院，拥有兼职教育培养模式的"开放型大学"等高等教育机构。这些高校进行的全部是对市场所需不同人才的培养，每一类机构有其重要的社会职能，而不只是培养高等教育文凭的拥有者。

俄罗斯高等院校体系的"金字塔结构"将俄罗斯高校做出了更明确的区分，然而，"金字塔结构"并不是将俄罗斯高等院校化为三六九等，而是体现了不同高校的职能分工。本文所涉及的俄罗斯国家研究型大学（НИУ）是面向未来的精英型高等教育机构，承担的职能是高水平研究型人才的培养，代表着俄罗斯大学科学研究的最高水平。但是国家研究型大学仅占俄罗斯公立大学的5%，占俄罗斯全部大学的3%。俄联邦政府将国家研究型大学单独划

---

20 俄罗斯部分国家研究型大学官方网站 [EB/OL]. https://www.hse.ru/en/、http://www.ifmo.ru/ru/、http://www.misis.ru/、http://www.nsu.ru/、http://www.mipt.ru/

分出来作为一个加速发展的群体，但是并没有将国家研究型大学作为其他大学效仿的标杆和标准，而是将不同院校做出功能性的区分，让不同院校承担不同职能，各安其位、各展所长，充分发挥各个层次高等院校的优势，培养经济社会发展需要的人才。

社会发展对人才的需求是多元、多样的，这也决定了高等院校多样化的必然性。俄罗斯各个地区的产业结构不同，经济发展的模式不一样，历史文化不一样，对人才的需要类型也就不同。有些大学不可能办成世界一流，也没有必要办成世界一流，这类学校主要是服务于俄罗斯州、自治地区的经济建设和社会发展。作为俄罗斯高等院校"金字塔"体系中的"底座"，广大的联邦综合性大学和地方性大学也依然沿袭着俄罗斯大学的传统职能，即以教育教学和人才培养为主要任务，服务于地方经济社会发展，科学研究和提升国际竞争力并没有成为这些院校的发展目标。俄罗斯联邦政府这样的制度安排是以每一所大学自由而全面的发展为前提，结合其在国家区域经济社会发展中肩负的责任，准确定位不同类型高校的任务，发挥不同类型高校的学科优势，努力维持高等教育机构的多样性，避免每个研究型大学专业都差不多的"千校一面"现象出现，从而保证了俄罗斯高等院校的多样化发展。

第三节　国家研究型大学国际竞争力提升进程：问题与挑战并存

俄罗斯国家研究型大学自 2008 年成立以来，不断将教育教学与科学研究融合起来，在提升国际竞争力的"5-100 计划"加速推动作用下，国家研究型大学在世界权威大学排行榜上的地位有了快速的提升，也进一步扩大了俄罗斯高等院校在国际高等教育市场中的影响力。但是，俄罗斯在实施国家研究型大学这一进程，也存在一些不能忽视的问题，直接影响着未来计划效果的实现。因为俄罗斯联邦政府提升国家研究型大学国际竞争力的愿望十分迫切，因此政府在制定和实施政策的初始阶段未全面考察各方面的需求，以强制性的行政指令和目标对国家研究型大学的提升计划做出干预，不仅影响了策略实施的灵活性，也降低了策略的科学性，也进一步引发了国家研究型大学内部群体发展的不平衡。

一、初始阶段政府未全面考察各方需求

研究型大学的实力决定着未来国家创新型经济的全球竞争能力，各国政府已经纷纷意识到高水平的研究型大学在吸引人才、产出优质的科研产品和推动国家经济发展方面的重要作用，因此集中人力、财力、物力促进本国研究型大学的国际竞争力。俄罗斯在建设国家研究型大学活动上已经属于起步较晚的国家，为了以国家研究型大学的发展提升俄罗斯大学在世界大学排行榜上的地位，为了以国家研究型大学发展带动国家整体科技实力的提升。俄政府不遗余力地制定政策、计划，组建计划的执行机构、监督机构，以提高策略的实际效果。

但是，联邦政府、高等院校以及俄罗斯科学院等这一计划涉及的相关机构所持的态度和动力是不同的。俄罗斯的大学普遍面临办学经费不足的问题。教育教学是大学的传统任务，在国家没有适当支持，或支持不足的情况下，很多学校不愿意再承担科学研究的附加任务。在高校的态度方面，起初俄高校对国家研究型大学的关注和期望并不高，因为，大多数高校在新的社会经济环境下找到了自身生存之道，他们开放了诸如管理学、社会学、法学等热门专业领域的收费项目，开办了众多隶属于大学的企业和工厂，获得了更多政府预算外的办学经费来源，从而更愿意选择忽视科研活动，并试图维持现状。

正如的圣彼得堡工业技术与设计大学（СПбГУПТД）的校长 А．В 杰米多夫（А．В．Демидов）所言："科学研究需要大量资源投入，科研成果也无法在短期内获得，如果没有额外的财政和资金支持，本校无法在科研上取得进一步发展，对于我们来说，首要的是生存。"[21]尽管已经参与该计划内的 29 所国家研究型大学，其发展科学研究活动、提升国际竞争力的动力、意愿和所具备的起始条件也不尽相同。

与此同时，与该计划相关的科学院科学院和其他科研机构的声音则是提倡恢复苏维埃时期的科研组织形式。俄罗斯科学院是俄联邦最高学术机构，曾拥有辉煌的历史，先后有 19 位学者获得诺贝尔奖。但苏联解体后俄科院受到沉重打击，国际影响力迅速下降，虽然其科研效率受到俄国内各界的诟病，但是科研实力和地位依然是俄罗斯国内首屈一指，大多数科学院的学者认为苏联模式依然是促进科学院的最优方式。因此，很多学者并不赞成联邦政府

---

21 Конкурентоспособность российского высшего образования [EB/OL]. http://www.punkt-a.com/ru/pb/art/bp011.plaxiy.htm. 2017.01.16

以削弱科学院的方式来发展大学的科研活动。

该计划很难俄罗斯联邦政府依靠强有力的行政命令推行该计划，但是对于不同的大学以及科学院的动力、意愿和积极性调动方面的努力显然是不够的，这在一定程度上很可能不仅影响大学与科学院的合作关系，更会造成国家研究型大学内部发展的不平衡。

二、行政干预影响策略实施的灵活性

设立俄罗斯国家研究型大学和提升国家研究型大学的国际竞争力，这是一场自上而下推动卓越大学建设的活动，依靠的是政府行政指令，俄罗斯联邦政府的行政力量发挥着主导作用。这是无法避免的，因为这是基于俄罗斯国家行政体制基础上，是依靠行政命令指挥大学运作的习惯使然，也符合俄罗斯国情。国家主导一流大学的建设并不是俄罗斯独有，每个国家的高等教育都需要有一批世界名校作为代表和支撑。俄罗斯力图民族复兴，重回强国行列，因此在大学发展上，建设俄罗斯国内的世界一流大学群体，提高俄罗斯国家研究型大学的国际竞争力，成为俄罗斯联邦政府的重大战略决策。通过国家政策倾斜、资金倾斜，政府期望集中力量，让俄罗斯国家研究型大学能够在可期的时间内突破。

但是，过度的政府干预也会进一步限制学校发展。在俄罗斯提升国家研究型大学国际竞争力提升这一进程中，联邦政府的行政权利限制了大学很多方面的发展，影响了该计划实施的灵活性。举例来说，没有一项机制是可以被迅速落实到位的，使发展计划与区域和产业内、社会经济技术发展的优先领域能够保持高度一致。俄罗斯提升国家研究型大学国际竞争力的计划和实施策略也是如此，政府期望短期出成效，但是在短时间内，难以确保计划对国家和区域层面上教育科研领域中的新项目和法规做出回应，也无法在教育网络结构中对教育机构的重组和优化做出及时的反馈。为期十年的俄罗斯国家研究型大学计划更像是完成政府布置的任务，政府"有形的手"催促着国家研究型大学在提升国际竞争力方面不断前行，但是十年对一所学校的发展来说并不长，也许在第十年国家研究型大学并不能真正完全实现当初立下的"豪言壮志"，毕竟其目标与实现目标所需要的时间并不相适应。

此外，行政干预也大大限制了学校财政的灵活性。在俄罗斯国家研究型大学计划发展和获批阶段，政府对国家研究型大学被分配资金的使用上设置了严格的限制。政府预算内的财政资金被规定仅能被用于采购实验室培训科研设备、科研工作人员的进一步培养与职业发展、课程发展、信息资源发展，以及提高教育和科研管理体制的质量发展，而科研资金（包括国际科研项目）未经政府批准是无法使用的。同时，由于俄罗斯政府行政具有迟滞性和低效性等特点，很多国家研究型大学需要经过层层的申请才能获准得到科研资金使用权，这也导致了计划资金即便拨付了也无法及时利用的情况，从而大大限制了国家研究型大学科研活动的自由发展。

三、策略设计欠缺科学性

一项策略在实施之前设计阶段的作用不可忽视，只有经过系统的调研，反复的推敲，全方面考虑各种可能性，做好应急方案以及设置监督机制，才能按照设定的方向发展。俄罗斯联邦政府在制定和推进国家研究型大学计划以及"5-100 计划"是在冲进世界大学排行榜前 100 名的目标下制定的，在这一强制性政策的指引下，不仅为大学立下的近五年的目标，也为学校制定了目标体系。

在入选计划的竞争中，俄罗斯的大学为了能够在计划中取胜，匆匆忙忙地设计了发展目标体系，尽管其包含了很多内容，例如每一位科研工作者平均发表的被 Web of Science 和 Scopus 收录的文章，每一名科研工作者发表的被收录于 Web of Science 和 Scopus 的文章平均被引用的次数，国际教授、教师和科研人员（包括拥有国外高校博士学位的科研人员）的比例，给予每一名科研工作者用于科学研究工作的经费等，并且这些目标难以在短时间内仔细推敲，这些被"数字化"了的指标，就像立下了"军令状"，迫使学校想尽办法达到。

在此种压力下，很多学校为了大跨步地前进设置了过高的、不现实的目标期望，尤其在科研工作者发表的论文以及被引用的次数、引进国外科研工作者等方面，一些学校企图在短短五年内在这些目标上翻十倍，例如彼尔姆国立技术大学(ПНИПУ)2015 年每位科研工作者平均发表的被 Web of Science 收录的文章数量上达到 1.8，在 2020 年计划达到 10；圣彼得堡国立技术大学 2015 年每名科研工作者发表的被收录于 Web of Science 文章的平均被引用次数 1.3，2020 年学校计划在这一指标上达到 12。但一些学校本身却未提出明显的、能够快速改善这一目标的关键措施。因此，这类目标的制定显然是冒进、不切实际的，没有对可能面临的情况以及自己应对能力做出深入的分析和判断。这将导致计划实施不到位，实际结果很难达到预期目标的状况。

更为重要的是，对于这些目标的管理。政府作为计划的制定者和推动者，对于入选的学校发展阶段性目标未给予充分的重视和管理。"俄罗斯国家研究型大学"和"5-100 计划"都是基于竞争机制的选拔，但是缺乏选拔高等教育机构的科学、详尽、严格的预设标准，同时，也未对其发展潜力进行实事求是的评估，这些因素导致入选这两个计划的学校在初始条件上存在着很大的差异，进一步导致了在计划实施的过程中，学校之间发展不平衡的现象，有些学校发展很快，但是有些学校并没有实现实质性的进步。

在这一过程中，没有一个独立的第三方对计划的阶段性成果进行深入、科学化的评估，至于学校制定的数字目标是否科学、能否实现、实现到何种程度、若未实现将会受到何种惩罚等问题都没有明确规定。"5-100 计划"虽然组建了国际专家委员会，在委员会中的一半人员是俄罗斯教育与科学部门的行政官员，可以说，国际专家委员会也并不是一个独立的第三方，并且该委员会的主要承担咨询功能，并不承担科学化的测量和评估的职能。对此，俄罗斯高等经济学校的亚历山大·珀瓦克教授认为："国家研究型大学及'5-100 计划'在制定和实施的过程中，没有摆脱简单化的特点，以期短时间内达到不切实际的目标期望。"[22]

欠缺科学性还体现在退出机制不易真正实现，易导致群体的固化发展。2008 年俄罗斯国家核能研究大学（МИФИ）和国家技术研究大学（МИСиС）成为了国家研究型大学的试点学校，为了避免"一选定终身"，保持该计划的公平和效率，也为了保持"国家研究型大学"这一称号的流动性，该计划以十年为期限，未通过评估与考核的高校将被撤销"国家研究型大学"的荣誉称号，也不再享受政府的各项支持政策。这一设计的意图是引入动态竞争机制，让那些办学质量更高的学校可以进入该计划，让那些原本在列但办学质量下滑的学校能够退出，打破身份的固化，实现正常的优胜劣汰，实现国家研究型大学发展的良性竞争。

但是，这并不是完全意义上的"重新洗牌"，在政府主导的强制性变迁的

---

22 Меры повышения конкурентоспособности российского образования [EB/OL]. http://www.akvobr.ru/meri_povyshenia_konkurentosposobnosti_rossiiskogo_obrazova nia.html.2017.01.10

过程中，已经在十年内取得突出成绩的研究型大学可以稳稳的占住自己的地位，但是发展速度较慢的学校为了继续得到政府的额外资源支持，也不会心甘情愿的被踢出国家研究型大学的"圈子"。在俄罗斯政府主导该计划进程的条件下，通过行政运作完全可以为学校争取最大的机会。加之，俄罗斯高等教育行政决定一切的管理模式，下一轮的遴选应该还是以联邦政府行政力量为主导，能否真正建立程序上的公开、公平、公正，值得拭目以待。但是，想必能够做到真正的淘汰落后的学校并不是一件容易的事情，这也是俄政府主导的强制性变迁，通过行政干预对国家研究型大学发展产生限制的具体体现。

四、国家研究型大学群体内发展不平衡

依照制度变迁的理论，在新的利益格局下，多数成员会通过学习效应不断适应新制度。在俄罗斯国家研究型大学设立之后，29 所俄罗斯大学成为这一框架内的成员，学校可以利用新制度提供的条件和环境抓住制度框架提供的获利机会，以获取更大的利益和适应发展与生存的需要。

事实证明，在更新管理架构、教学和国际合作方面进行实际变革的魄力是非常重要的。在这一适应过程中，多数俄罗斯国家研究型大学能够采取积极的适应性策略，从财政投入、科学研究、人才培养、师资队伍、管理体制和市场营销方面推行具有创新意义的举措，抓住国家研究型大学框架内的有效资源，以获取学校发展的更多机会和资源。一部分国家研究型大学为适应新制度而积极突破更方面的传统限制，下决心大力推动改革，充分利用有效资源创建符合本校特点的教育准则，改善英语教学状况，发展英语教育项目，吸引了更优秀的年轻教授、科研—教育工作者和海外优秀学生，为优秀教育—科研人员、海外研究人员开设新的研究机构和实验室，拥有了更高的科研生产力，产出了更多先进研究成果。

值得注意的是，在这 29 所俄罗斯国家研究型大学中，发展最好大学，是同时入选国家研究型大学计划和"5-100 计划"的学校，它们得到了政府两个发展计划的大力支持，例如国家核能研究大学（МИФИ）、高等经济学校（ВШЭ）、莫斯科物理技术学院（МФТИ）、新西伯利亚国立大学（НГУ）、托木斯克国立大学（ТГУ）、托木斯克理工大学（ТПУ）等。这几所学校通过国家计划和自身努力提高了科研生产力、教育创新和商业化程度，明显提升了在世界大学排行榜中的位置。同时，这些学校都是位于莫斯科、圣彼得堡、

托木斯克、新西伯利亚等俄罗斯国家大型城市中，占据良好的地理位置，拥有区位发展优势。

然而，未入选"5-100"计划的国家研究型大学大都发展缓慢，一些学校未采取实质性的措施推动学校科学研究活动，俄罗斯高等经济学校的教授伊萨克·弗劳明对其评价为"有一些国家研究型大学甚至是在坐等观望，将国家经费用于弥补现有进程中的差距，而非开展创新活动"。[23]这些学校主要包括萨拉托夫国立大学（СГУ）、伊尔库茨克国立技术大学（ИрГТУ）、摩尔多维亚国立大学（МорГУ）、南乌拉尔国立大学（ЮУрГУ）等，它们普遍是处于偏僻的地理位置，自然条件恶劣地区的学校。

实际上，这些学校并非未采取任何提升国际竞争力的措施，学校在科学研究、人才培养、优化师资队伍等方面也做出了一些有益的尝试和探索。只是，俄罗斯政府采取非均衡战略扶持一批有条件的高校优先发展、建设高水平大学、冲击世界学术高地，在这一计划中，资源在国家研究型大学内部的分配也是不均衡的。俄联邦政府对加入"5-100计划"中的国家研究型大学投入了更多资源，几所表现优异的国家研究型大学得以快速发展，而另外几所学校则因为自身资源的劣势导致没有适当抓住框架内新的发展机会，同时也是由于入选国家研究型大学计划的学校初始条件不同，在提升国际竞争力的进程中，落后的研究型大学同时也是初始条件相对较差的学校。

这将导致俄罗斯国家研究型大学群体内部的差距越来越大，尤其体现在科研经费、科研教育人员的数量和比例、实验室的数量等外在条件，以及办学理念、管理机制等内在因素方面。在这一"跃进"中，俄罗斯国家研究型大学之间的发展不能同步，依据经济学中的"马太效应"——强者越强、弱者越弱，优质资源越来越集中于少数强势发展的俄罗斯国家研究型大学，在整体上也将不利于国家研究型大学群体的长远发展。

五、国家研究型大学国际竞争力提升面临的挑战

尽管俄罗斯国家研究型大学近些年取得了快速的发展，但是俄罗斯国家研究型大学自设立至今还未满十年，俄罗斯加速提升国家研究型大学的国际竞争力计划也还未满五年，国家研究型大学提升国际竞争力的进程还将面临

---

23 Как повысить конкурентоспособность российских вузов. [EB/OL]. http://www.ug. ru/article/527.2017.01.10

更多的挑战，其中主要包括第一，为期十年的俄罗斯国家研究型大学计划在到期之后，能否通过竞争优选、动态筛选和退出机制，保持"国家研究型大学"这一称号的流动性，如果联邦政府不能打破现有国家研究型大学形成的"固化圈子"，那么资源分配不公平将是国家研究型大学在提升国际竞争力进程中面临的挑战。

第二、行政权力这只"有形的手"对国家研究型大学国际竞争力的提升干预的边界需要进一步受到规范和限制，对国家研究型大学国际竞争力提升实效的评估需要独立而科学的第三方机构进行，然而俄罗斯联邦政府过度的行政干预下这样的第三方机构能否建立，在策略实施初期，行政力量的强制性干预能够快速协调资源，使国家研究型大学在提升国际竞争力方面取得明显的效果，但是行政权力如果长期对学校过度干预学校发展，将会成为限制国家研究型大学国际竞争力进一步提升的绊脚石。因此，如何处理行政干预与国家研究型大学自主权，也是一项严峻的挑战。

第三、国家整体环境的改变。从俄罗斯面临的国际国内环境来看，近年来，由于受到西方国家的制裁，自 2014 年以来，俄罗斯经济一直处于衰退之中。俄联邦政府紧张财政也影响了对高等教育的投入，2017 年俄罗斯联邦政府减少了对国家研究型大学的财政拨款。2017 年 3 月，俄罗斯总理梅德韦杰夫宣布大幅削减对提升俄罗斯大学国际竞争力计划的财政拨款。这对依靠政府各项资源扶持的国家研究型大学来说是一个严峻的挑战。在政府减少扶持的情况下，俄罗斯国家研究型大学如何获得进一步发展，如何依靠良性运转和自我完善，走上持续提升国际竞争力的轨道，这是未来值得继续关注的问题。

本章小结

从整体上看，俄罗斯提升国家研究型大学国际竞争力的策略既有成效也存在问题。一方面，在这一计划的影响下，短期内俄罗斯国家研究型大学在较为权威世界大学排行榜中的位置不论是整体排名还是学科排名有明显的上升，在朝着计划中立下的"2020 年之前有 5 所俄罗斯大学进入世界排名前 100 名"的目标迈进。

同时，政府在计划实施之初综合各方面都群体的需求和利益，联邦政府具有绝对的行政力量也产生了一些负面影响，例如行政的僵化导致该计划缺乏灵活性和变通性，计划整体上体现了联邦政府的意愿用数字目标衡量大学的国际竞争力，又缺少科学依据，由于没有独立的第三方进行科学、规范的监测和评估，对国家研究型提升国际竞争力实际效果的评估不足。目前29所俄罗斯国家研究型大学的发展不平衡，从未来发展来看，行政权力又有可能导致国家研究型大学计划的退出机制不易实现，是否会形成研究型大学群体固化，也需要进一步考察。这些问题在策略实施的下一个阶段如果没有能够及时得到进一步调整，很有可能导致国家研究型大学国际竞争力提升的停滞。

结　语

　　研究型大学的国际竞争力对国家综合国力发展的意义重大。研究型大学的重要任务之一是培养各领域高水平创新性人才，不断发现、创造、应用和传播前沿科学技术。具备高水平国际竞争力的大学能够在世界范围内吸引顶尖人才，争取更多利于国家综合国力提升的稀缺性资源。俄罗斯正是清楚地意识到这样的关系，所以在联邦政府的主导下大力提升国家研究型大学的国际竞争力。其重要策略是筛选一部分学校、倾向性投入、重点支持的方式提升国家研究型大学的国际竞争力，这种方式并非俄罗斯首创。近年来，许多国家相继制定了打造"精英大学"的计划，加大了对高等院校特别是重点院校的投入力度，出台了一系列促进提升大学国际竞争实力的政策和措施，这种努力体现在中国、德国、韩国、西班牙等国家和地区实施的各种"卓越大学计划"的制定和执行上。

　　首先，本文认为设立国家研究型大学（НИУ），提高国家研究型大学的国际竞争力，不仅是俄罗斯对高等教育国际发展趋势的策略性应对，这对俄罗斯高等院校发展具有深刻的变革意义。一方面从大学的发展来看是为弥合教育与科研的割裂，打造产学研一体化的教育综合体，让俄罗斯重回高等教育强国的行列，另一方面设立国家研究型大学并发展其国际竞争力，是服务于俄罗斯民族伟大复兴这一长远目标的必要之路。

　　其次，本文认为国家研究型大学在制定和实施提升国家竞争力方面的魄力十分重要。从自增强机制下，一部分国家研究型大学能够积极抓住新的发展机遇，在经费、教育、科研、人才、管理、营销等方面不断推行提升国际竞争力的策略，进一步增强了学校活力和自我更新能力，例如高等经济学校

（ВШЭ）、国家核能研究大学（МИФИ）、圣彼得堡国立信息技术、机械和光学大学（ИТМО）、新西伯利亚国立大学（НГУ）、托木斯克国立大学（ТГУ）、托木斯克理工大学（ТПУ），它们在世界大学排行榜上的地位也获得明显提升。诚然这些学校在"5-100计划"的支持下，享受了更多的资源分配，但是无论政府如何扶持，学校的内在动力始终是实施提升国际竞争力策略的不竭源泉。反观那些国际竞争力提升较慢的国家研究型大学，甚至仍然处于"观望"状态中的学校，尽管并不十分缺少资源和条件，但是内在动力不足严重阻碍了这些学校实施提升国际竞争力策略的能动性和创新性。

再次，以制度变迁理论的视角来看，本文认为行政权力是俄罗斯提升国家研究型大学国际竞争力策略实施的"双刃剑"。因为行政权力强制性高，资源协调能力更强，能够在短时间内高效、快速地促进学校发展。虽然，当今的俄罗斯虽然早已不是帝国时代的沙皇专制，更不是苏联时期的高度中央集权制，而是建立在分权基础上的联邦制，但是通过该计划也可以发现，俄罗斯联邦政府在教育领域仍然具有着相当程度的控制力量，甚至有学者认为俄罗斯又重新回到了计划时代。

但是，政府这只有形的手对高校过分干预产生的副作用也是明显的，联邦政府行政力量的指挥棒并没有为国家研究型大学赋予学校更多学术、教育、管理方面的自由。随着时间的推移，联邦政府行政力量与国家研究型大学要求更多自主权的矛盾也会更加凸显。因为，学校更需要在不断完善大学自治的进程中，自下而上慢慢不断培养国际竞争力，毕竟只有这样的国际竞争实力才不会因为联邦政府行政力量的突然撤出而立刻消退。当前，在俄罗斯国家联邦大学已经快速提升国际排名的情况下，俄罗斯联邦政府应该需要对计划做出进一步修缮，在行政力量和大学自主发展之间做出更加适当的平衡。

最后，本文认为俄罗斯提升国家研究型大学国际竞争力策略在实施过程中机遇与风险共在，问题与挑战并存。没有一项新的策略是完美无瑕的，正如制度变迁理论所提出的，制度变迁意味着利益格局的重新调整和权力结构的转化，是一个社会效益更高的制度对低效制度的替代过程。俄罗斯国家研究型大学并不是一个永久的称号，该计划的有效期是十年，这一期限的规定给了联邦政府和目前被设立为国家研究型大学的学校一个重新审视该自我的机会，俄罗斯提升国家研究型大学国际竞争力策略也需要在实施过程中解决不断衍生出的问题。

参考文献

一、中文文献

（一）著 作

1. 侯光明:《中国研究型大学理论探索与发展创新》[M]，北京：清华大学出版社，2005 年。

2. [俄]阿巴尔金:《俄罗斯发展前景预测——2015 年最佳方案》[M]，北京：社会科学文献出版社，2001 年。

3. [俄]德．阿．梅德韦杰夫:《俄罗斯国家发展问题》[M]，北京：世界知识出版社，2008 年。

4. [美]波特:《国家竞争优势》[M]，北京：华夏出版社，2005 年。

5. [美]伯顿．克拉克:《探究的场所——现代大学的科研和研究生教育》[M]，杭州：浙江教育出版社，2001 年。

6. [美]菲利普．G．阿特巴赫，佩蒂．M．彼得森:《新世纪高等教育全球化挑战与创新理念》[M]，青岛：中国海洋大学出版社，2009 年。

7. [苏联]苏科院历史所:《苏联民族——国家建设史》[M]，北京：商务印书馆，1997 年。

8. 陈厚丰:《中国高等学校分类与定位问题研究》[M]，长沙：湖南大学出版社，2004 年。

9. 程伟:《俄罗斯转型 20 年重大问题》[M]，沈阳：辽宁大学出版社，2012 年。

10. 冯绍雷，相蓝欣：《转型理论与俄罗斯政治改革》[M]，上海：上海人民出版社，2005 年。

11. 顾明远：《战后前苏联教育研究》[M]，南昌：江西教育出版社，1991年。

12. 郭为藩：《转变中的大学：传统、议题与前景》[M]，北京：北京大学出版社，2006 年。

13. 蓝劲松：《办学理念与运作机制：世界一流大学建设的关键》[M]，高等教育研究，2001 年。

14. 李中海：《普京八年：俄罗斯复兴之路（2000-2008）（经济卷）》[M]，北京：经济管理出版社，2008 年。

15. 吕达，周满生：《当代外国教育改革著名文献（苏联）俄罗斯卷)》[M]，北京：人民教育出版社，2004 年。

16. 庞大鹏：《普京八年：俄罗斯复兴之路（2000-2008）（政治卷)》[M]，北京：经济管理出版社，2008 年。

17. 普京：《普京文集（2002-2008)》[M]，北京：中国社会科学出版社，2008年。

18. 宋东霞：《中国大学竞争力研究》[M]，北京：高等教育出版社，2005 年。

19. 王义高：《苏俄教育》[M]，长春：吉林教育出版社，2000 年。

20. 肖甦，王义高著：《俄罗斯教育 10 年变迁》[M]，北京：北京师范大学出版社，2003 年。

21. 许志新：《重新崛起之路——俄罗斯发展的机遇与挑战》[M]，北京：世界知识出版社，2006 年。

22. 中华人民共和国商务部欧洲司，中国社会科学院俄罗斯东欧中亚研究所联合课题组：《俄罗斯经济发展规划文件汇编》[M]，北京：世界知识出版社，2005 年。

23. 钟亚平：《苏联-俄罗斯科技与教育发展》[M]，北京：人民教育出版社，2003 年。

24. 朱小蔓，H．E 鲍列夫斯卡娅：《20-21 世纪之交中俄教育改革比较》[M]，北京：教育科学出版社，2006 年。

（二）期刊、论文

1. 安德烈．亚科夫列夫：《俄罗斯独立经济智库的演变与发展前景》[J]，经济问题，2015 年（8）。

2. 陈婷婷，杨天平：《世界一流大学的"共性"特征——基于"ARWU"、"THE"与"QS"排行榜的分析》[J]，高教发展与评估，2016 年（3）。

3. 单春艳：《俄罗斯高校人才战略的实施及其启示》[J]，黑龙江高教研究，2013 年（1）。

4. 杜劲松：《俄罗斯高等教育改革现状评析》[J]，比较教育研究，2014 年（8）。

5. 杜岩岩：《俄罗斯创新型大学发展战略及其保障机制》[J]，教育科学，2011 年（5）。

6. 杜岩岩：《俄罗斯研究型大学的战略规划与竞争力管理》[J]，教育科学，2013 年（4）。

7. 郭林：《俄罗斯科技人才培养与激励政策的改革与启示》[J]，科技进步与对策，2012 年（1）。

8. 韩梦洁：《横向学术治理与纵向行政约束的博弈——俄罗斯大学治理模式变革案例分析》[J]，中国高教研究，2016 年（5）。

9. 赖德胜，武向荣：《论大学的核心竞争力》[J]，教育研究，2002 年（7）。

10. 李芳：《俄罗斯的国立大学、企业与国家新三位一体的矛盾分析》[J]，比较教育研究，2004 年（11）。

11. 李芳：《俄罗斯组建联邦大学述评》[J]，比较教育研究，2010 年（2）。

12. 李芳：《全球化时代的俄罗斯高等教育——访俄罗斯远东国立人文大学副校长 C.П. 佩切纽克教授》[J]，黑龙江教育（高教研究与评估），2009 年（9）。

13. 刘军梅，刘志扬：《俄罗斯经济的竞争力、发展困境及其出路》[J]，俄罗斯中亚东欧研究，2007 年（4）。

14. 刘淑华：《走向大学自治——俄罗斯扩大高等学校自主权的改革述评》[J]，比较教育研究，2009 年（6）。

15. 刘淑华：《走向治理：俄罗斯高等教育内部管理体制变革取向》[J]，比较教育研究，2015 年（2）。

16. 毛亚庆，夏仕武：《何谓大学核心竞争力》[J]，北京大学教育评论，2005 年（6）。

17. 钮菊生：《俄罗斯复兴：大国梦与现实俄罗斯兴衰规律研究》[D]，复旦大学，2003 年。

18. 戚文海：《俄罗斯创新型人才培养的策略》[N]，中国社会科学报，2011 年 7 月 7 日，第 1 版。

19. 邱均平：《2009 年世界一流大学与科研机构竞争力评价的做法、特色与结果分析》[J]，评价与管理，2009 年（2）。

20. 曲绍卫，杨峰：《论大学组织制度及其竞争力价值》[J]，教育研究，2007 年（3）。

21. 孙明娟：《国际合作是提升学校国际声望的关键因素——访俄罗斯阿穆尔国立人文师范大学副校长 А.П. 科什金教授》[J]，黑龙江教育（高教研究与评估），2009 年（9）。

22. 王森：《俄罗斯联邦大学和国家研究型大学建设管窥》[J]，高教探索，2015 年（4）。

23. 王书武，宋丽荣：《现代政治治理下的俄罗斯大学与政府关系》[J]，继续教育研究，2009 年（10）。

24. 王素：《高等教育竞争力模型、指标与国际比较》[J]，教育研究，2012 年（7）。

25. 王战军：《建设高水平研究型大学夯实国际竞争力基础》[J]，中国高教研究，2015 年（5）。

26. 肖甦，单丽杰：《俄罗斯教育政策与国家发展》[J]，比较教育研究，2005 年（11）。

27. 肖甦：《俄罗斯的一流大学建设》[J]，华东师范大学学报，2016 年（3）。

28. 杨克磊：《研究型大学核心竞争力战略规划研究》[J]，天津师范大学学报（社会科学版），2010 年（1）。

29. 张阳：《高校核心竞争力分析模型研究》[D]，河海大学，2005 年。

30. 赵俊芳，齐芳：《21 世纪以来中国"985 大学"核心竞争力量化研究》

[J]，高校教育管理，2015 年（1）。

31. 赵蓉英：《发展与梦想——2014-2015 年世界一流大学及学科竞争力评价与结果分析》[J]，评价与管理，2014 年（3）。

32. 赵伟：《从隐性走向显性——俄罗斯创建世界一流大学政策评析》[J]，比较教育研究，2016 年（6）。

33. 郑丹：《俄罗斯科教一体化模式与借鉴研究》[D]，哈尔滨师范大学，2012 年。

34. 周群英：《高等教育国际竞争力比较研究》[J]，武汉理工大学学报（社会科学版），2010 年（6）。

二、俄文文献

（一）著 作

1. *Орехов, С. А. и др.* Инновационная стратегия развития образовательного учреждения в системе научно-образовательного комплекса : Моногр. / Сергей Александрович Орехов, Виктор Владимирович Гужов, Наталья Владимировна Тихомирова.-[M]. Hаука, 2009.

2. *Орлов, А. И.* Экспертные оценки : Учеб. пособие / Александр Иванович Орлов.-[M].2002.

3. Конституция（Основной закон）Российской Федерации : Офиц. текст.-[M]. 2010.

4. О высшем и послевузовском профессиональном образовании : Федерал, закон [принят Гос. Думой 22 авг. 1996 г. № 125-ФЗ]. [M].Рид Групп, 2011.

5. Алексеенко, В. А. Система управления качеством высшего образования в России : Науч. моногр. / Виктор Алексеевич Алексеенко. [M].Нац. ин-т бизнеса, 2009.

6. Артамонова, М. В. Реформа высшей школы и Болонский процесс в России :（частный взгляд методиста）/ Марина Васильевна Артамонова. - [M].Экономика, 2008.

7. Басовский, Л. Е. Маркетинг : Курс лекций / Леонид Ефимович Басовский. [M].ИНФРА-М, 2008.

8. Болонский процесс в Швеции / пер. со швед. М. А. Чучуги // Болонский процесс в Европе : Проблемы и перспективы : ст., пер. и реф.-[М].Издат. центр Рос. гос. гуманит. ун-та, 2007.

9. *Герасима, О. Н. и др.* Система высшего профессионального образования в России : Исследование уровня развития и разработка направлений реформирования : Моногр. / Моск. гос. индустр. ун-т ; Ольга Николаевна Герасина, Татьяна Сергеевна Сальникова, Юрий Анатольевич Мезяков.-[М].Изд-во МГИУ, 2011.

10. *Данченок, Л.* А. и др. Стратегический маркетинг : учебно- практическое пособие / Л. А. Данченок, С. В. Мхитарян, С. И. Зубин ; Московский гос. ун-т экономики, статистики и информатики, Евразийский открытый ин-т.-[М]. Изд. центр ЕАОИ , 2012

11. *Трайнев, В. А. и др.* Повышение качества высшего образования и Болонский процесс : обобщение отечеств, и зарубеж. практики / Владимир Алексеевич Трайнев, Сурен Сергеевич Мкртчян, Александр Яковлевич Савельев.-[М].Дашков и Ко, 2014.

12. Сидняев, Н. И. Теория планирования эксперимента и анализ *статистических данных* : Учеб. пособие / Николай Иванович Сидняев.-[М].Юрайт, 2015.

(二) 期刊、论文

1. *Панкрухин А. П..* Образовательные услуги: точка зрения маркетолога / Александр Павлович Панкрухин // Aima mater[J]. 1997. - № 3. - С. 27-32.

2. *Петров, В. и др.* Критерии оценки качества подготовки кадров высшей квалификации / В. Петров, В. Столбов, М. Гитман // Высш. образование в России[J]. 2008. - № 8. - С. 13-19.

3. Об образовании : Федерал, закон [принят Гос. Думой 10 июля 1992 г., № 3266-1].КноРус[J] .2012. - 79 с.

4. Бьгданова, Е. Б. Анализ компетенций выпускников российских вузов / Е. Б. Быданова // Вопр. экономики[J]. 2015. - № 6 - С. 156-157.

5. Тихомирова, Н. В., Романов, А. А. Проблемы исследования поведения потребителей на рынке образовательных услуг / Н. В. Тихомирова, А. А. Романов // Открытое образование[J]. 2016. -№ 3.-С. 82¬87.

6. Синяева И. М. Маркетинг интеллектуального продукта как стратегический фактор развития в кризисных условиях // Маркетинг [J]. 2012. № 2

7. Соболева, И. Парадоксы измерения человеческого капитала/И. Соболева // Вопр. экономики.[J]. 2009. -№ 9.-С. 51-70.

8. Романов, А. А., Тихомирова, Н. В. Потребители и рынок образовательных услуг/А. А. Романов, Н. В. Тихомирова//Высш. образование сегодня[J]. 2016. - № 9. - С. 14-20.

9. Петров, В. и др. Критерии оценки качества подготовки кадров высшей квалификации / В. Петров, В. Столбов, М. Гитман // Высш. образование в России[J]. 2008. - № 8. - С. 13-19.

10. Панкрухин А. П..Образовательные услуги: точка зрения маркетолога / Александр Павлович Панкрухин // Aima mater[J]. 2015 - № 3. - С. 27-32.

11. Обзор систем высшего образования стран ОЭСР : Система высшего образования во Франции // Новости ОЭСР : образование, наука, новая экономика : Бюл. Центра ОЭСР-ВШЭ[J].2014. - № 4. - С. 9-16. - （Приложение）.

12. Василенок, В. Л., Шапиро, Н. А. Методы экспертных оценок в управлении: Учеб. пособие/Санкт-Петербург, гос. ун-т низкотемператур. и пищевых технологий; Виктор Леонидович Василенок, Наталья Александровна Шапиро. - СПб. : СПбГУНиПТ[D].2011

13. Горюноеа, С. М., Сопин, В. Ф. Становление российской системы аккредитации : Моногр. / Казан, гос. технол. ун-т ; Светлана Михайловна Горюнова, Владимир Федорович Сопин. - Казань : КГТУ[D].2010

14. Емельянов, С. Г. и др. Оценка конкурентоспособности : Учеб. пособие / Курск, гос. техн. ун-т ; Сергей Геннадьевич Емельянов, Евгений Кузьмич Зубарев, Ирина Юрьевна Куприянова. - Курск : КГТУ[D].2008

15. Заика, И. Т. Разработка модели и технологии оценки системы менеджмента качества вуза и ее применение для целей государственной аккредитации : дис. ... канд. техн. наук : 05.02.23 / Заика Ирина Тенгизовна ; [Место защиты : Рос. гос. ун-т нефти и газа им. И. М. Губкина]. - Краснодар[D].2007

16. Калиничева, С. А. Система высшего профессионального образования Российской Федерации как институт формирования политического сознания молодежи : Моногр. / Светлана Артемовна Калиничева. - Владимир : Изд-во Владимир, гос. ун-та[D]. 2007

17. Комплексная оценка деятельности вуза как инструмент системы менеджмента качества : Сб. информ.-аналит. материалов / [авт.-сост. А. М. Галимов]. - Казань : ТГГПУ[D].2009.

18. Лебедева, О. Ю., Балакирева, Е. А. Влияние Болонского процесса на высшее образование в Великобритании / О. Ю. Лебедева, Е. А. Балакирева // Болонский процесс в высшей школе в России и за рубежом : проблемы и перспективы : материалы Междунар. науч.-прак т . заоч. конф. - Ульяновск : ГОУ УлГПУ им. И. Н. Ульянова [D]. 2009

19. Липкина, Е. Д. Конкурентоспособность вузов на современном уровне образовательных услуг : Моногр. / Е. Д. Липкина ; Ом. гос. пед. ун-т. - Омск : Изд-во ОмГПУ [D].2006.

20. Маркетинг в системе высшего образования / А. М. Лавров [и др.] ; Кемер. гос. ун-т, Гос. ун-т-Высш. шк. Экономики.-Кемерово: Кузбассвузиздат [D]. 2004

（三）政策文本

1. Интеграция науки и высшего образования России на 2002 - 2006 годы[EB/OL]. http://docs.cntd.ru/document/901796393.2016.02.05

2. Образование и развитие инновационной экономики: внедрение современной модели образования в 2009-2012 годы [EB/OL]. http://docs.cntd.ru/document/902131984.2016.03.01

3. О федеральных университетах [EB/OL]. http://docs.cntd.ru/document/902

100051.2016.04.06

4. УКАЗ ПРЕЗИДЕНТА РОССИЙСКОЙ ФЕДЕРАЦИИ О РЕАЛИЗАЦИИ ПИЛОТНОГО ПРОЕКТА ПО СОЗДАНИЮ НАЦИОНАЛЬНЫХ ИССЛЕДОВАТЕЛЬСКИХ УНИВЕРСИТЕТОВ [EB/OL]. http://www.garant.ru/products/ipo/prime/doc/6292869/2016.02.05

5. УКАЗ Президента Российской Федерации от 7 мая 2012 г. № 599 О мерах по реализации государственной политики в области образования и науки[EB/OL]. http://base.garant.ru/70170946/2016.04.15

6. Об утверждении плана мероприятий по развитию ведущих университетов, предусматривающих повышение их конкурентоспособности среди ведущих мировых научно-образовательных центров [EB/OL]. http://base.garant.ru/70250350/2016.05.03

7. О МЕРАХ ГОСУДАРСТВЕННОЙ ПОДДЕРЖКИ ВЕДУЩИХ УНИВЕРСИТЕТОВ РОССИЙСКОЙ ФЕДЕРАЦИИ В ЦЕЛЯХ ПОВЫШЕНИЯ ИХ КОНКУРЕНТОСПОСОБНОСТИ СРЕДИ ВЕДУЩИХ МИРОВЫХ НАУЧНО-ОБРАЗОВАТЕЛЬНЫХ ЦЕНТРОВ [EB/OL]. http://5top100.ru/documents/regulations/673/2016.05.09

8. Распоряжение №2609-р "О внесении в состав совета по повышению конкурентоспособности ведущих университетов РФ среди ведущих мировых научно-образовательных центров изменений от 7 декабря 2016 года"[EB/OL]. http://5top100.ru/documents/regulations/50343/2016.05.15

9. Распоряжение Правительства РФ №281-р от 17 февраля 2017 года "Об утверждении прилагаемых распределений субсидий, предоставляемых в 2017 году из федерального бюджета на государственную поддержку ведущих университетов Российской Федерации" [EB/OL]. http://5top100.ru/documents/regulations/52327/2016.06.08

10. Распоряжение Правительства РФ от 12 марта 2016 г. N 422-р "Об утверждении изменения, которые вносятся в план мероприятий по развитию ведущих университетов, предусматривающих повышение их конкурентоспособности, утвержденный распоряжением Правительства

РФ"[EB/OL]. http://5top100.ru/documents/regulations/30624/2016.07.01

11. Распоряжение Минобрнауки России от 11.11.2013 № Р-190 "О согласовании разработанных планов мероприятий по реализации программ повышения конкурентоспособности（"дорожных карт"）вузов, отобранных по результатам конкурса на предоставление государственной под [EB/OL]. http://5top100.ru/documents/regulations/20110/2016.09.07

（四）报告、总结

1. ОТЧЕТ ПО ДОГОВОРУ №14.741.36.0001 О ФИНАНСИРОВАНИИ ПРОГРАММЫ СОЗДАНИЯ И РАЗВИТИЯ ФЕДЕРАЛЬНОГО ГОСУДАРСТВЕННОГО АВТОНОМНОГО ОБРАЗОВАТЕЛЬНОГО УЧРЕЖДЕНИЯ ВЫСШЕГО ПРОФЕССИОНАЛЬНОГО ОБРАЗОВАНИЯ «НАЦИОНАЛЬНЫЙ ИССЛЕДОВАТЕЛЬСКИЙ ЯДЕРНЫЙ УНИВЕРСИТЕТ «МИФИ» НА 2009-2017 ГОДЫ ЗА 2013 ГОД （7-й и 8-й этапы）[R]. 2013

2. ОТЧЕТ О РЕАЛИЗАЦИИ ПРОГРАММЫ СОЗДАНИЯ И РАЗВИТИЯ НАЦИОНАЛЬНОГО ИССЛЕДОВАТЕЛЬСКОГО ЯДЕРНОГО УНИВЕРСИТЕТА «МИФИ» за 2014 год[R].2014

3. ОТЧЕТ О РЕАЛИЗАЦИИ Программы создания и развития федерального государственного автономного образовательного учреждения высшего профессионального образования «Национальный исследовательский ядерный университет «МИФИ» [R]. 2014

4. Отчет за 2015 год о реализации Плана мероприятий по реализации программы повышения конкурентоспособности（«дорожной карты»）Национального исследовательского университета «Высшая школа экономики» на 2013-2020 годы （2 этап-2015-2016 годы）[R]. 2015

5. ТЧЕТ О РЕАЛИЗАЦИИ ПРОГРАММЫ РАЗВИТИЯ ФЕДЕРАЛЬНОГО ГОСУДАРСТВЕННОГО АВТОНОМНОГО ОБРАЗОВАТЕЛЬНОГО УЧРЕЖДЕНИЯ ВЫСШЕГО ПРОФЕССИОНАЛЬНОГО ОБРАЗОВАНИЯ «БЕЛГОРОДСКИЙ ГОСУДАРСТВЕННЫЙ НАЦИОНАЛЬНЫЙ ИССЛЕДОВАТЕЛЬСКИЙ УНИВЕРСИТЕТ» НА 2010-2019 гг. [R]. 2015

6. ДОКЛАД национального исследовательского университета О ХОДЕ РЕАЛИЗАЦИИ ПРОГРАММЫ РАЗВИТИЯ в 2012 году [R]. 2013

7. Отчет о деятельности Ассоциации некоммерческих организаций «Томский консорциум научно-образоват ельных и научных организаций Итоги 2014 год а [R]. 2014

8. ОТЧЕТ ЗА 2014 ГОД о реализации Плана мероприятий по реализации программы повышения конкурентоспособности («дорожной карты») федерального государственного автономного образовательного учреждения высшего образования «Новосибирский национальный исследовательский государственный университет» (Новосибирский государственный университет, НГУ) на 2013-2020 годы [R]. 2014

9. ОТЧЕТ за 2015 ГОД о реализации Плана мероприятий по реализации программы повышения конкурентоспособности («дорожной карты») федерального государственного автономного образовательного учреждения высшего образования «Новосибирский национальный исследовательский государственный университет» на 2013-2020 годы（2 этап-2015-2016 годы）[R]. 2015

10. ПЛАН МЕРОПРИЯТИЙ по реализации программы повышения конкурентоспособности («дорожной карты») федерального государственного автономного образовательного учреждения высшего образования «Национальный исследовательский Томский государственный университет» на 2013-2020 гг.（2 этап - 2015-2016 гг.）[R]. 2015

11. Министерство образования и науки Российской Федерации ФЕДЕРАЛЬНОЕ ГОСУДАРСТВЕННОЕ БЮДЖЕТНОЕ ОБРАЗОВАТЕЛЬНОЕ УЧРЕЖДЕНИЕ ВЫСШЕГО ПРОФЕССИОНАЛЬНОГО ОБРАЗОВАНИЯ "НИЖЕГОРОДСКИЙ ГОСУДАРСТВЕННЫЙ УНИВЕРСИТЕТ им. Н.И. ЛОБАЧЕВСКОГО" [R]. 2016

12. Программа повышения конкурентоспособности Пермского национального

исследовательского политехнического университета на 2016-2025 годы [R].2015

13. Программа развития «Повышение эффективности модели образовательной организации, обеспечивающей углублённую подготовку физико-математической и инженерно-технической направленности» Разработка мероприятий конкурентоспособной стратегии развития ГБОУ лицея № 1580 на 2015-2018 гг. [R]. 2015

14. План мероприятий по реализации программы повышения конкурентоспособности («дорожная карта») федерального государственного автономного образовательного учреждения высшего образования «Санкт-Петербургский национальный исследовательский университет информационных технологий, механики и оптики» на 2013-2020 годы (2 этап-2015-2016 годы) [R]. 2015

15. ПЛАН МЕРОПРИЯТИЙ по реализации программы повышения конкурентоспособности («Дорожная карта») федерального государственного автономного образовательного учреждения высшего профессионального образования «Московский физико-технический институт (государственный университет)»на 2013-2020 годы (2 этап-2015-2016 годы) Москва [R]. 2015